"十三五"高职高专规划教材　经管系列

统计学基础

TONGJIXUE JICHU

王朝辉　　王靖会　　主　编
占善节　　杜婷玉　　曹　琳　　副主编

四川大学出版社

责任编辑:梁　平
责任校对:王圆圆
封面设计:刘宗宾
责任印制:王　炜

图书在版编目(CIP)数据

统计学基础 / 王朝辉,王靖会主编. —成都:四
川大学出版社,2017.7
ISBN 978-7-5690-0930-9

Ⅰ.①统… Ⅱ.①王… ②王… Ⅲ.①统计学-高等
学校-教材 Ⅳ.①C8

中国版本图书馆 CIP 数据核字(2017)第 179936 号

书　名	统计学基础	
主　　编	王朝辉　王靖会	
出　　版	四川大学出版社	
地　　址	成都市一环路南一段 24 号(610065)	
发　　行	四川大学出版社	
书　　号	ISBN 978-7-5690-0930-9	
印　　刷	廊坊市广阳区九洲印刷厂	
成品尺寸	185 mm×260 mm	
印　　张	16	
字　　数	399 千字	
版　　次	2017 年 8 月第 1 版	
印　　次	2017 年 8 月第 1 次印刷	
定　　价	42.00 元	

◆读者邮购本书,请与本社发行科联系。
电话:(028)85408408/(028)85401670/
(028)85408023　邮政编码:610065
◆本社图书如有印装质量问题,请
寄回出版社调换。
◆网址:http://www.scupress.net

PREFACE
前言

随着信息时代的到来,统计信息变得越来越重要。不管是政府管理部门、企事业单位,还是个人,获取正确及时的数据信息是进行科学管理和做出正确决策的重要依据。各行各业的活动都离不开统计,社会经济越发达,统计工作就越重要,这推动了统计理论的不断发展和完善。

编者在充分吸收和借鉴其他优秀统计学教材的基础上,从应用的角度出发,对本书的内容体系做了较大的改进,紧贴实际需要,形成了自身的特色。第一,精简教材内容,尽量避免不必要的理论陈述,降低学习难度。第二,着眼于实际应用需要,通过大量案例帮助学生理解统计理论、掌握统计方法。第三,结合 Excel 的操作进行分析,提高学生的动手操作能力,真正做到学以致用。

本书系统介绍了统计学一般原理和方法,主要包括总论、统计调查、统计整理、统计描述、统计指数、统计推断、相关与回归分析、时间序列分析、方差分析等内容,书末设有部分练习题参考答案和附录。本书的最大特色是在讲述有关内容时结合 Excel 的使用,给出了详细的操作步骤。

本书可作为高等院校、高职院校经管类专业"统计学原理"课程的通用教材。

由于编写时间紧迫,教材难免存在不足之处,另外编者在编写本书的过程中引用了大量学者的成果,力争一一标注,若有疏忽,还请广大读者和学者批评指正!

编 者
2017 年 5 月

CONTENTS

目录

第一章 总 论

第二章 统计调查

第三章　统计整理

第四章　统计描述

第五章　统计指数

第六章　统计推断

第七章　相关与回归分析

第八章　时间序列分析

第九章　方差分析

总论

内容提要

　　本章对统计学做了一个整体的概述,为学习各章奠定了基础。通过对本章的学习,学生能够正确理解"统计"一词的含义,掌握统计学的定义,了解统计学的发展历史和学科分类,掌握统计数据类型的划分,理解统计学的基本概念。

第一节　统计学概述

一、统计与统计学的含义

(一)统计的含义

　　在介绍什么是统计学之前,有必要说明"统计"一词的含义。统计作为一种社会实践活动有悠久的历史,可以说自从有了国家就有了统计实践活动。最初,统计是为了便于统治者管理而收集国家的人力、物力和财力等方面的资料,作为管理国家的依据。如今,"统计"一词已被人们赋予多种含义,因此很难给出一个简单的定义。在不同场合,"统计"一词具有不同的含义。它可以是指统计数据的收集过程,即统计工作;也可以是指统计工作的结果,即统计资料;还可以是指分析、整理统计数据的方法和技术,即统计学。

　　1.统计工作

　　统计工作,是收集、整理、分析和解释统计数据资料的工作过程。统计工作在人类历史上出现比较早。随着历史的发展,统计工作逐渐发展和完善起来,成为国家、部门、事业和企业、公司和个人及科研单位认识与改造客观世界和主观世界的一种有力工具。统计工作,可以简称为统计。例如,篮球教练要统计球员的投篮命中率、犯规次数等。这里所说的统计指的就是统计工作。

　　2.统计资料

　　统计资料即为统计信息,是统计工作活动进行收集、整理、分析和解释的最终成果。不管是个人、集体和社会,还是国家、部门、事业、企业及科研机构,都离不开统计数据资料。个人要学习、工作和生活,需要对有关的统计数据资料进行收集和分析,以指导自己的学习、工作和生活;企业要管理好生产和销售,必须进行市场调研、生产控制、质量管理、人员培训、成本评估等,这就需要对有关的生产资料、市场资料、成本资料、人员资料、质量数据等进行收集、整理、分析和研究;国家要为经济建设制定社会发展规划,更离不开有关国民经济和社会发展的统计资料。例如,国家统计局编辑、中国统计出版社出版的每年一册的《中国统计年鉴》以及国家统计局每年年初公布的《国民经济与社会发展统计公报》等即是统计数据资料,也可称为统计。

(二)统计学

一般来说,统计学是对研究对象的数据资料进行收集、整理、分析和解释,以显示其总体的特征和规律性的科学。统计学的研究对象是客观事物的数量特征和数据资料。统计学以收集、整理、分析和解释等统计技术为手段,对所研究对象的总体数量关系和数据资料去伪存真、去粗取精,从而达到显示、描述和推断被研究对象的特征、趋势和规律性的目的。统计学,亦可简称为统计。作为科学的"统计学",它是本书将要探讨的主要内容,它的出现时间要比统计工作和统计资料晚得多。

目前,随着统计方法在各个领域的应用,统计学已具有多个分支学科。因此,要给统计学下一个人们普遍接受的定义是十分困难的。在本书中,我们对统计学做如下解释:统计学是一门收集、整理、分析和解释数据的学科,其目的是探索数据的内在数量规律性,以达到对客观事物的科学认识。统计数据的收集是取得统计数据的过程,它是进行统计分析的基础。离开了统计数据,统计方法就无法实施。如何取得所需的统计数据是统计学研究的内容之一。统计数据的整理是对统计数据的加工处理过程,目的是使统计数据系统化、条理化,符合统计分析的需要。数据整理是介于数据收集与数据分析之间的一个必要环节。统计数据的分析是统计学的核心内容,它是通过统计描述和统计推断的方法探索数据内在规律的过程。可见,统计学是一门有关统计数据的学科,统计学与统计数据有着密不可分的关系。

二、统计学的产生与发展

最古老的统计可以上溯到远古时代人们对于土地和产量的测量,但这一时期的统计方法是粗陋的,没有形成完整的科学体系。17世纪以后,随着统计实践工作的开展,客观上要求人们总结丰富的实践经验,使之上升为科学的理论,并进一步指导实践。由于历史条件和研究领域的不同,四大不同的学派产生了。

(一)政治算术学派

政治算术学派产生于17世纪的英国,代表人物是威廉·佩蒂(William Petty,1623—1687)和约翰·格朗特(John Graunt,1620—1674),代表作分别是《政治算术》和《对死亡的自然观察与政治思考》。威廉·佩蒂在《政治算术》一书中用数字比较分析了英、法、荷三国经济实力差异及其造成差异的原因,并从贸易、税制等多方面提出了英国强盛之路。政治算术学派的特点是分析事物的数量特征,以揭示事物特有的规律。这就是我们所说的"用'数字'来说明问题"。威廉·佩蒂对统计学的产生与发展做出了巨大的贡献,在某种程度上可以说是统计学的创始人。约翰·格朗特在《关于死亡率的自然观察与政治思考》一书中对英国伦敦市的出生率和死亡率进行分类统计,编制了世界上第一张死亡率统计表。

(二)国势学派

国势学派产生于17世纪的德国,其代表人物是海尔曼·康令(Hermann Conring,1606—1681)。他在当时的大学中讲述一门新课程"国势学",即从政体、法律、军队、文化、风俗等方面论述一个国家的基本状况。他的主要继承者戈特弗里德·阿亨瓦尔(Gottfried Achenwall,1719—1772),主要代表作是《近代欧洲各国国势学概论》。他继续开设"国势学"课程,并于1749年首次使用"统计学"一词。国势学派的特点是不用数量来说明各研究状态,而是"用'文字'来说明问题"。国势学派也被人们称为有名无实的统计学。

(三)数理统计学派

数理统计学派产生于 19 世纪的比利时,其代表人物为凯特勒(Quetelet,1796—1874),主要代表作有《社会物理学》。他把概率论引入统计学,开辟了统计学研究的新领域。他提出事物的发展并非偶然,而具有内在规律性,主张用数学中的大数定律来研究问题。数理统计学派将统计学的三个主要源泉,即英国的政治算术、德国的国势学和法国的概率统计加以融合统一,形成和发展了近代意义上的统计学,使它不只是政治算术,而是在原理和方法上初具规模,变成了通用的统计学。凯特勒提出的关于统计学是应用于任何事物数量研究的一般方法的思想,几乎左右了统计发展的趋向。

(四)现代统计学

现代统计学在基础理论和分析方法研究不断完善的前提下,结合计算机的使用推广应用各种统计软件,如 SAS(Statistical Analysis System,统计分析软件)、SPSS(Statistical Product and Service Solutions,统计产品与服务解决方案)、STATISTICA、Eviews、Excel,在自然科学和社会科学各个领域内取得了重大发展。目前,整个国际社会都非常重视统计工作,投入了大量的人力、物力进行统计理论的研究和统计实务的开展。

三、统计学的分科

任何一门学科,随着人们对它研究的逐步深入,总是在不断地发展与进步。由于研究的角度不同,各门学科必然会出现相互联系又有区别的分支。目前,统计学也发展成为由若干分支学科组成的学科体系。从统计方法的构成来看,统计学可以分为描述统计学和推断统计学;从统计方法研究和应用角度来看,统计学可以分为理论统计学和应用统计学。

(一)按统计方法的构成划分

1.描述统计学

描述统计学(Descriptive Statistics)研究如何取得反映客观现象的数据,并通过图表形式对所收集的数据进行加工处理和显示,进而通过综合概括与分析得出反映客观现象的规律性数量特征。其内容包括统计数据的收集方法、数据的加工处理方法、数据的显示方法、数据分布特征的概括与分析方法等。

2.推断统计学

推断统计学(Inferential Statistics)则是研究如何根据样本数据去推断总体数量特征的方法,它是在对样本数据进行描述的基础上,对统计总体的未知数量特征做出以概率形式表述的推断。

描述统计学和推断统计学的划分,一方面反映了统计方法发展的前后两个阶段,另一方面反映了应用统计方法探索客观事物数量规律性的不同过程。统计研究过程的起点是统计数据,终点是探索出客观现象内在的数量规律性。在这一过程中,如果收集到的是总体数据(如普查数据),则经过描述统计之后就可以达到认识总体数量规律性的目的了;如果所获得的只是研究总体的一部分数据(样本数据),要找到总体的数量规律性,则必须应用概率论的理论并根据样本信息对总体进行科学的推断。显然,描述统计和推断统计是统计方法的两个组成部分。描述统计是整个统计学的基础,推断统计则是现代统计学的主要内容。由于在对现实问题的研究中,所获得的数据主要是样本数据,因此,推断统计在现代统计学中的地位和作用越来越重要,已成为统计学的核心内容。当然,这并不等于说描述统计不重要,如果没有描述统计收集可靠的统计数据并提供有效的样本信息,即使再科学的统计推断方法也难以得出切合实际的结论。从描述统计学发展到推断统计学,既反映了统计学发展的巨大成就,也是统计学发展成熟的重要标志。

(二)按统计方法研究和应用角度划分

1.理论统计学

理论统计学(Theoretical Statistics)是指统计学的数学原理,它主要研究统计学的一般理论和统计方法的数学理论。由于现代统计学用到了几乎所有方面的数学知识,从事统计理论和方法研究的人员需要有坚实的数学基础。此外,由于概率论是统计推断的数学和理论基础,因而广义的统计学也是应该包括概率论在内的。理论统计学是统计方法的理论基础,没有理论统计学的发展,统计学也不可能发展成为像今天这样一个完善的科学知识体系。在统计研究领域,从事理论统计学研究的人相对来说是很少的一部分,而大部分则是从事应用统计学(Applied Statistics)研究的。

2.应用统计学

应用统计学是研究如何应用统计方法去解决实际问题。统计学是一门收集和分析数据的科学。由于在自然科学及社会科学研究领域中,都需要通过数据分析来解决实际问题,因而,统计方法的应用几乎扩展到所有的科学研究领域。例如,统计方法在生物学中的应用形成了生物统计学,在医学中的应用形成了医疗卫生统计学,在农业试验、育种等方面的应用形成了农业统计学。统计方法在经济和社会科学研究领域的应用也形成了若干分支学科。例如,统计方法在经济领域的应用形成了经济统计学及其若干分支,在管理领域的应用形成了管理统计学,在社会学研究和社会管理中的应用形成了社会统计学,在人口学中的应用形成了人口统计学。以上这些应用统计学的不同分支所应用的基本统计方法都是一样的,即都是描述统计和推断统计的主要方法。但由于各应用领域都有其特殊性,统计方法在应用中又形成了一些不同的特点。本书主要归属于应用统计学,特别是侧重于经济管理方面的应用。

第二节　统计数据的类型

统计学是收集、整理、分析和解释数据的一门科学,数据是其研究对象。统计数据是对事物进行测量的结果。例如,通过人口普查可以得到总人口数据,也可以获得男女性别比例数据;对商品价格的观测可以得到居民消费价格指数(Consumer Price Index,CPI);企业在生产过程中按产品质量类别统计出一等品、二等品、次品等产品质量数据。我们可以把数据理解为对现象进行计量的结果,它可以是数字的,也可以是文字的。总的来看,统计数据类型有以下三种划分方法。

一、按计量层次划分

(一)分类数据

分类数据是对事物进行分类的结果,数据表现为类别,用文字来表述。例如,人口按性别分为男女两类,男女属于分类数据;某学院按系别分为经济系、管理系、财会系等,这些均属于分类数据。为便于数据的录入和统计分析,用文字表示的分类数据通常转换为数字代码。例如,用 0 表示"女性",1 表示"男性";1 表示"经济系",2 表示"管理系",3 表示"财会系"。分类数据间是平等的关系,无次序、优劣的划分。

(二)顺序数据

顺序数据是对事物类别顺序的测度,数据表现为类别,用文字来表述。例如,产品分为一等品、二等品、三等品、次品,考试成绩分为优、良、及格、不及格,对某件事的态度分为非常满意、满意、一般、不满意、非常不满意。这些数据不仅表示不同的类别,也测量出各类别的顺序,因此均属于顺序数据。同样出于方便考虑,我们在对顺序数据进行加工整理时,往往把顺序数据转换为数字代码,如非常满意、满意、一般、不满意、非常不满意分别用 5、4、3、2、1 表示。分类数据只具有划分类别的功能,但顺序数据不仅具有划分类别的功能,也具有分类数据所没有的测量顺序的功能,因此在统计上顺序数据比分类数据更高一级。

(三)数值型数据

数值型数据是按数字尺度测量的观察值,是对事物的精确描述,结果表现为具体的数值。例如,对身高测量获得数据 175 厘米、168 厘米、183 厘米,考试分数 90 分、85 分、70 分。现实中所处理的大多数数据为数值型数据。

数值型数据也分为两种不同的计量尺度:定距数据和定比数据。定距数据能够提供两个测度之间的数量间隔,如某日最低气温 20℃和最高气温 30℃之间间隔 10℃,即是一种定距尺度。在定距数据中,相同的间隔反映出相同的差异,但不能反映数量比例关系。定比数据是指在两个测度之间,可以比较其比率关系。例如,某甲的收入为 1 000 元,某乙的收入为 2 000 元,除可以计算两者的差距是 1 000 元外,还可以认为某乙的收入是某甲的 2 倍。定距数据与定比数据的区别主要在于对"0"的理解。在定距数据中,"0"只是一个普通的测度值,如温度为 0℃,并不意味着没有温度,因此,30℃不能说是 20℃的 1.5 倍。而在定比数据中,0 就代表没有,如某人的收入为 0 元,即意味着此人没有收入。

数值型数据是比顺序数据更高级的数据类型,对事物的描述也更充分、精确。从分类数据到顺序数据,再到数值型数据,数据从低级往高级方向发展。数据越高级,测量越精确。

分类数据和顺序数据是说明事物的品质属性的,在大多数场合也叫作品质数据或定性数据。数值型数据说明事物的数量特征,也称为定量数据。

二、按时间状况划分

数据类型按照时间状况的不同分为截面数据和时间序列数据。截面数据是在相同或近似相同的时间点上收集的数据,描述现象在某一时刻的不同部门、地区的变化情况。例如,

2009年我国各地区的国内生产总值数据。可以把其特点概括为:相同时点,不同时空。

时间序列数据是在不同时间上收集到的数据,描述现象随时间变化的情况。例如,1983年至2009年国内生产总值数据。时间序列数据的特点为不同时点,相同时空。

三、按收集的方法划分

数据类型按照收集方法划分为观测数据和实验数据。观测数据是指在没有对事物进行人为控制的条件下,通过调查或观测而收集到的数据。有关社会经济现象的统计数据几乎都是观测数据。实验数据是指在实验中控制实验对象而收集到的数据。例如,对一种新的农作物品种的实验。自然科学领域的数据大多数都为实验数据。

区分数据的类型十分重要。不同的数据类型,其分析处理的方法是不同的。对分类数据通常进行频度分析和列联分析等;对顺序数据可以计算中位数和内距,计算等级相关系数等;对数值型数据可以计算各种统计量,进行参数估计和假设检验等。越高级的数据,运用的分析方法也就越多。适合低层次数据的分析方法也适合高层次的数据,但适合高层次数据的分析方法并不一定适合低层次的数据。

第三节　统计学的基本概念

统计学要运用一些专门的概念,有些是基本的、常用的概念,有些属于局部的概念,在论述专门问题时使用的专门概念属于局部的概念。本节只就几个基本的、常用的概念加以阐述。

一、统计总体与总体单位

统计总体简称总体,是指客观存在的、在同一性质基础上结合起来的许多个别单位的整体。构成总体的这些个别单位称为总体单位。例如,所有的工业企业就是一个总体,这是因为在性质上每个工业企业的经济职能是相同的,即都是从事工业生产活动的基本单位,也就是说,它们是同性质的。这些工业企业的集合就构成了统计总体。对于该总体来说,每一个工业企业就是一个总体单位。

总体可以分为有限总体和无限总体。总体所包含的单位数是有限的,称为有限总体,如人口数、企业数、商店数。总体所包含的单位数是无限的,称为无限总体,如连续生产的某种产品的生产数量、大海里的鱼资源。对有限总体可以进行全面调查,也可以进行非全面调查。但对无限总体只能抽取一部分单位进行非全面调查,据此推断总体。

确定总体与总体单位必须注意两个方面。

(1)构成总体的单位必须是同质的,不能把不同质的单位混在总体之中。例如,研究工人的工资水平,就只能将靠工资收入的职工列入统计总体的范围。同时,只能对职工的工资收入进行考察,对职工由其他方面取得的收入就要加以排除,这样才能正确反映职工的工资水平。

(2)总体与总体单位具有相对性,随着研究任务的改变而改变。同一单位可以是总体也可以是总体单位。例如,要了解全国工业企业职工的工资收入情况,那么全部工厂是总体,各个工厂是总体单位。如果旨在了解某个企业职工的工资收入情况,则该企业就成了总体,每名职工的工资就是总体单位。

二、统计标志

(一)标志和标志表现

统计标志简称标志,是指统计总体各单位所具有的共同特征的名称。从不同角度考察,每个总体单位可以有许多特征,如每名职工可以有性别、年龄、民族、工种等特征。这些都是职工的标志。

标志表现是标志特征在各单位的具体体现。例如,职工的性别是"女",年龄为 32 岁,民族为汉族等,这里"女""32 岁""汉族"就是性别、年龄、民族的具体体现,即标志表现。

(二)标志的分类

1.按变异情况划分

标志按变异情况可分为不变标志和变异标志(可变标志)。当一个标志在各个单位的具体表现都相同时,这个标志称为不变标志;当一个标志在各个单位的具体表现有可能不同时,这个标志称为变异标志。例如,中国第五次人口普查规定:"人口普查的对象是具有中华人民共和国国籍并在中华人民共和国国境内常住的人。"按照这一规定,在作为调查对象的人口总体中,国籍和在国境内居住是不变标志,而性别、年龄、民族、职业等则是变异标志。不变标志是构成统计总体的基础,因为至少必须有一个不变标志将各总体单位联结在一起,才能使它具有"同质性",从而构成一个总体。变异标志是统计研究的主要内容,因为如果标志在各总体单位之间的表现都相同,那就没有进行统计分析研究的必要了。

2. 按性质划分

标志按其性质可以分为品质标志和数量标志。品质标志表示事物的质的特性,是不能用数值表示的。例如职工的性别、民族、工种。数量标志表示事物的量的特性,是可以用数值表示的,如职工年龄、工资、工龄。品质标志主要用于分组,将性质不相同的总体单位划分开来,便于计算各组的总体单位数、结构和比例指标。数量标志既可用于分组,也可用于计算标志总量以及其他各种质量指标。

三、统计指标

(一)统计指标及其构成要素

对统计指标的含义,一般有两种理解和两种使用方法。

(1)统计指标是指反映总体现象数量特征的概念,如人口数、商品销售额、劳动生产率。它包括三个构成要素:指标名称、计量单位、计算方法。这是统计理论与统计设计上所使用的统计指标含义。

（2）统计指标是反映总体现象数量特征的概念和具体数值。例如，2009 年我国国内生产总值为 335 353 亿元。这个概念中包括指标数值。按照这种理解，统计指标除了包括上述三个构成要素外，还包括时间限制、空间限制、指标数值。这是统计实际工作中经常使用的统计指标的含义。因此，统计指标包括六个具体的构成因素。

一般认为，对统计指标的这两种理解都是成立的。在做一般性统计设计时，只能设计统计指标的名称、内容、口径、计量单位和方法，这是不包括数值的统计指标。然后经过收集资料、汇总整理、加工计算可以得到统计指标的具体数值，用来说明总体现象的实际数量状况及其发展变化的情况。从不包括数值的统计指标到包括数值的统计指标，在一定意义上反映了统计工作的过程。

（二）统计指标的特点

1. 数量性

数量性即所有的统计指标都是可以用数值来表现的。这是统计指标基本的特点。统计指标所反映的就是客观现象的数量特征，这种数量特征是统计指标存在的形式，没有数量特征的统计指标是不存在的。正因为统计指标具有数量性的特点，它才能对客观总体进行量的描述，才使统计研究运用数学方法和现代计算技术成为可能。

2. 综合性

综合性是指统计指标既是同质总体大量个别单位的总计，又是大量个别单位标志差异的综合，是许多个体现象数量综合的结果。例如，某人的年龄、某人的存款额不能叫作统计指标，一些人的平均年龄、储蓄总额、人均储蓄才叫作统计指标。统计指标的形成必须经过从个体到总体的过程，它是通过个别单位数量差异的抽象化来体现总体综合数量的特点的。

3. 具体性

统计指标的具体性有两个方面的含义。一是统计指标不是抽象的概念和数字，而是具体社会经济现象的量的反映，是在质的基础上的量的集合。这一点使社会经济统计和数理统计、数学相区别。二是统计指标说明的是客观存在的、已经发生的事实，它反映了社会经济现象在具体地点、时间和条件下的数量变化。这一点又和计划指标相区别。统计指标反映的是过去的事实和根据这些事实综合计算出来的实际数量，而计划指标则说明未来所要达到的具体目标。

（三）标志与指标的区别和联系

1.标志与指标的主要区别

第一，标志说明总体单位特征，指标说明总体特征。例如，一个工人的工资是数量标志，全体工人的工资总额是统计指标。

第二，标志包括用文字表示的品质标志和用数值表示的数量标志，指标则都是用数值表示的，没有不能用数值表示的指标。

2.标志与指标的主要联系

第一，统计指标的数值多是由总体单位的数量标志值综合汇总而来的。例如，工资总额是各个职工的工资之和，工业总产值是各个工业企业的工业总产值之和。由于指标与标志的这种综合汇总关系，有些统计指标的名称与标志是一样的，如工业总产值。

第二,标志与指标之间存在着变换关系。如果由于统计研究目的的变化,原来的统计总体变成总体单位了,则相对应的统计指标也就变成了数量标志。反过来,如果原来的总体单位变成总体了,则相对应的数量标志也就变成了统计指标。

(四)统计指标的种类

1. 按说明总体内容的不同划分

(1)数量指标——说明总体外延规模的统计指标,如人口数、企业数、工资总额、商品销售额。数量指标所反映的是总体的绝对数量,具有实物的或货币的计量单位,其数值的大小随着总体范围的变化而变化,它是认识总体现象的基础指标。

(2)质量指标——说明总体内部数量关系和总体单位水平的统计指标,如人口的年龄构成性比例、农业—轻工业—重工业比例、平均单产、平均工资。它通常是用相对数和平均数的形式表现的,其数值的大小与范围的变化没有直接关系。

2. 按其作用和表现形式的不同划分

统计指标按其作用和表现形式的不同,可分为总量指标、相对指标和平均指标。

总量指标又分为实物指标、劳动指标和价值指标三种。这些统计指标的含义、内容、计算方法和作用各不相同。

3. 按管理功能作用的不同划分

(1)描述指标。该指标主要反映社会经济运行的状况、过程和结果,提供对社会经济总体现象的基本认识,是统计信息的主体。例如,反映社会经济条件的土地面积指标、自然资源拥有量指标、社会财富指标、劳动资源指标、科技力量指标,反映生产经营过程和结果的国民生产总值指标、工农业总产值指标、国民收入指标、固定资产指标、流动资金指标、利润指标,反映社会物质文化的娱乐设施指标、医疗床位数指标,等等。

(2)评价指标。该指标用于对社会经济运行的结果进行比较、评估和考核,以检查工作质量或其他定额指标的结合使用,包括国民经济评价指标和企业经济活动评价指标。

(3)预警指标。该指标一般用于对宏观经济运行进行监测,对国民经济运行中即将发生的失衡、失控等进行预报、警示。通常选择国民经济运行中关键性、敏感性的经济现象,建立相应的监测指标体系。例如,针对经济增长、经济周期波动、失业、通货膨胀,可以建立国民生产总值、国民收入增长率、社会消费率、积累率、失业率、物价水平、汇率、利率等预警指标。

四、统计指标体系

由于现象的复杂多样性,各种现象之间相互联系的性质只用个别统计指标来反映是不够的,需要采用指标体系来进行描述。统计指标体系就是由各种相互联系的统计指标所构成的一个有机整体,用来说明所研究现象各个方面相互依存和相互制约的关系。统计指标体系因各种现象本身联系的多样性和统计研究的目的不同而分为不同的类别。

根据所研究问题的范围大小,可以建立宏观统计指标体系和微观统计指标体系。宏观统计指标体系就是反映整个现象大范围的统计指标体系,如反映整个国民经济和社会发展的统计指标体系。微观统计指标体系就是反映现象较小范围的统计指标体系,如反映企业或事业单位的统计指标体系。介于这两者之间的可以称为中观统计指标体系,如反映各地区或各部门的统计指标体系。

根据所反映现象的范围内容不同,统计指标体系可以分为综合性统计指标体系和专题性统计指标体系。综合性统计指标体系是较全面地反映总系统及其各个子系统的综合情况的统计指标体系,如国民经济和社会发展统计指标体系。专题性统计指标体系则是反映某一个方面或问题的统计指标体系,如经济效益指标体系就是专题性统计指标体系。

统计指标体系也可以指若干个统计指标之间的联系表现为一个方程关系。例如,工资总额=平均工资×职工人数,商品销售额=商品销售量×商品销售价格。统计指标体系对于统计分析和研究具有重要的意义。通过一个设计科学的统计指标体系,可以描述现象的全貌和发展的全过程,分析和研究现象总体存在的矛盾以及各种因素对现象总体变动结果的方向和程度,也可以对未来的指标进行计算和预测,对未来现象发展变化的趋势进行预测。

五、变异、变量和变量值

(一)变异

统计中的标志和指标都是可变的,如人的性别有男女之分,各时期、各地区、各部门的工业总产值各有不同,这种差别叫作变异。变异含有差别的意思,包括质的差别和量的差别。变异是统计的前提条件。

(二)变量

变量就是可以取不同值的量,这是数学上的一个名词。在社会经济统计中,变量包括各种数量标志和全部统计指标,它都是以数值表示的,不包括品质标志。变量就是数量标志的名称或指标的名称,变量的具体数值表现则称为变量值。例如,职工人数是一个变量,因为各个工厂的职工人数不同。某工厂有852人,另一工厂有1 686人,第三个工厂有964人,等等,都是职工人数这个变量的具体数值,也就是变量值。在这里,要注意区分变量和变量值,如上例,852人、1 686人、964人三个变量值的平均数,不能说是三个变量的平均数,因为这里只有"职工人数"这一个变量,并没有三个变量。

(三)变量值

变量值按是否连续可分为连续变量与离散变量两种。在一定区间内可任意取值的变量叫连续变量,其数值是连续不断的,相邻两个数值可做无限分割,即可取无限个数值。例如,生产零件的规格尺寸,人体测量的身高、体重、胸围等为连续变量,其数值只能用测量或计量的方法取得。可按一定顺序一一列举其数值的变量叫离散变量,其数值表现为断开的。例如,企业个数、职工人数、设备台数、学校数、医院数,都只能按计量单位数计数,这种变量的数值一般用计数方法取得。

六、统计总体的特征

在明确了以上一些基本概念之后,将它们联系起来观察,深入地认识总体,可以看出,统计总体具有同质性、大量性和差异性三个主要特点。

(一)同质性

同质性是指总体中的各个单位必须具有某种共同的属性或标志数值,如国有企业总体中每个企业共同标志属性是国家所有。同质性是总体的根本特征,只有个体单位是同质的,统计才能通过对个体特征的观察研究,归纳和揭示总体的综合特征和规律性。

(二)大量性

大量性是指总体中包括的总体单位有足够多的数量。总体是由许多个体在某一相同性质基础上结合起来的整体,个别或很少几个单位不能构成总体。总体的大量性,可使个别单位某些偶然因素的影响表现在数量上的偏高、偏低的差异,相互抵消,从而显示总体的本质和规律性。

(三)差异性(或称变异性)

差异性(或称变异性)是指总体的各单位之间有一个或若干个可变的品质标志或数量标志,从而表现出的差异。例如,某企业的职工总体中有男女的性别属性差异,有 20 岁、21 岁、22 岁、23 岁、24 岁、25 岁、26 岁等年龄标志数值的差异。

本章小结

(1)统计一词有统计工作、统计资料和统计学三种含义。

(2)统计学是一门收集、整理、分析和解释数据的学科,其目的是探索数据的内在数量规律性,以达到对客观事物的科学认识。

(3)统计学的发展历史经历过以下几个阶段:政治算术学派、国势学派、数理统计学派、现代统计学。

(4)统计学依据统计方法的不同分为描述统计和推断统计两部分,根据统计方法和应用角度的不同划分为理论统计学和应用统计学。

(5)数据是统计学的研究对象,按计量层次划分分为分类数据、顺序数据、数值型数据,按时间状况划分分为时间序列数据、截面数据。

(6)标志是说明总体单位的属性特征的,有品质标志和数量标志、不变标志和可变标志之分。

(7)统计指标是反映社会经济现象总体数量特征的范畴,按照不同划分方法,可分为数量指标、质量指标,描述指标、评价指标和预警指标。标志和指标既有联系又有区别。

(8)变量是指可变的数量标志,变量值则是变量的具体数值表现。变量可分为连续型变量和离散型变量两种形式。

复习思考题

一、单项选择题

1."统计"一词的基本含义是(　　)

　　A. 统计调查、统计整理、统计分析　　　　B. 统计设计、统计分组、统计计算

　　C. 统计方法、统计分析、统计预测　　　　D. 统计学、统计工作、统计资料

2. 最早使用"统计学"这一学术用语的是（　　　）
　　A. 政治算术学派　　　　　　　　　B. 国势学派
　　C. 社会统计学派　　　　　　　　　D. 数理统计学派
3. 统计数据按计量层次可分为（　　　）
　　A. 分类数据、顺序数据、数值型数据　　B. 时间序列数据、截面数据
　　C. 调查数据和实验数据
4. 下列属于品质标志的是（　　　）
　　A. 工人年龄　　　　　　　　　　　B. 工人性别
　　C. 工人体重　　　　　　　　　　　D. 工人工资

二、简答题

1. 简述统计和统计学的含义。
2. 简述统计学的发展历史。
3. 什么是统计数据？统计数据分为哪几种类型？
4. 简述统计学的学科分类。

第一章

统计调查

内容提要

本章介绍统计数据的收集过程。通过对本章的学习,学生能够学会统计调查方案与调查问卷的设计,掌握统计调查方法,了解调查误差的来源与控制。

第一节　统计调查方案

统计调查是统计工作的第一阶段。为了使统计调查科学合理地展开,达到预期目标,必须设计一份周密可行的调查方案。调查方案是实施调查活动的具体规划,通常包括六个方面的内容。

一、确定调查目标

在制订调查方案之前,先要明确为什么要调查,要解决什么问题,即确定调查目标。有了调查目标,才能做到有的放矢,正确制定调查内容和调查方法,高效完成调查工作。例如,某个针对大学生消费情况的调查问卷,其调查目标描述为"了解当代大学生消费的总体水平、消费行为的特征、消费理性程度、追求时尚和品牌程度、消费的阶段性、消费差距等"。有了这些调查目标之后,调查组织者就可以确定相应的调查内容,制定详细的调查项目。

调查目标的确定是一个从抽象到具体的过程。首先,可以限定调查范围,找出最需要了解和解决的问题;其次,分析相关的调查资料,参考有关文献;最后,写出调查目标。为使调查目标更加明确和集中,组织者可以事先组织一次预调查,即依据现有的资料和所做的问题假设进行试验性的访问调查。具体做法是,调查组织者与一些有经验的调查员一起到某个访问地区,选取部分调查对象,与他们进行交谈,并由此对调查目标进行修正和完善。

二、确定调查对象和调查单位

确定调查对象和调查单位所解决的是向谁调查、由谁提供所需数据的问题。调查对象是依据调查目标确定的调查研究总体;调查单位是构成调查对象的每一个单位,它是调查项目和指标的载体。

确定调查对象要明确总体的界限,划清调查范围,防止在调查工作中产生重复或遗漏。例如,调查目的是了解某地区常住人口资料,则调查对象为该地区的常住人口。那么我们首先必须对常住人口进行统一规范的定义,这样可以明确调查对象,避免理解上的偏差,也有利于统计资料的横向比较。调查单位是我们要研究的总体单位,即所要登记的标志的承担者,上例中是指符合常住人口定义的某个人。

三、确定调查项目

调查方案在确定了调查对象和调查单位之后,需要结合调查目标确定具体的调查项目,并依据该项目设计调查问卷或调查表。调查组织者要根据调查目标,对调查问题进行整理和分类,并在此基础上,规定每类问题需要收集的具体资料。例如,某企业要调查顾客的信息接收途径,调查者可以先把信息来源分为电视广播、报纸杂志、网络、街头广告、同事或亲朋好友叙述等。当然,仅仅做到这一步还不够,调查者还需要将上述项目进一步细分,直到操作层面的问题为止。

确定调查项目时需要注意:一是调查项目应是调查所需,并且能获得该项目的数据资料;二是调查项目之间应该相互关联,项目排列组合要符合调查问卷设计要求;三是调查项目之间要不重不漏、相互衔接。

四、确定调查方法

确定调查项目之后,需要选择合理可行的调查方法,包括确定调查地点、调查时间、调查方法。调查方法是向受访者收集数据的方法,具体操作有多种方法,如观察法、入户调查法、邮寄调查法、电话调查法、网上调查法。一般来说,每种调查方法都有它所适用的调查项目,而一个调查项目可以采用不同的调查方法的组合形式。例如,在某商场消费者行为的调查中,调查地点可以选择商场门口,调查时间可以选择消费者购物高峰期,调查方法可以采用问卷调查。当然在问卷调查之前,应先确定抽样方式,上例中可以采用判断抽样,也可以选择配额抽样或分层抽样等。这部分内容将在本章第三节详述。

五、制订调查的组织实施计划

严密细致的组织工作是保证调查顺利实施的关键。调查工作的组织计划包括调查机构设置、人员及组织训练、经费安排、调查程序等。其中,调查人员的素质关系到整个调查的质量,因此有必要加大对调查员的质量监控。这包括严格选择调查员,加强调查员的培训工作,重视调查督导对调查员的监控作用。而要保证整个调查工作的顺利进行,经费预算尤为重要。经费的多少与调查规模、调查精度、调查方法有关。合理的经费预算应遵循高性价比原则,即在经费预算一定的情况下,追求最高的调查精度。一个调查项目的经费预算通常包括以下几个方面的内容:①调查方案设计费;②抽样费用,包括抽样方案设计和样本的抽选费用;③调查问卷设计及制作费;④调查组织实施费,包括办公费、培训费、交通费、劳务费、礼品费和调查工作相关的费用;⑤数据整理费,包括审核、编码、录入等费用;⑥数据统计分析费;⑦调查报告撰写费。

六、撰写调查报告

调查报告是调查工作的最后一个环节,是整个调查工作的成果。根据调查委托方的不同要求,调查报告可分为以下三种。

(一)数据型调查报告

数据型调查报告是最简单的调查报告形式,在报告中只提供调查所获得的数据。数据

报告一般以图形、表格的方式提供数据结果。如果统计结果涉及较多的统计专业术语,需要进行相应的说明和解释。例如,电信市场某年度品牌知名度调查数据报告如表2-1所示。

表 2-1 品牌知名度调查数据(%)

公司	1月	2月	3月	4月	5月	6月	7月	8月	9月	10月	11月	12月
A公司	35.9	52.1	61.3	66.6	55.6	62.5	65.4	69.9	66.9	87.1	80.4	73.4
B公司	58.6	59.4	52.8	46.3	34.8	28.9	29.8	20.4	19.8	34.0	25.6	21.3
C公司	43.2	40.1	44.2	36.0	48.3	39.1	52.4	42.7	41.4	49.2	41.2	42.6
D公司	76.4	72.4	69.4	50.5	76.9	65.3	80.2	57.6	72.1	74.9	69.3	82.0

(二)分析型调查报告

分析型报告是在数据报告的基础上对数据所反映的情况做进一步的解释说明。与数据型调查报告相比,分析型调查报告除了用图表表示数据,还要对表中数据进一步用文字分析和说明。对调查数据还要利用专门的方法进行更专业和系统的统计分析。例如,在上例中,除了提供表格外,还要说明各公司的品牌知名度数据的变化趋势。

(三)咨询型调查报告

咨询型调查报告的内容更为翔实,在分析型调查报告的基础上,除了对调查报告进行分析外,还应结合实际情况解释原因和提出建议。因此咨询型调查报告对分析人员的综合素质要求极高,在实际工作中一般根据需要邀请相关领域专家论证,以提高调查报告的质量。在上例中,除了说明各公司的品牌知名度数据的变化趋势外,还需解释变化的原因,提出应对策略。

以上介绍了统计调查方案设计通常包含的六个方面的内容,具体到每一份方案无须面面俱到,只要合理可行即可。下面引用一份调查方案可供参考。

某市水龙头市场的调查方案

一、调查目的

1. 了解水龙头市场的整体概况。

2. 了解水龙头细分市场(高中低档)的品牌排序和市场排序。

3. 了解消费者水龙头购买影响因素的排序。

4. 了解目前水龙头厂家主要的营销方式和方法。

5. 了解主要厂家的渠道模式及各环节的利益分配。

6. 了解各档次中主要品牌构成竞争优势的技术特征。

7. 了解主要品牌在长江三角洲主要地区的销售情况。

二、调查主要内容

(一)品牌的市场分布情况

1. 最重要的品牌有哪些?

(1)进口品牌的高中低档分类;

(2)国产品牌的高中低档分类;

(3)每个品牌的市场占有率。

2. 消费者接受程度最高、销量最大的品牌,接受的原因是什么?

(1)产品本身产生的原因;

(2)品牌偏好所形成的原因;

(3)不同年龄、不同收入的消费者的品牌偏好情况;

(4)价格方面所产生的原因;

(5)各方面原因所占的比例。

3. 开发商的偏好及原因。

4. 各主要品牌在各类商业业态中的分布情况及销量比较。

(二)渠道

1. 主要品牌的渠道模式。

2. 影响渠道模式选择的原因。

3. 物流状况和模式(包括在长江三角洲的基本情况)。

4. 经销商分析状况和关系处理。

5. 存货管理。

(三)广告和促销策略

1. 主要品牌的年广告投入。

2. 广告形式、促销方式应用、公共关系状况。

3. 最有效的广告形式和促销方式。

4. 各种促销方式所占比例。

5. 主要品牌的品牌概念和品牌定位。

(四)价格策略

各级经销商的价格体系包括定价方法、价格促销、折扣比例、价格限制等。

(五)企业结构及运行过程调查

总部,生产基地,办事处,物流配送中心的位置、规模、数量及基本运行模式。

(六)产品技术调查

1. 主要品牌作为卖点的核心技术。

2. 消费者对技术卖点的接受程度。

三、调查方法建议

1. 以建材市场出入口顾客拦截调查为了解消费者情况的主要方式,严格按随机数进行抽样。

2. 消费者座谈方式作为辅佐调查手段,要求录像。

四、调查成果的要求

调查报告分两部分:

第一部分要求对上述调查目的和内容进行简明扼要的总结及概括,第二部分要求对上述调查结论进行详细的分析和论证。

调查报告包括打印稿、电子版及座谈录像。

第二节　调查问卷

调查方案设计过程中,调查项目的设计是重中之重,它是确保调查有效性的关键。确定了调查项目之后,需要把各个调查项目合理组织安排,设计出相应的调查问卷。问卷又称调查表,是以问题的形式系统地记载调查内容的一种印件。问卷可以是表格式、卡片式或簿记式的。

一、问卷设计的程序

设计问卷是调查的关键。完美的问卷必须具备两个功能,即能将问题传达给被问的人和使被问者乐于回答。要完成这两个功能,设计问卷时应当遵循一定的原则和程序,运用一定的技巧。具体来说,问卷设计有以下程序。

(1)确定主题和资料范围。根据调查目的的要求,研究调查内容、所需收集的资料、资料来源、调查范围等,酝酿问卷的整体构思,将所需要的资料一一列出,分析哪些是主要资料,哪些是次要资料,哪些是可要可不要的资料,淘汰不需要的资料,再分析哪些资料需要通过问卷取得,需要向谁调查等,并确定调查地点、时间及对象。

(2)分析样本特征。分析各类调查对象的社会阶层、社会环境、行为规范、观念习俗等社会特征,需求动机、潜在欲望等心理特征,理解能力、文化程度、知识水平等学识特征,以便针对其特征来拟题。问卷题目设计必须有针对性,针对不同层次的人群,应该在题目的选择上有的放矢,必须充分考虑受调查人群的文化水平、年龄层次和协调合作可能性。除了在题目的难度和题目性质的选择上应该考虑上述因素外,在语言措辞上同样需要注意这点,因为在面对不同的受调查人群的时候,由于他们的各方面的综合素质和水平的差异,措辞上也应该进行相应的调整,如面对家庭主妇做的调查,在语言上就必须尽量通俗,而对于文化水平较高的城市白领,在题目和语言的选择上就可以提高一定的层次。只有在这样的细节上综合考虑,才能够使调查顺利进行。

(3)拟定并编排问题。首先,构想每项资料需要用什么句型来提问,尽量详尽地列出问题,然后检查、筛选问题,看它有无多余的、遗漏的问题,不适当的问句,以便删、补、换。

(4)进行试问试答。站在调查者的立场上试行提问,看看问题是否清楚明白,是否便于资料的记录、整理;站在应答者的立场上试行回答,看看是否能答和愿答所有的问题,问题的顺序是否符合思维逻辑,估计回答时间是否合乎要求。有必要在小范围进行实地试答,以检查问卷的质量。

(5)修改、付印。根据试答情况,进行修改,再试答,再修改,直到完全合格以后才定稿付印,制成正式问卷。

二、问卷的结构

调查问卷一般可以看成由三大部分组成:卷首语、正文和结尾。

(一)卷首语

问卷的卷首语是对被调查者的问候,恳请其合作,说明答题注意事项。其内容一般包括以下几个方面。

(1)称呼、问候,如"××先生、女士:您好"。

(2)调查人员说明调查的主办单位和个人的身份。

(3)简要地说明调查的内容、目的、填写方法。

(4)说明作答的意义或重要性。

(5)说明所需时间。

(6)保证作答对被调查者无负面作用,并保守秘密。

(7)表示真诚的感谢,或说明将赠送小礼品。

例如,某次针对企业的问卷调查卷首语:

本次调查的目的是全面了解 Linux 在我国的发展状况和产业发展中存在的急需政府解决的问题,抓住以 Linux 为代表的开源软件为切入点发展我国软件产业的良好机遇,促进我国 Linux 产业链的快速形成,为 Linux 企业的发展提供良好的生态环境。

这次调查活动将对编制电子信息产业年度发展基金指南、建设国家 Linux 公共服务平台有极大的帮助。感谢您为我国软件产业发展做出的贡献,请您依照贵企业实际情况填写以下问卷。

(二)正文

问卷的正文实际上也包含三大部分。

第一部分包括向被调查者了解最一般的问题。这些问题应该是适用所有的被调查者,并能很快很容易回答的问题。这一部分不应有任何难答的或敏感的问题,以免引起被调查者反感。

第二部分是主要的内容,涉及调查主题的实质和细节的大量题目。这一部分的结构组织安排要符合逻辑性,对被调查者来说应是有意义的。

第三部分一般包括两部分的内容:一是敏感性或复杂的问题,以及测量被调查者的态度或特性的问题;二是人口基本状况、经济状况,等等。

(三)结尾

问卷的结尾一般可以加上 1 道或 2 道开放式题目,给被调查者一个自由发表意见的机会。然后,对被调查者的合作表示感谢。在问卷最后,一般应附上一个"调查情况记录"。这个记录一般包括:①调查人员(访问员)姓名、编号;②受访者的姓名、地址、电话号码等;③问卷编号;④访问时间;⑤其他,如设计分组。

三、问卷问题的设计技巧

(一)事实性问题的设计技巧

事实性问题主要是要求应答者回答一些有关事实的问题。例如,你通常什么时间看电视?事实性问题的主要目的在于求取事实资料,因此问题中的定义必须清楚,让应答者了解后能正确回答。在调查中,许多问题均属事实性问题,如应答者个人的资料、职业、收入、家庭状况、居住环境、教育程度。

(二)意见性问题的设计技巧

意见性问题是指询问应答者一些有关意见或态度的问题。例如,你是否喜欢××电视节目?应答者在回答意见性问题时是否愿意表达他真正的态度,固然要考虑,而态度强度亦有不同,如何从答案中衡量其强弱,显然也是一个需要解决的问题。这种问题通常有两种处理方法:其一是对意见性问题的答案采用百分比表示,如某应答者在80%的程度上同意某一看法等;另一方法则旨在衡量应答者的态度,故可将答案化成分数,如把应答者在某件事情上的满意程度:非常满意、满意、一般、不满意、非常不满意转化为对应的分数5、4、3、2、1。

(三)困窘性问题的设计技巧

困窘性问题是指应答者不愿在调查员面前作答的某些问题。如关于私人的问题,或不为一般社会道德所接纳的行为、态度,或属有碍声誉的问题。例如,你除了本职工作外,还有其他兼职工作吗?如果一定要想获得困窘性问题的答案,又避免应答者作不真实回答,可采用以下方法。

1. 间接问题法

不直接询问应答者对某事项的观点,而改问他认为其他人对该事项的看法如何。例如,有人认为可以在本职工作外寻找兼职工作,你同意他的看法吗?

2. 卡片整理法

将困窘性问题的答案分为"是"与"否"两类,调查员可暂时走开,让应答者自己取卡片投入箱中,以缓解困窘气氛。应答者在无人监督的情况下,会提高选取正确答案的可能性。

(四)断定性问题

断定性问题是先假定应答者已有该种态度或行为。例如,你每天抽多少支香烟?事实上该应答者可能不抽烟。正确处理这种问题的方法是在断定性问题之前加一条"过滤"问题。例如,你抽烟吗?如果应答者回答"是",用断定问题继续问下去才有意义,否则在过滤问题后就应停止。

四、问卷问题的设计形式

问题设计形式与问题的类型有关,问题类型的多样性决定了问题设计形式也有多种。归纳起来,问题设计形式有两种:封闭式和开放式。封闭式对问题事先设计出了各种可能的答案,由被调查者从中选择。封闭式问题的答案是标准化的,有利于被调查者对问题的理解和回答,也有利于调查后的资料整理。封闭式问题具体的设计方法有两项选择法、多项选择法、顺序选择法、评定尺度法、表格法五种。开放式对问题的回答未提供任何具体的答案,由被调查者根据自己的想法自由做出回答,适合收集更深层次的信息,有利于被调查者充分表达自己的意见和想法,但不利于数据资料的统计整理。

(一)封闭式

1. 两项选择法

答案只有两项,要求被调查者选择其中之一来回答。例如:

你的性别?

男　1

女　2

2. 多项选择法

提供两个以上的答案,被访者按要求只选择一个答案或者几个答案。例如:

您觉得哪种类型的广告宣传效果最好?(选择一项)

(1)电视广告

(2)广播广告

(3)杂志广告

(4)报纸广告

(5)路牌广告

3. 顺序选择法

要求被访者对所给的全部答案做出考虑,并从区分重要性出发对所有答案排序。例如:

您在购买这种牌子的电冰箱时,主要是考虑哪些因素?(按重要程度降序排列)

(1)品牌

(2)价格

(3)售后服务

(4)外形

(5)节能

4. 评定尺度法

问题答案由表示不同等级的形容词组成,并按照一定的程度排序,由被调查者依次选择。例如:

您对这种新款轿车是否感到满意?

(1)非常满意

(2)比较满意

(3)一般

(4)不太满意

(5)不满意

5. 表格法

将两类不同问题综合到一起,通常用表格来表现。表的横向是一类问题,纵向是另一类问题,如表2-2所示。

表 2-2　问卷问题设计形式——表格法(请在您赞同项目的空格内划"√")

车型 项目			
1. 耗油量低			
2. 外观大方			
3. 乘坐舒适			
4. 整车价格合理			
5. 驾驶容易			
6. 制动性好			
7. 维修方便			
8. 零配件齐全			
9. 故障率低			
10. 售后服务周到			

(二)开放式

开放式问题类型是让被访者自己酌情填写答案。例如:

你对吸烟的看法是＿＿＿＿＿＿＿＿＿＿＿＿＿＿＿

五、问卷设计的注意事项

(一)先易后难,先简后繁,被调查者熟悉的问题在前

问卷的最先几个问题的设置必须谨慎,招呼语措辞要亲切、真诚,要比较容易回答,不要使对方难以启齿,给接下来的访问造成困难。

(二)提出的问题要具体,避免提一般性的问题

一般性的问题对实际调研工作并无指导意义,例如:"你对该商场印象如何?"这样的问题就很不具体,很难收集到有效信息。应把这一类问题细化为具体询问关于商品的价格、外观、卫生、服务质量等方面的问题。

(三)一个问题只包含一项提问

一个问题如有若干提问项,不仅会使被访者难以作答,其结果的统计也会很不方便。例如:"您觉得这款轿车的加速性能和制动性能怎么样?"这个问题包含"加速性能"和"制动性能"两个问题。

(四)要避免诱导性提问

例如:"你是否和大多数人一样认为某品牌电视最好?"这一问题带有明显的暗示性和引导性。"大多数人认为"这种暗示结论的提问带来两种后果:一是被访者会不假思索地同意引导问题中暗示的结论;二是使被访者产生反感。既然大多数人都这样认为,那么调研还有什么意义? 被访者可能拒答或是给予相反的答案。所以,在问句中要避免使用诱导性提问语句,如"普遍认为""权威机构或人士认为"。此外,在引导性提问下,被访者对于一些敏感性问题(在引导性提问下)不敢表达其他想法等。因此,诱导性提问是调研的大忌。

(五)提问中使用的概念要明确,要避免使用有多种解释而没有明确界定的概念

例如,"经常""一般"等含义不明确的频率词汇没有统一界定标准,容易造成被访者回答混乱,不利于事后的统计。

第三节 统计数据

一、统计数据的来源

统计数据的来源途径分为两种:间接来源和直接来源。

(一)数据的间接来源

数据的间接来源通过各种渠道利用现成的数据,可以快速获得数据且数据收集成本相对较低。常用的获取数据的渠道:政府统计部门和相关部门公布的数据资料,如各类统计年鉴;各类经济信息中心、信息咨询机构、专业调查机构等提供的数据;各类专业期刊、报纸、书籍所提供的资料;各种会议,如博览会、展销会、交易会及专业性、学术性研讨会上交流的有关资料;从互联网或图书馆查阅到的相关资料等。表 2-3 给出了部分重要的官方网站,这些网站提供相关领域的数据资料。

表 2-3 提供统计数据的部分网站

网站	网址	数据资料简介
国家统计局	www.stats.gov.cn	提供统计年鉴,季度、月度数据
中国经济信息网	www.cei.gov.cn	提供经济方面数据
华通数据中心	www.data.acmr.com.cn	国家统计局授权的数据中心

(二)数据的直接来源

数据的直接来源是通过组织调查或进行科学实验获取的数据。经济管理领域主要是通过调查的方式获取数据,如电视收视率的调查。从调查的方式来看主要有两种分类方法:按调查范围划分和按调查方法划分。

(一)按调查范围划分

1. 全面调查

全面调查是指对总体的全部单位均进行调查,也称为普查。全面调查由于是对全部单位进行的调查,因此不会出现以偏概全的误差。全面调查存在如下一些缺陷。

(1)成本大、周期长:由于全面调查要涉及总体的所有单位,而总体单位数有时多达数万甚至涉及上亿人,进行普查的工作量是非常大的。我国每十年进行一次人口普查,每次均需动用数十万调查员,耗用大量的资金。

(2)经济上不可行:有一些调查如果采用普查的方式,在经济上成本过大,超过了调查可能带来的收益,因而是不可行的。

(3)对于破坏性调查,不可能进行普查:有一些调查活动本身对调查对象是有破坏性的,如在购买橘子时,如果对要购买的橘子每一个都打开尝一尝,这些橘子就无法销售了。

(4)质量控制困难:由于全面调查涉及的单位数较多、调查人员多、时间长,质量往往难以保证。如果不能保证调查过程中手段的严格,就难以保证调查质量。

2. 非全面调查

非全面调查是指仅对总体中的一部分单位进行调查,由这一部分单位的情况来反映总体的情况。非全面调查主要包括三种方式。

(1)重点调查:对总体中影响全局的主要单位进行调查,而对不影响全局的单位不进行调查。例如,为了解全国的钢铁产量,对规模最大的十家钢铁厂进行调查。

重点调查一般用于快速地掌握全局的情况,以便进行某方面的决策。重点调查关注的是宏观现象,对于微观主体的状况不进行深入研究。

(2)典型调查:对总体中具有代表性的单位进行调查。例如,为了解居民对某一事件的看法,在街头选择工人、干部、学生等代表进行访问。

典型调查的主要着眼点在于对各类具体单位的微观分析,而不关注整体的宏观情况。

(3)抽样调查:按随机原则从总体中抽选一部分单位进行访问。

抽样调查的结果既可以对整体的宏观状况进行推断,也能够反映微观主体的行为,从而成为研究社会经济现象的主要手段。

重点调查和典型调查都具有主观选择的特征,均是由调查人员根据自己的判断去选择样本,在选择过程中,调查人员主观认识上的差异,可能会导致调查结果出现偏差。由于不同的研究人员可能采用不同的选择标准,因此调查结果的可移植性比较差,其他人很难直接使用这些调查结果。

抽样调查则是采取客观抽样的方式,所有的选择过程都是有科学依据的。只要抽样人员在工作中没有出现大的失误,抽样结果就可以是客观真实的。由于抽样调查的抽样依据是公认的,因此不同研究者所进行的调查活动,相互之间可以理解并引用。

抽样调查与重点调查和典型调查相比,操作的过程更为严格,同时要求达到一定的样本量,从而增加了调查难度,提高了调查成本,不如重点调查和典型调查那样简单易行。

(二)按调查方法划分

1. 观察法

观察法是指调查人员不直接与受访者接触,而是通过旁观的方法获得对受访者情况的了解。观察法一般用于对受访者的客观状况进行调查,如通过观察普通消费者在超市中选购商品的过程,可以分析出消费者对商品各方面属性的偏好情况。在使用观察法时,要求访问员具有较强的观察能力和心理分析能力,能够敏锐地发现受访者的各种无意识活动。

2. 采访法

采访法是指调查人员根据访问提纲,与受访者交谈,由此了解受访者情况。在使用采访法时,访问员需要及时掌握与受访者的谈话内容,对于有价值的信息进行深入追问。采访法能够发现受访者许多深层次的主观意见,因而常用于深度分析。但采访法的效果受访问员个人能力的影响很大,而且受访者的谈话漫无边际,很难定量分析。

3. 报告法

报告法是指由受访者填写有关报告表格,向调查人员报告自身情况。报告法是我国政府统计的传统方法,尤其是在计划经济时代,政府统计信息主要来自各行各业提供的统计报

表。在组织良好的情况下,报告法能够在较低的成本下,快速地获得有关统计结果。但报告法受被调查机构的主观配合情况影响较大,在政府逐渐减少对企业的直接干预的情况下,报告法的应用受到了很大的限制。

4. 问卷调查法

问卷调查法是指调查人员利用格式化的调查问卷,向受访者进行询问。问卷调查法是目前常用的调查方法,其优点在于利用问卷限定了访问员的询问方式和受访者的回答方式,从而有助于调查人员获得符合分析要求的定量数据。问卷调查法不需要访问员自由联想和发挥,从而降低了对访问员素质的要求,更适宜用于大规模的民意和商业调查活动。常见的问卷调查方法包括:入户访问、街头拦截式访问、电话调查、邮寄问卷调查、留置问卷调查、媒体问卷调查。

二、抽样调查

在众多的统计调查方法中,抽样调查是应用范围较广的一种,是主要的统计调查方法。从其调查形式来看,抽样调查可分为概率抽样和非概率抽样。

(一)概率抽样

概率抽样指总体中的单位以确定的概率进入样本。例如,在 10 个人中选择 2 个人进行调查,如果采用抽签的方法,使每个人被抽中的概率都相同,则每一个单位事先都能够预见被抽中的概率,这种抽样方法就属于概率抽样。

1. 简单随机抽样

简单随机抽样(Simple Random Sampling)也称纯随机抽样,指在对总体不进行任何处理的情况下,所进行的等概率抽样。所有的总体单位以一个相同的非零概率进入样本。进行简单随机抽样的原始做法是抽签,在操作足够精细的情况下,抽签方式能够产生一个近似的简单随机样本。在总体单位数比较多的情况下,采用原始的抽签方法就不可能了,此时需要对总体单位编号,然后抽选对应的号码。大多数的计算机语言都提供了产生纯随机数的函数,例如,在 Excel 中,通过设置 RAND()函数中的参数,可以获得一个较好的随机数序列。使用 Excel 中随机数函数 RAND()返回一个大于等于 0 、小于 1 的均匀分布随机数,每次计算工作表时都将返回一个新的数值。如果要生成 a、b 之间的随机实数,可以这样书写函数式"＝rand()＊(b−a)＋a"。例如,如果要生成大于等于 0、小于 100 的随机数,可以输入"＝rand()＊100"。如果要使用函数 RAND 生成一随机数,并且使之不随单元格计算而改变,可以在编辑栏中输入"＝RAND()",保持编辑状态,然后按 F9 键,将公式永久性地改为随机数。除此之外,Excel 还可以利用"工具"→"数据分析"→"随机数发生器"选项能产生给定分布的随机数。

在调查现场产生随机数的一种简单方法是使用随机数表。随机数表可以从任何行任何列开始取值,取值时可以取连续的若干位,以获得一个任意大的随机数。

随机数表如表 2−4 示:假设要从 100 名学生中随机抽取 5 名。具体的抽样过程如下:第一,对总体单位编码,100 名学生可以编为 001、002、003…100。编码时要求每个号码位数是一样的。第二,读随机数表,随机确定从某行某列开始读(按行或者按列读无区别)。假如现在确定从表2-4第二行第二列开始按行读取随机数。有两种方法可以读取随机数表。方法一,第二行第二列开始按行读取,首先是120,不再编码范围内,舍弃。继续往下读,012,选中……直至选中5个满足条件的号码为止。为提高读取效率,方法二(余数入样法)的操作如下:第二行第二列开始按行读取,首先是120,用120除以最大号码100,余数为20,所以第一个选中的号是020,继续读……若发现随机数在编码范围内直接选取,若随机数大于最大号码,则用随机数除以最大号码,取余数作为选中号码,以此类推。

表2-4 Excel产生的随机数表

3	1	5	8	8	9	0	4
8	1	2	0	0	1	2	0
3	3	5	3	3	3	8	4
4	3	9	7	9	2	9	0
6	7	9	4	3	7	3	7
1	2	1	3	4	5	3	9
0	2	0	8	1	2	7	6
7	7	1	1	7	6	2	4
5	6	5	2	9	6	5	7
7	2	2	8	1	1	7	7
9	8	8	5	5	6	4	1
0	7	6	7	5	1	8	3
2	2	3	3	3	7	6	2
8	0	6	4	5	2	3	7
7	6	7	9	6	6	9	3
8	5	8	4	2	8	3	6
6	3	3	1	9	3	5	4
9	8	7	8	5	6	4	1
8	3	1	7	7	6	6	2
7	6	8	0	6	8	0	5

2. 分层抽样

分层抽样(Stratified Sampling)即将总体按主要标志划分为若干个层,再在每一层中随机抽选。为保证抽样的准确性,分层的依据要与所调查的问题高度相关。分层抽样能够有效地提高抽样效率,在相同样本的情况下,分层抽样的抽样误差一般会小于简单随机抽样的误差。根据样本分配的不同,可以分为等比例抽选和不等比例抽选。

等比例抽选,是指在每一个层中抽选的样本数与层的单位数的比例是固定的。例如,要在一个班的60名学生中抽选12个样本,当男生人数为40人时,抽选的男生数为8人,这种方式就是等比例抽选。

等比例抽选能够使每个单位被抽中的概率都相同,但这种相同的概率是在对总体进行

了分层的基础上实现的,所以与简单随机抽样仍有明显的区别。

不等比例抽选是指在不同的层中,抽选的样本数与层的单位数不呈现相同的比例。例如,某班有 40 名男生、20 名女生,在抽选时,选择 6 名男生和 4 名女生作为样本,则男生的抽选比例为 6/40,女生的抽选比例为 4/20。

在采用不等比例抽选的情况下,每一层的平均数等指标需要单独计算,然后将各层的结果汇总起来计算总体的指标。

采用不等比例抽选的原因在于各层的单位离散程度不同,或者调查成本不同,一般来说,离散程度越高,或者调查成本越低的层,抽选的比例应当越高,这样能够在相同费用的情况下获得最好的抽样效果。

3. 等距抽样

等距抽样(Systematic Sampling)即将总体按某一标志进行排列后,按相同的间隔抽选,又称为机械抽样或系统抽样。根据排序标志的不同,等距抽样可分为相关标志排列和无关标志排列两种。相关标志排列的等距抽样近似于分层抽样,如按家庭的贫富程度排序后,等距抽选受访者并调查其年收入情况。这种抽选相当于将全体受访者按收入情况由高到低分为 N 个组,然后在每组中抽选 M 名受访者。无关标志排列的等距抽样近似于简单随机抽样,因为在无关标志排列的情况下,受访者处于哪个位置实际上是随机的,因此被选中进入样本的概率也是与调查内容无关的。

等距抽样要注意两种情况。

(1)当序列具有单调倾向时,单纯的等距抽样可能会造成一定的偏差,此时可以采用对称等距抽样的方法进行修正。

(2)当序列具有周期性时,如等距抽样的抽样周期与序列本身的周期重合,则有可能出现很大的偏差,对此,应改变抽样间隔周期,以错开序列的自身周期。

4. 整群抽样

整群抽样(Cluster Sampling)即将总体全部单位分成若干个部分,随机抽选一部分单位,对选中的单位进行全面调查。整群抽样的主要优点在于充分利用了单位自身的组织,从而有效地减少了单位样本的调查成本。整群抽样的主要缺点在于同一群的单位一般具有一定的相似性,从而使整群抽样的误差大于纯随机抽样的误差。由于整群抽样的单位样本成本较低,在相同的成本情况下,能够比纯随机抽样获得更多的样本,从而从总体上减少了抽样误差。

5. 多阶段抽样

多阶段抽样(Multi-Stages Sampling)即把整个抽样过程分为若干个阶段,逐级抽出受访者。在大多数情况下,抽样调查都是针对一个极大的总体进行的,如在一个城市范围进行的抽样调查,所面对的总体是数百万人。在这种情况下,直接进行纯随机抽样是不现实的,构造数百万人的名单就将是一个非常浩大的工程。多阶段抽样是将抽样过程分解为几个阶段,如在城市进行抽样时,可以先抽选居委会,然后在每个居委会范围内抽选受访者。这样,每个阶段所需要涉及的总体都只有几百或者几千个单位,便于抽选。

(二)非概率抽样

非概率抽样指单位进入样本的概率事先是未知的。非概率抽样一般是作为概率抽样的一种近似方法而采用的。

1. 便利抽样

便利抽样(Convenience Sample)即以方便为原则抽选。例如,在街头拦截式访问中,访问员直接对经过的行人进行访问,就是一种便利抽样的方法。相对于较为精确的抽样设计,便利抽样的操作难度较小,从而能够有效降低成本,提高效率。如果设计较好,选择的抽样地点合理,其调查效果与概率抽样的差异是比较小的。

2. 判断抽样

判断抽样(Judgment Sample)指由访问员人为判断受访者的身份,确定是否选择作为样本。判断抽样一般用于选择特殊类型的受访者,如有些调查要求受访者必须是计算机用户,则在调查时,访问员需要从受访者的衣着、形象上判断是否有可能是计算机用户,以避免过多的甄别。

3. 配额抽样

配额抽样(Quota Sample)指根据一定的身份配额抽选受访者进行调查。在便利抽样的条件下,访问员有可能固定地选择一些特定类型的受访者,如女性受访者、年轻人,从而造成样本的偏差。为了限制访问员的选择,可以在访问前限定各类受访者的比例,如确定各个年龄段的受访者所应当占的比重,从而一定程度上控制样本的偏差。

4. 滚雪球式抽样

滚雪球式抽样(Snowball Sample)是一种针对稀疏总体进行的抽样方法,抽选时,先找到几个符合条件的受访者,然后通过这些受访者找到更多符合条件的受访者,逐步外推,直至达到要求的样本数。也有文献称之为推荐抽样(Referral Sample),如下面案例。

滚雪球式抽样

某项调查需要获得100名集邮爱好者的信息,但调查人员无法获得集邮爱好者的名单,也无法找到集邮爱好者比较集中的区域。在这种情况下,调查人员先设法找到了其中一位集邮爱好者甲,对其调查后,请其介绍几位平时曾有过联系的其他集邮爱好者的姓名、联系方法等。利用甲所提供的信息,调查人员访问了另外三位集邮爱好者乙、丙和丁,调查结束后,再请他们介绍更多的集邮爱好者的姓名和联系方法。

通过这种不断滚动的方法,最终调查人员找到所需的100个样本。

第四节 调查误差

一、抽样误差

抽样误差是指在抽样调查中,由于使用样本信息推断总体情况,而可能出现的误差。例如,在 10 万人中抽选 100 人,根据 100 人的情况来推断 10 万人的平均情况,由于选中的 100 人并不能完全代表 10 万人的情况,这种推断便出现了某种程度的误差。

抽样误差受样本量的影响,理论上说,样本量越大,抽样误差越小。如果对总体调查采用的是全面调查,则抽样误差为 0。此外,抽样误差还与总体的变异性有关。在其他条件相同的情况下,总体的变异性越大,即总体方差越大,抽样误差就越大。

关于抽样误差的具体内容,在本书的第六章第三节中叙述。

二、非抽样误差

非抽样误差指不是由于样本的代表性,而是由于调查过程的各种其他因素而带来的误差。有资料认为,在一次普通的抽样调查中,由非抽样因素带来的调查误差最多可能达到总误差的 3/4。非抽样误差主要包括以下三种。

(一)抽样框误差

记录受访者情况的名单,称为抽样框。进行概率抽样一定是在确定的抽样框基础上进行的,如进行简单随机抽样的时候,需要对所有的总体单位编号,然后抽选。此时就需要有记录全部总体单位的名称,即抽样框。

抽样框误差主要是指抽样框与实际的抽样总体存在差异而造成的误差。抽样框误差的表现形式包括以下几个方面。

(1)丢失总体单位,即有一部分抽样总体中的单位没有在抽样框中反映出来。例如,根据户口登记情况调查在北京的人口,往往会将外地来京人员丢失。

(2)包括非总体单位,即有一部分列在抽样框中的人群实际上并不属于抽样总体的对象。例如,在农村进行常住人口调查时,一部分人长期在外务工,实际已不属于常住人口的居民,其名字仍然保留在户口本上,会被抽中。

(3)复合连接。抽样框中的单位与抽样总体中的单位应当是一一对应的,但如果这种一一对应关系被破坏,则称为复合连接。例如,在地址抽样框中,一个地址对应着两套房子,就是复合连接;反之,如果同一所房子在抽样框中有两个名称,也称为复合连接。

(4)不正确的辅助信息。有一些抽样需要借助于样本的辅助信息,如分层抽样中,需要了解单位的性别、年龄等情况,如果在抽样框中这些信息有误,则分层抽样就可能出现错误。此外,由于抽样框中样本的地址信息错误,也有可能出现找不到受访者的情况,造成误差。

(二)无回答误差

无回答误差是指未能从指定的样本处获得有效的回答。无回答误差的情况包括以下几种。

(1)未征寻。所谓征寻,是指与指定的样本取得联系,并要求其参与调查。未征寻则是指访问员未能与指定的样本取得联系,其原因包括访问员未能找到受访者的住所、指定的地址并非住宅、受访者不在家、由于住宅小区拒绝进入而未能接触等。

(2)征寻失败。指访问员与指定的样本进行了接触,但未能说服样本户接受调查。征寻失败的主要表现就是拒访。

(3)不合格。指访问员说服了指定的样本接受调查,但该样本户不符合调查条件,因此未能进行访问。

(4)受访者没有参与的条件。在样本户符合调查条件,并愿意接受调查的情况下,由于各种客观原因使访问员未能访问,如受访者当时正在生病,无法接受调查;或者访问员与受访者之间存在语言障碍,访问员无法理解受访者的方言,从而无法进行调查。

(5)其他情况。有时候,访问员成功完成访问,因为失误而丢失了问卷,会造成受访者的数据无法被分析者获得,也会造成无回答误差。

无回答误差从成因上看,包括随机性的无回答和系统性的无回答。

随机性的无回答指无回答的形成并没有确定的原因,因此无回答的人群并没有某种一致性的特征。例如,在进行家用电器的调查时,如果受访者因为生病而无法接受调查,那么这种无回答应当是随机性的,因为无法认为生病的人群在使用家用电器方面是否存在特殊性。

系统性的无回答则是指无回答的原因具有某种一致性。例如,在关于税收问题的调查中,有逃税行为的人群可能会更多地选择拒绝接受调查,从而无回答就具有了某种特殊性。

对于随机性的无回答,在进行数据分析时可以简单地作为减少了样本量处理。而对于系统性的无回答,则需要结合无回答的原因,进行区别处理。

(三)计量误差

计量误差是指在对个体调查时,调查结果与个体的真实情况出现的差异。计量误差的出现有多种原因,一般分为三大类。

(1)工具误差:由于调查时使用的工具不够完善而出现的调查误差。调查中最主要的调查工具即为调查问卷,由于调查问卷设计得不合理而造成的工具误差十分普遍。

(2)访问员误差:由于访问员主观或者客观的原因而造成的误差。访问员主观因素造成的误差主要是访问员作弊,访问员客观因素造成的误差包括访问员能力上的欠缺所造成的数据缺失或者错误。

(3)受访者误差:由于受访者的主观或者客观原因而造成的误差。受访者主观原因造成的误差主要是出现恶意或者忧虑而有意隐瞒真实情况,受访者客观原因造成的误差主要是由于对调查的理解不足、语言障碍、文化差异等。

三、误差的控制

上面对调查中出现的误差进行了详细探讨。在数据收集过程中,如何有效控制各种误差、提高调查精度与数据的准确性是调查研究人员面临的挑战。

抽样误差是由于抽样的随机性带来的,在调查过程中是不可避免的,但是可以计算的。在某项具体的调查中,研究人员可以事先确定抽样误差,然后采取相应的措施进行控制。控制的方法之一就是改变样本容量,这在本书第六章第五节会详细介绍。

非抽样误差相对来说比较复杂,造成非抽样误差的原因有多种。对于非抽样误差的控制主要在于调查过程中的质量控制,主要包括调查员的挑选与培训、调查督导的专业水平、调查方法的选择、调查过程的实施等。一些专业的市场调查机构都有质量控制的规章制度和经验总结。

本章小结

(1)统计调查方案的设计包括六个部分:确定调查目标,确定调查对象和调查单位,确定调查项目,确定调查方法,制订调查的组织实施计划,撰写调查报告。

(2)调查问卷一般包括三个部分:卷首语、正文、结尾。问卷的问题形式有封闭式与开放式。

(3)统计调查按调查范围划分分全面调查(普查)与非全面调查。非全面调查包括重点调查、典型调查、抽样调查。抽样调查是主要的、使用较广的一种调查方式,它分为概率抽样和非概率抽样两种方式。概率抽样有简单随机抽样、分层抽样、等距抽样、整群抽样、多阶段抽样五种方法,非概率抽样有便利抽样、判断抽样、配额抽样、滚雪球式抽样四种方法。

(4)数据误差有抽样误差与非抽样误差之分。抽样误差是指样本代表性误差,非抽样误差包括抽样框误差、无回答误差、计量误差等。

复习思考题

一、单项选择题

1. 某项调查选择三个有代表性的调查点进行调查,这种调查方式属于(　　　)
   A. 典型调查　　　　B. 重点调查　　　　C. 抽样调查　　　　D. 普查

2. 2000 年 11 月 1 日零点的第五次全国人口普查是(　　　)
   A. 典型调查　　　　B. 重点调查　　　　C. 全面调查　　　　D. 非全面调查

3. 工厂对生产的一批零件进行检查,通常采用(　　　)
   A. 典型调查　　　　B. 重点调查　　　　C. 全面调查　　　　D. 抽样调查

二、简答题

1. 统计调查方案通常包括哪些部分?

2. 抽样调查是如何分类的?

3. 统计数据的误差包括哪些类型?

三、综合分析题

某生产化妆品的企业欲对某地居民使用化妆品的情况进行调查,试设计一份调查方案与调查问卷。

第三章

统计整理

内容提要

本章结合 Excel 的操作介绍了统计数据的整理过程。第一节介绍数据预处理：审核、排序、筛选、分类汇总、数据透视表。第二节分别介绍分类数据、顺序数据、数值型数据的整理与展示方法。第三节介绍统计表设计。

第一节　数据预处理

在对数据用图表展示之前，需要对数据进行初步的整理，即数据预处理。数据预处理的内容包括审核、排序、筛选、分类汇总、数据透视表等。

一、审核

数据审核是指检查数据是否满足统计分析的要求。对于通过其他渠道收集的二手数据，主要是审核数据的适用性和时效性。首先，要弄清楚二手数据的来源及其有关的背景材料，分析数据的客观性、真实性，了解数据的统计口径，以便确定数据是否符合自己分析的需要。其次，要注意数据的时效性，是否是最新数据，有没有反映事物发展的最新情况。最后，确认是否有必要做进一步的加工整理。

对于通过调查取得的原始数据主要是判断数据是否有错、完整，主要从完整性和准确性两个方面去审核。

(一)完整性审核

完整性审核应检查调查的单位或个体是否有遗漏，所有的调查项目或指标是否填写齐全等。如果在表格中，某一个数据采集时无法获得，就会出现缺失值。缺失值是指在数据采集与整理过程中丢失的内容。

例 3.1　某医院四名员工的基本信息如表 3-1 所示，表中"张三"的性别和"赵六"的年龄就出现了缺失。

表 3-1　某医院员工的基本信息表

姓名	年龄	性别	职业	收入
张三	20	一	护士	1 500
李四	30	女	医生	2 000
王五	35	男	医生	3 000
赵六	一	女	护士	1 000

缺失值的处理一般有两种方式,第一种方式是删除对应的记录,如在上例中,如果张三的性别没有记录,出现缺失,则将张三的所有信息全部从数据库中删掉。这种方式在数据记录较多且缺失非常少的情况下是可行的,但如果各个项目中都有少数的数据缺失存在,对所有缺失的记录都删除可能就会使总样本量变得非常小,从而损失许多有用信息。缺失值处理的第二种方式是进行插值处理,所谓插值,是指人为地用一个数值去替代缺失的数值。

插值处理根据插值的不同,有如下一些方法。

1. 随机插值

随机插值是指根据缺失值的各种可能情况,等概率地进行插值。例如,在上例中,"张三"的性别有两种可能性,一是"男",二是"女",可以简单地掷一枚硬币,如果正面朝上,则赋值为"男",如果反面朝上,则赋值为"女"。

2. 依概率插值

依概率插值是指在变量各种情况的取值中选择插入概率最高的取值。随机插值是假定变量取各种值的可能性是相等的,但有些情况下,我们可以事先知道一个变量取各种值的概率。例如,我们知道在上述表格中,女性占的比例是 75%,男性的比例是 25%,则在对"张三"的性别进行赋值时,不是按 50% 概率赋为"女",而是按 75% 概率赋为"女"。

3. 就近插值

就近插值是指根据缺失记录附近的其他记录的情况对缺失值进行插值,如在上例中,"张三"的性别出现缺失,此时可以用其邻近的"李四"的性别数据替代"张三"的性别数据,由于"李四"的性别为"女",因此将"张三"的性别也赋为"女"。

就近插值是依概率插值的一种简化处理,设想在整个单位的职工中,女性占的比例是 75%,则在一般情况下,与张三邻近的记录性别为"女"的概率也应当为 75%,就近插值实际上就是依概率插值。

使用就近插值时,需要对抽样过程进行必要的了解,如果抽样时性别有交叉的情况,如经常是调查完一名男性后就调查一名女性,则使用就近插值就会出现较多的错误。

4. 分类插值

依概率插值是将记录置于总体的背景上插值,没有充分利用记录的其他信息。如果在记录的其他信息中有某些项目与缺失项目存在相关性,则可以根据这些辅助信息对总体分类,在每一类内部进行插值处理。

例如,在上例中,"张三"的职业是"护士",假定该单位中 95% 的"护士"性别为"女",则在插值时,就不是使用全单位的女性比例 75%,而是使用"护士"中的女性比例 95% 对"张三"的性别赋值。

(二)准确性审核

准确性审核是检查数据是否有错误,是否存在异常值(超过正常范围的取值)。若发现存在异常值要认真鉴别,判断异常数据的真假。通常从数据结构是否符合常规逻辑判断异常数据的存在,称为逻辑校正。

例3.2 3 名大学生的基本信息如表 3-2 所示,试进行逻辑校正。

表 3－2　3 名大学生的基本信息表

编号	年龄	身高（厘米）	体重（千克）
1	21	172	70
2	20	173	62
3	22	183	40

解:很明显,3 号同学的身高与体重数据不匹配,不符合常规逻辑,需要复查数据,鉴别真假。

下面用表 3－3 中某学院某班的数据,结合 Excel 的操作演示数据审核的方法。

表 3－3　某学院某班身高与体重的数据表

	A	B	C	D	E	F
1	学号	性别	年龄	统计成绩	身高	体重
2	02021001	0	21	83	172	80
3	02021002	0	20	78	173	62
4	02021003	0	22	38	183	67
5	02021004	1	21	87	162	49
6	02021005	1	20	91	159	49
7	02021006	1	22	78	161	45
8	02021007	1	21	97	166	51
9	02021008	0	20	60	174	74
10	02021009	1	22	65	165	52
11	02021010	1	20	83	163	54
12	02021011	1	21	89	160	50
13	02021012	0	22	69	168	55
14	02021013	0	21	55	173	65
15	02021014	0	20	82	172	60
16	02021015	1	22	89	165	52
17	02021016	0	21	70	170	53
18	02021017	0	20	68	164	60
19	02021018	1	21	85	158	52
20	02021019	1	21	81	163	48
21	02021020	1	21	88	159	53
22	02021021	0	22	80	175	78
23	02021022	1	20	75	162	42
24	02021023	1	21	65	165	49
25	02021024	1	22	78	164	53
26	02021025	1	21	92	161	51
27	02021026	1	22	69	163	49
28	02021027	1	21	65	158	55
29	02021028	1	22	55	165	50
30	02021029	0	22	64	169	51
31	02021030	0	20	68	180	75

假设要对身高输入数据进行设置。操作步骤如下。

第一步:选中"身高"这一列,选择"数据"→"有效性"选项,在弹出的"数数有效性"对话框中进行相关设置,如把身高数据设置为160~180的整数,如图3-1所示。

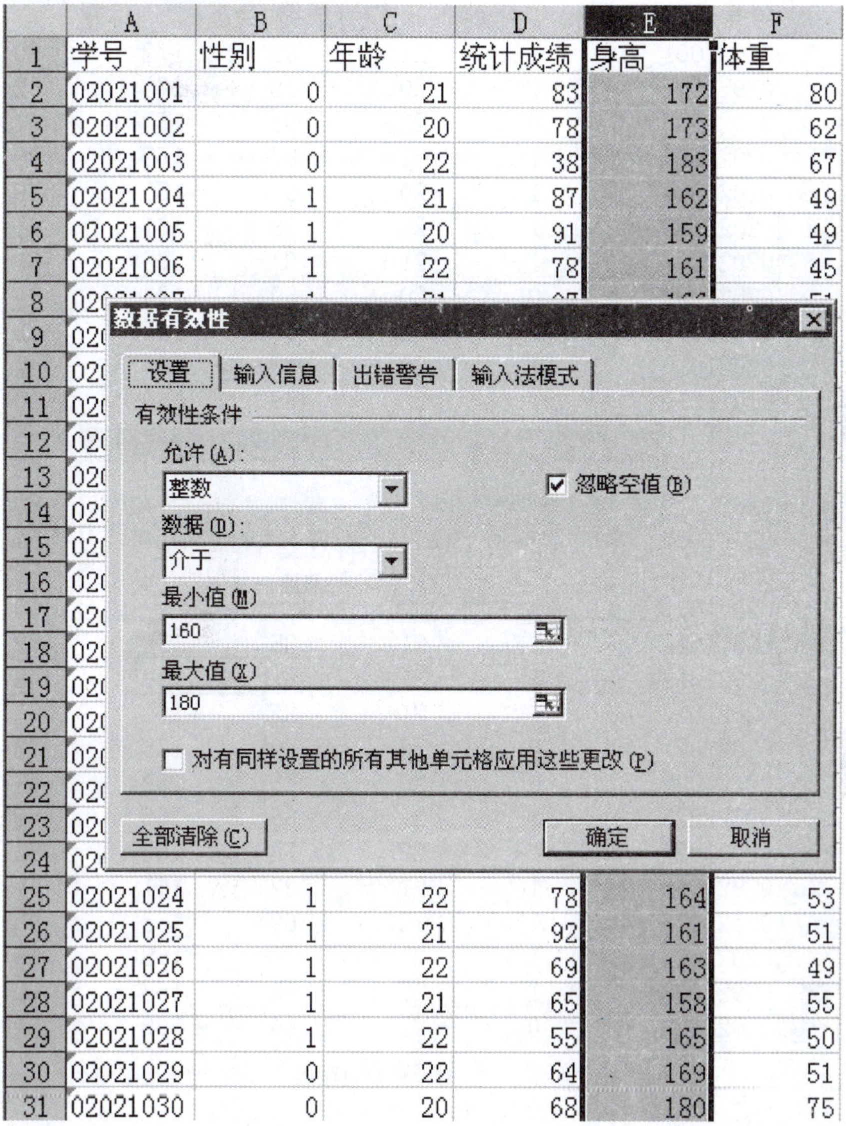

图3-1　有效性设置

第二步:有效性设置完毕后,超出设置范围的身高数据是无法输入的,这样可以减少数据错误。例如,要输入"210",会弹出消息框,如图3-2所示。

	A	B	C	D	E	F
1	学号	性别	年龄	统计成绩	身高	体重
2	02021001	0	21	83	172	80
3	02021002	0	20	78	173	62
4	02021003	0	22	38	183	67
5	02021004	1	21	87	162	49
6	02021005	1	20	91	159	49
7	02021006	1	22	78	161	45
8	02021007	1	21	97	166	51
9	02021008	0	20	60	174	74
10	02021009	1	22	65	165	52
11	02021010	1	20	83	163	54
12	02021011	1	21	89	160	50
13	0202101					55
14	0202101					65
15	0202101					60
16	0202101					52
17	0202101					53
18	0202101					60
19	02021018	1	21	85	158	52
20	02021019	1	21	81	210	48
21	02021020	1	21	88	159	53
22	02021021	0	22	80	175	78
23	02021022	1	20	75	162	42
24	02021023	1	21	65	165	49
25	02021024	1	22	78	164	53
26	02021025	1	21	92	161	51
27	02021026	1	22	69	163	49
28	02021027	1	21	65	158	55
29	02021028	1	22	55	165	50
30	02021029	0	22	64	169	51

Microsoft Excel

输入值非法。

其他用户已经限定了可以输入该单元格的数值。

重试(R)   取消

图3-2 有效性设置结果

第三步:若要把身高数据中超出有效性范围的数据找出来,可以选择"工具"→"公式审核"选项,弹出"公式审核"对话框,单击"显示公式审核工具栏"按钮,再单击"圈释无效数据"按钮,就能找出超出范围的数据,如图3-3所示。

	A	B	C	D	E	F
1	学号	性别	年龄	统计成绩	身高	体重
2	02021001	0	21	83	172	80
3	02021002	0	20	78	173	62
4	02021003	0	22	38	183	67
5	02021004	1	21	87	162	49
6	02021005	1	20	91	159	49
7	02021006	1	22	78	161	45
8	02021007	1	21	97	166	51
9	02021008	0	20	60	174	74
10	02021009					52
11	02021010					54
12	02021011	1	21	89	160	50
13	02021012	0	22	69		55
14	02021013	0	21	55	173	65
15	02021014	0	20	82	172	60
16	02021015	1	22	89	165	52
17	02021016	0	21	70	170	53
18	02021017	0	20	68	164	60
19	02021018	1	21	85	158	52
20	02021019	1	21	81	163	48
21	02021020	1	21	88	159	53
22	02021021	0	22	80	175	78
23	02021022	1	20	75	162	42
24	02021023	1	21	65	165	49
25	02021024	1	22	78	164	53
26	02021025	1	21	92	161	51
27	02021026	1	22	69	163	49
28	02021027	1	21	65	158	55
29	02021028	1	22	55	165	50
30	02021029	0	22	64	169	51

（公式审核 ▼ ×）

（圈释无效数据）

图 3-3 找出无效数据

二、排序

排序是按一定顺序将数据排列,以发现一些明显的特征或趋势,找到解决问题的线索。排序有助于对数据检查纠错,以及为重新归类或分组等提供依据。排序分为升序和降序,此外在 Excel 中对分类数据的排序有两种:按拼音字母顺序和笔画排序。以表 3-3 为例,先按性别升序排,性别相同时按年龄降序排,若性别与年龄均相同时按统计成绩降序排,Excel 操作选择"数据"选项,在"排序和筛选"选项组中单击"排序"按钮,弹出"排序"对话框,如图3-4和图3-5所示。

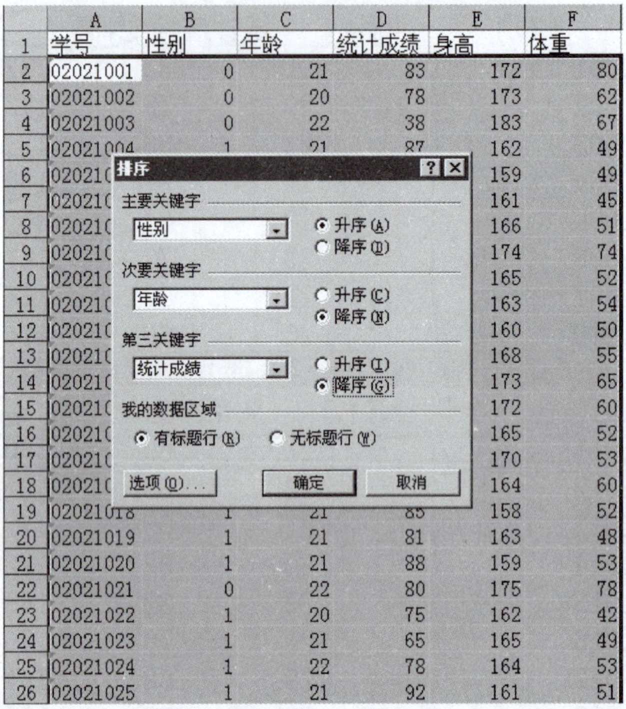

图3-4 排序过程

	A	B	C	D	E	F
1	学号	性别	年龄	统计成绩	身高	体重
2	02021021	0	22	80	175	78
3	02021012	0	22	69	168	55
4	02021029	0	22	64	169	51
5	02021003	0	22	38	183	67
6	02021001	0	21	83	172	80
7	02021016	0	21	70	170	53
8	02021013	0	21	55	173	65
9	02021014	0	20	82	172	60
10	02021002	0	20	78	173	62
11	02021017	0	20	68	164	60
12	02021030	0	20	68	180	75
13	02021008	0	20	60	174	74
14	02021015	1	22	89	165	52
15	02021006	1	22	78	161	45
16	02021024	1	22	78	164	53
17	02021026	1	22	69	163	49
18	02021009	1	22	65	165	52
19	02021028	1	22	55	165	50
20	02021007	1	21	97	166	51
21	02021025	1	21	92	161	51
22	02021011	1	21	89	160	50
23	02021020	1	21	88	159	53
24	02021004	1	21	87	162	49
25	02021018	1	21	85	158	52
26	02021019	1	21	81	163	48

图3-5 排序结果

三、筛选

数据筛选是根据需要将符合某种特定条件的数据筛选出来。在 Excel 中筛选分为自动筛选和高级筛选两种。下面通过一个例子，说明用 Excel 进行数据筛选的过程。

例 3.3　表 3-4 是从某学院抽取的 30 名学生的相关数据。筛选出统计成绩大于 80 分的学生、身高最高的三名学生、性别取 0 或经济专业学生。

表 3-4　某学院 30 名学生基本信息表

	A 学号	B 性别	C 年龄	D 专业	E 统计成绩	F 身高
2	1	0	21	经济	83	172
3	2	0	20	国贸	78	173
4	3	0	22	电商	38	183
5	4	1	21	经济	87	162
6	5	1	20	国贸	91	159
7	6	1	22	电商	78	161
8	7	1	21	经济	97	166
9	8	0	20	国贸	60	174
10	9	1	22	电商	65	165
11	10	1	20	经济	83	163
12	11	1	21	国贸	89	160
13	12	0	22	电商	69	168
14	13	0	21	经济	55	173
15	14	0	20	国贸	82	172
16	15	1	22	电商	89	165
17	16	0	21	经济	70	170
18	17	0	20	国贸	68	164
19	18	1	21	电商	85	158
20	19	1	21	经济	81	163
21	20	1	21	国贸	88	159
22	21	0	22	电商	80	175
23	22	1	20	经济	75	162
24	23	1	21	国贸	65	165
25	24	1	22	电商	78	164
26	25	1	21	经济	92	161
27	26	1	22	国贸	69	163
28	27	1	21	电商	65	158
29	28	1	22	经济	55	165
30	29	0	22	国贸	64	169
31	30	0	20	电商	68	180

下面给出 Excel 操作步骤。

第一步：选择"数据"选项，在"排序和筛选"选项组中单击"筛选"按钮开始自动筛选，如图 3-6 所示。

	A	B	C	D	E	F
1	学号	性别	年龄	专业	统计成绩	身高
2	1	0	21	经济	83	172
3	2	0	20	国贸	78	173
4	3	0	22	电商	38	183
5	4	1	21	经济	87	162
6	5	1	20	国贸	91	159
7	6	1	22	电商	78	161
8	7	1	21	经济	97	166
9	8	0	20	国贸	60	174
10	9	1	22	电商	65	165
11	10	1	20	经济	83	163
12	11	1	21	国贸	89	160
13	12	0	22	电商	69	168
14	13	0	21	经济	55	173
15	14	0	20	国贸	82	172
16	15	1	22	电商	89	165
17	16	0	21	经济	70	170
18	17	0	20	国贸	68	164
19	18	1	21	电商	85	158
20	19	1	21	经济	81	163
21	20	1	21	国贸	88	159
22	21	0	22	电商	80	175
23	22	1	20	经济	75	162
24	23	1	21	国贸	65	165
25	24	1	22	电商	78	164
26	25	1	21	经济	92	161
27	26	1	22	国贸	69	163
28	27	1	21	电商	65	158
29	28	1	22	经济	55	165
30	29	0	22	国贸	64	169

图 3-6　自动筛选过程

　　第二步:单击"统计成绩"的下拉按钮,在弹出的下拉列表中选择"文本筛选"→"自定义筛选"选项,弹出"自定义自动筛选方式"对话框,输入条件,得到筛选结果,如图 3-7 所示。

　　第三步:单击"统计成绩"的下拉按钮,勾选"全选"复选框,恢复到原数据。单击"身高"的下拉按钮,勾选前 10 个复选框,输入条件,筛选身高最高的三名学生,如图 3-8 和图 3-9 所示。

　　第四步:筛选出性别取 0 或经济专业学生,由于这两个条件间的关系为"或",需用"高级筛选"。当筛选条件较多时,也需用高级筛选。高级筛选时首先要准备好条件区域,这时要在数据清单上面留出三行作为条件区域,在条件区域输入筛选条件,操作如图 3-10 和图 3-11所示。

	A	B	C	D	E	F
1	学号	性别	年龄	专业	统计成绩	身高
2	1	0	21	经济	83	172
3	2	0	20	国贸	78	173
4	3	0	22	电商	38	183
5	4	1	21	经济	87	162
6	5	1	20	国贸	91	159
7	6	1	22	电商	78	161

自定义自动筛选方式

显示行：
统计成绩
大于　80
○ 与(A)　○ 或(O)

可用 ? 代表单个字符
用 * 代表任意多个字符

确定　取消

20	19	1	21	经济	81	163
21	20	1	21	国贸	88	159
22	21	0	22	电商	80	175
23	22	1	20	经济	75	162
24	23	1	21	国贸	65	165
25	24	1	22	电商	78	164
26	25	1	21	经济	92	161

（a）自动筛选设置

	A	B	C	D	E	F
1	学号	性别	年龄	专业	统计成绩	身高
2	1	0	21	经济	83	172
5	4	1	21	经济	87	162
6	5	1	20	国贸	91	159
8	7	1	21	经济	97	166
11	10	1	20	经济	83	163
12	11	1	21	国贸	89	160
15	14	0	20	国贸	82	172
16	15	1	22	电商	89	165
19	18	1	21	电商	85	158
20	19	1	21	经济	81	163
21	20	1	21	国贸	88	159
26	25	1	21	经济	92	161

（b）统计成绩大于80分的学生的筛选结果

图 3-7　自动筛选设置

	A	B	C	D	E	F
1	学号	性别	年龄	专业	统计成绩	身高
2	1	0	21	经济	83	172
3	2	0	20	国贸	78	173
4	3	0	22	电商	38	183
5	4		21	经济	87	162
6						159
7						161
8						166
9						174
10						165
11						163
12	11	1	21	国贸	89	160

自动筛选前 10 个
显示：最大　3　项
确定　取消

图 3-8　自动筛选前10个

45

	A	B	C	D	E	F
1	学号 ▼	性别 ▼	年龄 ▼	专业 ▼	统计成绩▼	身高 ▼
4	3	0	22	电商	38	183
22	21	0	22	电商	80	175
31	30	0	20	电商	68	180

图 3-9 身高最高的 3 名学生

	A	B	C	D	E	F
1	学号	性别	年龄	专业	统计成绩	身高
2		0				
3				经济		
4	学号	性别	年龄	专业	统计成绩	身高
5	1	0	21	经济	83	172
6	2	0				73
7	3	0				83
8	4	1				62
9	5	1				59
10	6	1				61
11	7	1				66
12	8	0				74
13	9	1				65
14	10	1				63
15	11	1				60
16	12	0				68
17	13	0	21	经济	55	173
18	14	0	20	国贸	82	172
19	15	1	22	电商	89	165
20	16	0	21	经济	70	170

高级筛选 ✕

方式
⦿ 在原有区域显示筛选结果(F)
◯ 将筛选结果复制到其他位置(O)

列表区域(L): Sheet1!$A$4:$F$34
条件区域(C): Sheet1!$A$1:$F$3
复制到(T):

☐ 选择不重复的记录(R)

确定　取消

图 3-10 高级筛选设置

	A	B	C	D	E	F
1	学号	性别	年龄	专业	统计成绩	身高
2		0				
3				经济		
4	学号	性别	年龄	专业	统计成绩	身高
5	1	0	21	经济	83	172
6	2	0	20	国贸	78	173
7	3	0	22	电商	38	183
8	4	1	21	经济	87	162
11	7	1	21	经济	97	166
12	8	0	20	国贸	60	174
14	10	1	20	经济	83	163
16	12	0	22	电商	69	168
17	13	0	21	经济	55	173
18	14	0	20	国贸	82	172
20	16	0	21	经济	70	170
21	17	0	20	国贸	68	164
23	19	1	21	经济	81	163
25	21	0	22	电商	80	175
26	22	1	20	经济	75	162
29	25	1	21	经济	92	161

图 3-11 高级筛选结果

四、分类汇总

分类汇总是按照要求分成不同的类别进行统计,可以按照一个分类变量分类统计,也可以按两个或多个变量分类统计。相应的有一级分类汇总和二级分类汇总。以表3-4的数据为例,按性别分类统计平均身高(一级分类汇总),操作如下。

第一步:分类汇总前要对分类变量进行排序。排序之后选择"数据"选项,在"分级显示"选项组中单击"分类汇总"按钮,进行相应的设置,如图3-12和图3-13所示。

	A	B	C	D	E	F
1	学号	性别	年龄	专业	统计成绩	身高
2	1	0	21	经济	83	172
3	2	0	20	国贸	78	173
4	3	0	22	电商	38	183
5	8	0	20	国贸	60	174
6	12	0				
7	13	0				
8	14	0				
9	16	0				
10	17	0				
11	21	0				
12	29	0				
13	30	0				
14	4	1				
15	5	1				
16	6	1				
17	7	1				
18	9	1				
19	10	1				
20	11	1	21	国贸	89	160
21	15	1	22	电商	89	165
22	18	1	21	电商	85	158

分类汇总

分类字段(A):
性别

汇总方式(U):
平均值

选定汇总项(D):
☐ 专业
☐ 统计成绩
☑ 身高

☑ 替换当前分类汇总(C)
☐ 每组数据分页(P)
☑ 汇总结果显示在数据下方(S)

全部删除(R)　　确定　　取消

图3-12　分类汇总设置

1 2 3		A	B	C	D	E	F
	1	学号	性别	年龄	专业	统计成绩	身高
+	14		0 平均值				172.75
+	33		1 平均值				162.1667
-	34		总计平均值				166.4
	35						
	36						

图3-13　按性别分类汇总结果

五、数据透视表

数据透视表可以根据使用者的需要,方便地对数据进行汇总和作图,形成一张交叉表,并可实现查询功能。下面以表3-4为例,建立一张数据透视表,行变量给出性别,列变量给出专业,对统计成绩交叉汇总。

第一步:准备好数据清单,弹出"数据透视表和数据透视图向导"对话框,如图3-14所示。

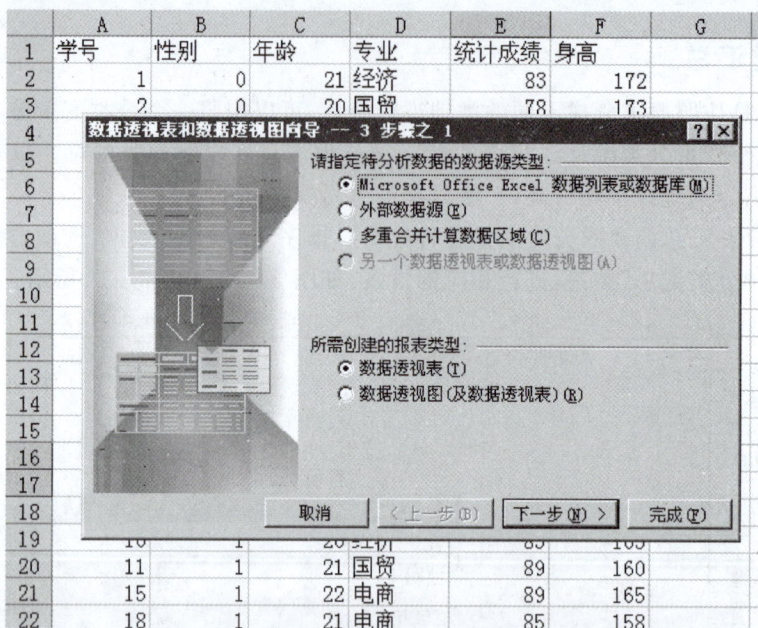

图 3—14 数据透视表单选按钮

选取数据源区域,数据透视表显示位置,如图 3—15 和图 3—16 所示。

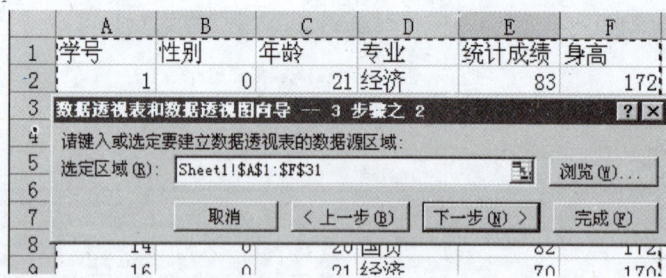

图 3—15 选取数据源区域

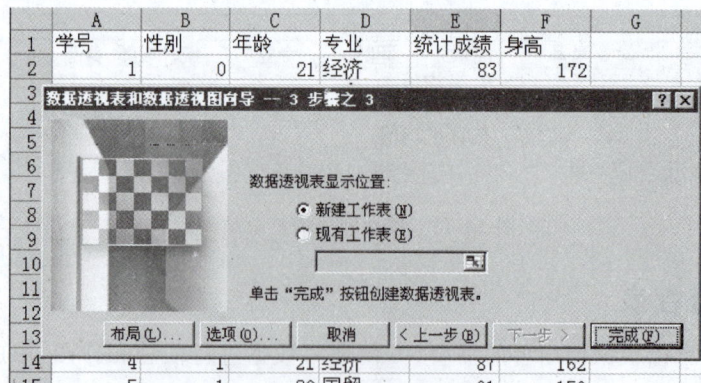

图 3—16 数据表显示位置

第二步:选择数据透视表的行、列变量以及数据项,构造表格,如图 3—17 和图 3—18 所示。

请将页字段拖至此处

将列字段拖至此处

请将数据项拖至此处

数据透视表字段列表

将项目拖至数据透视表

- 学号
- 性别
- 年龄
- 专业
- 统计成绩
- 身高

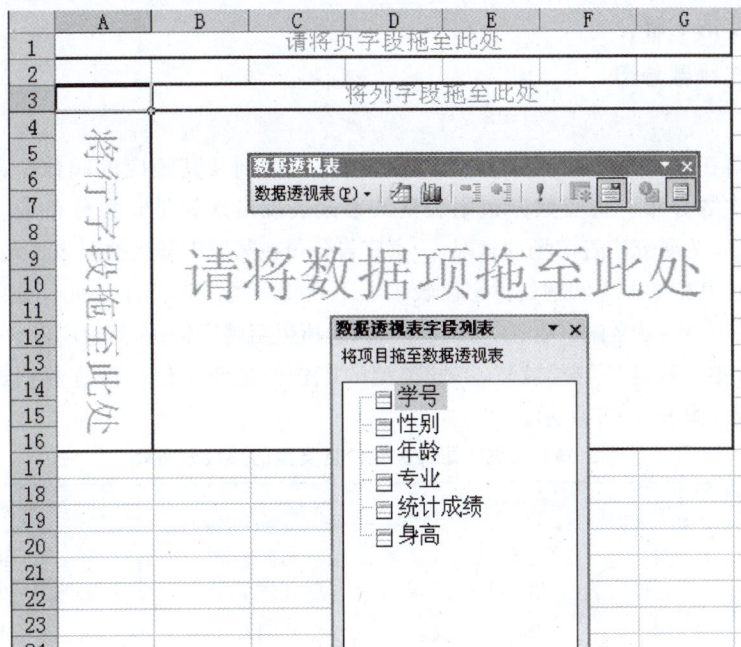

图 3-17　数据透视表项目设置

平均值项:统计成绩	专业			
性别	电商	国贸	经济	总计
0	64	70	69	68
1	77	80	81	80
总计	72	75	78	75

图 3-18　数据透视表结果

第二节　数据的整理与展示

　　数据经过预处理之后,要经过整理与展示。对于不同类型的数据,所采取的处理方式和方法是不同的。从品质数据(包括分类数据和顺序数据)到数值型数据,数据由低级往高级方向发展。数据越高级,适用的统计方法就越多。适用低级数据的统计方法必然也适用高级数据,反之则不成立。对品质数据主要是做分类整理,对数值型数据主要是做分组整理。

一、分类数据的整理与展示

　　分类数据本身就是对事物的一种分类,因此,在整理时除了要列出所分的类别外,还要计算出每一类别的频数、频率或比例、比率,同时选择适当的图形进行显示,以便对数据及其特征有一个初步的了解。

(一)频数与频数分布

1. 频数

频数是指落在各类别中的数据个数。我们把各个类别及其相应的频数全部列出来就是频数分布或称次数分布。将频数分布用表格的形式表现出来就是频数分布表。

例 3.4　为研究广告市场的状况,一家广告公司在某城市随机抽取 200 人就广告问题做了邮寄问卷调查,其中的一个问题是:"您比较关心下列哪一类广告?"有下列不同的广告类型:①商品广告;②服务广告;③金融广告;④房地产广告;⑤招生招聘广告;⑥其他广告。

解:这里的变量就是"广告类别",不同类型的广告就是变量值。调查数据经分类整理后形成频数分布表,如表 3-5 所示。

表 3-5　某城市居民关注广告类型的频数分布表

广告类型	人数(人)	比例	频率(%)
商品广告	112	0.560	56.0
服务广告	51	0.255	25.5
金融广告	9	0.045	4.5
房地产广告	16	0.080	8.0
招生招聘广告	10	0.050	5.0
其他广告	2	0.010	1.0
合计	200	1	100

很显然,如果不做分类整理,观察 200 个人对不同广告的关注情况,既不便于理解,也不便于分析。经分类整理后,可以大大简化数据,很容易看出关注"商品广告"的人数最多,而关注"其他广告"的人数最少。

2. 比例

比例是一个总体中各个部分的数量占总体数据的比例,通常用于反映总体的构成或结构。假定总体数量 N 被分成 K 个部分,每一部分的数量分别为 $N_1,N_2,\cdots,N_K$,则比例定义为 $\dfrac{N_i}{N}$。显然,各部分的比例之和等于 1,即

$$\frac{N_1}{N}+\frac{N_2}{N}+\cdots+\frac{N_K}{N}=1$$

比例是将总体中各个部分的数值都变成同一个基数,也就是都以 1 为基数,这样就可以对不同类别的数值进行比较了。例如,在上面的例子中,关注金融广告和招生招聘广告的人数比例接近。

3. 百分比

将比例乘以 100 就是百分比或百分数,它是将对比的基数抽象化为 100 而计算出来的,用"%"表示,它表示每 100 个分母中拥有多少个分子。例如,在上面的例子中,"频率"一栏就是将比例乘以 100 而得到的百分比。百分比是一个更为标准化的数值,很多相对数都用百分比表示。当分子的数值很小而分母的数值很大时,也可以用千分数(‰)来表示比例,如人口的出生率、死亡率、自然增长率等都可用千分数来表示。

4. 比率

比率是各个不同类别的数量的比值。它可以是一个总体中各不同部分的数量对比，如在上面的例子中，关注商品广告的人数与关注服务广告人数的比率是 112 : 51。为便于理解，通常将分母化为 1。例如，关注商品广告和关注服务广告人数的比率是 2.2 : 1。

由于比率不是总体中部分与整体之间的对比关系，因而比值可能大于 1。为方便起见，比率可以不用 1 作为基数，而用 100 或其他便于理解的数作为基数。例如，人口的性别比就用每 100 名女性人口所对应的男性人口来表示，如性别比为 107 : 100，表示每 100 个女性对应 107 个男性，说明男性人口数量略多于女性人口。

在经济和社会问题的研究中，经常使用比率，如经济学中的积累与消费之比，国内生产总值中第一、第二、第三产业产值之比等。比率也可以是同一现象在不同时间或空间上的数量之比，如将 2001 年的国内生产总值与 2000 年的国内生产总值对比，可以得到经济增长率；将一个地区的国内生产总值同另一个地区的国内生产总值对比，反映两个地区的经济发展水平差异。

(二)频数分布表的制作

在对分类数据整理时，其中最主要的一个环节是制作频数分布表，把各个类别出现的频数用表格形式表现出来。下面通过一个例子说明 Excel 制作频数分布表的过程。

例 3.5 为评价家电行业售后服务的质量，随机抽取了由 100 个家庭构成的一个样本，对服务质量给予了评价。服务质量的等级分别表示为：A.好；B.较好；C.一般；D.差；E.较差。调查结果如表 3 - 6 所示。要求用 Excel 制作一张频数分布表统计各等级的频数。

表 3 - 6　100 个家庭的评价等级表

B	C	A	C	A
D	C	C	E	E
A	B	C	E	C
B	C	E	B	D
C	C	D	C	B
D	C	C	E	E
B	C	A	C	A
B	C	E	B	D
A	B	C	E	C
C	C	D	C	B
E	C	D	B	E
A	B	D	C	E
D	C	A	D	B
A	D	A	D	C
B	E	B	C	C
A	B	D	C	B
E	C	D	B	E
A	D	A	D	C
D	C	A	D	B
B	E	B	C	C

解:Excel 操作步骤:首先,在 F 列(F1:F5)输入各个等级类别;其次在 G1 利用函数 COUNTIF 计算 A 等级的频数,从 G1 自动填充到 G5,计算出各等级的频数;最后,把结果整理成频数分布表,如图 3-19 和图 3-20、表 3-7 所示。

	A	B	C	D	E	F	G	H	I
1	B	C	A	C	A	A	=COUNTIF($A$1:$E$20,F1)		
2	D	C	C	E	E	B	COUNTIF(range, criteria)		
3	A	B	C	E	C	C			
4	B	C	E	B	D	D			
5	C	C	D	C	B	E			
6	D	C	C	E	E				
7	B	C	A	C	A				
8	B	C	E	B	D				
9	A	B	C	E	C				
10	C	C	D	C	B				
11	E	C	D	B	E				
12	A	B	D	C	E				
13	D	C	A	D	B				
14	A	D	A	D	C				
15	B	E	B	C	C				
16	A	B	D	C	B				
17	E	C	D	B	E				
18	A	D	A	D	C				
19	D	C	A	D	B				
20	B	E	B	C	C				

图 3-19　选择 COUNTIF 函数计算频数

	A	B	C	D	E	F	G
1	B	C	A	C	A	A	14
2	D	C	C	E	E	B	21
3	A	B	C	E	C	C	32
4	B	C	E	B	D	D	18
5	C	C	D	C	B	E	15
6	D	C	C	E	E		
7	B	C	A	C	A		
8	B	C	E	B	D		
9	A	B	C	E	C		
10	C	C	D	C	B		
11	E	C	D	B	E		
12	A	B	D	C	E		
13	D	C	A	D	B		
14	A	D	A	D	C		
15	B	E	B	C	C		
16	A	B	D	C	B		
17	E	C	D	B	E		
18	A	D	A	D	C		
19	D	C	A	D	B		
20	B	E	B	C	C		

图 3-20　频数计算结果

表 3－7　家电行业服务质量评价等级频数分布表

评价等级	频数	频率
A	14	14.00％
B	21	21.00％
C	32	32.00％
D	18	18.00％
E	15	15.00％
合计	100	100.00％

(三)分类数据的图示

上面我们是用频数分布表反映分类数据的频数分布。如果用图形来显示频数分布,就会更加形象和直观。一张好的统计图表,往往胜过冗长的文字表述。统计图的类型有很多,多数统计图除了可以绘制二维平面图外,还可以绘制三维立体图。图形的制作均可由计算机来完成。这里首先介绍反映分类数据的图示方法,其中包括条形图(Excel 中称柱形图)和饼图。如果两个总体或两个样本的分类相同且问题可比时,还可以绘制圆环图。

1. 条形图

条形图是用宽度相同的条形的高度或长短来表示数据变动的图形。条形图可以横置或纵置,纵置时也称为柱形图。条形图有单式、复式等形式。例如,根据表 3－7 数据绘制的条形图如图 3－21 所示。

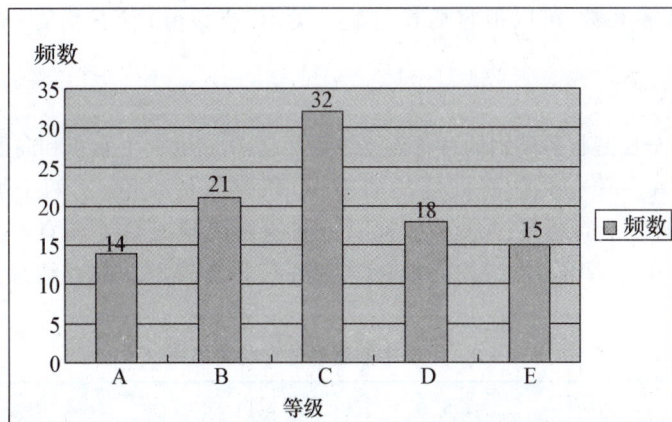

图 3－21　家电行业服务质量评价等级频数分布柱形图

2. 饼图

饼图是用圆形及圆内扇形的面积来表示数值大小的图形,主要用于表示总体中各组成部分所占的比例,对于研究结构性问题十分有用。在绘制饼图时,总体中各部分所占的百分比用圆内的各个扇形面积表示,这些扇形的中心角度是按各部分百分比占 360°的相应比例确定的。例如,评价等级为 A 占百分比为 14％,那么其对应的扇形的中心角度就应为 360°× 14％＝50.4°,其余类推。

根据表 3－7 绘制饼图,如图 3－22 所示。

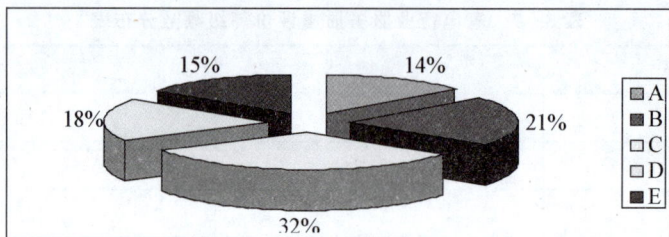

图 3-22　家电行业服务质量评价等级频数分布饼图

二、顺序数据的整理与展示

前面介绍的分类数据的整理与展示方法,如频数、比例、百分比、比率、条形图和饼图,也都适用对顺序数据的整理与展示。但有些方法适用对顺序数据的整理与展示,却不适用于分类数据。对于顺序数据,除了可使用上面的整理与展示方法,还可以计算累积频数和累积频率(百分比)。

(一)累积频数和累积频率

1. 累积频数

累积频数就是将各类别的频数逐级累加起来。其方法有两种:一是从类别顺序的开始一方到类别顺序的最后一方累加频数(定距数据和定比数据则是从变量值小的一方到变量值大的一方累加频数),称为向上累积;二是从类别顺序的最后一方到类别顺序的开始一方累加频数(定距数据和定比数据则是从变量值大的一方向变量值小的一方累加频数),称为向下累积。通过累积频数,可以很容易看出某一类别(或数值)以下及某一类别(或数值)以上的频数之和。

2. 累积频率

累积频率或百分比是将各类别的百分比逐级累加起来,也有向上累积和向下累积两种方法。

例 3.6　在一项有关住房问题的研究中,研究人员在甲、乙两个城市各抽样调查300 户家庭,其中的一个问题是:"您对您家庭目前的住房状况是否满意?"答案分为五个顺序级别:①非常不满意;②不满意;③一般;④满意;⑤非常满意。调查结果经整理如表3-8和表 3-9 所示。

表 3-8　甲城市家庭对住房状况的评价

回答类别	甲城市					
	户数(户)	百分比(%)	向上累积		向下累积	
			户数(户)	百分比(%)	户数(户)	百分比(%)
非常不满意	24	8	24	8.0	300	100
不满意	108	36	132	44.0	276	92
一般	93	31	225	75.0	168	56
满意	45	15	270	90.0	75	25
非常满意	30	10	300	100.0	30	10
合计	300	100	—	—	—	—

表 3-9 乙城市家庭对住房状况的评价

回答类别	乙城市					
	户数(户)	百分比(%)	向上累积		向下累积	
			户数(户)	百分比(%)	户数(户)	百分比(%)
非常不满意	21	7.0	21	7.0	300	100.0
不满意	99	33.0	120	40.0	279	93.0
一般	78	26.0	198	66.0	180	60.0
满意	64	21.3	262	87.3	102	34.0
非常满意	38	12.7	300	100.0	38	12.7
合计	300	100.0	—	—	—	—

(二)顺序数据的图示

1. 累积频数分布图

根据累积频数或累积频率,可以绘制累积频数或频率分布图。例如,根据表 3-8 数据绘制的累积频数分布图如图 3-23 和图 3-24 所示。

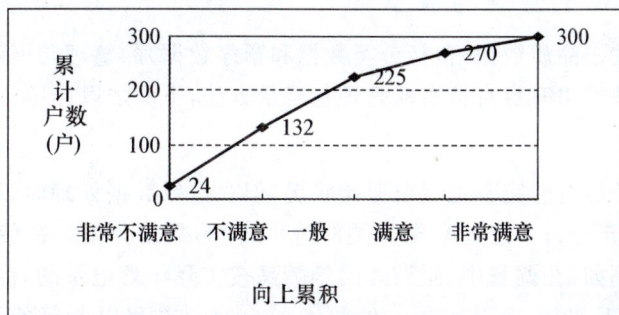

图 3-23 甲城市对住房状况评价的累积分布图(a)

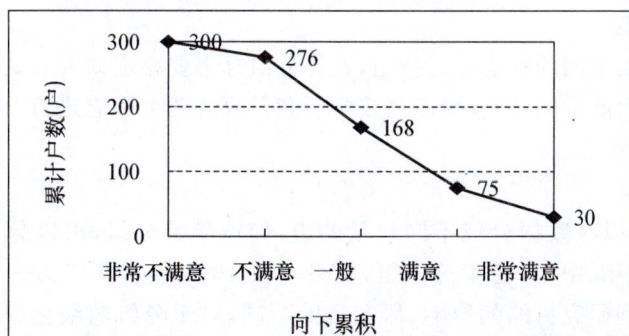

图 3-24 甲城市对住房状况评价的累积分布图(b)

2. 环形图

环形图与圆形图类似,但有区别。环形图中间有一个"空洞",总体中的每一部分数据用环中的一段表示。圆形图只能显示一个总体各部分所占的比例,而环形图可以同时绘制多个总体的数据系列,每一个总体的数据系列为一个环。因此环形图可以显示多个总体各部分所占的相应比例,从而有利于进行比较研究。例如,根据表3-8和表3-9数据绘制两个城市家庭对住房状况评价的环形图,如图3-25所示。

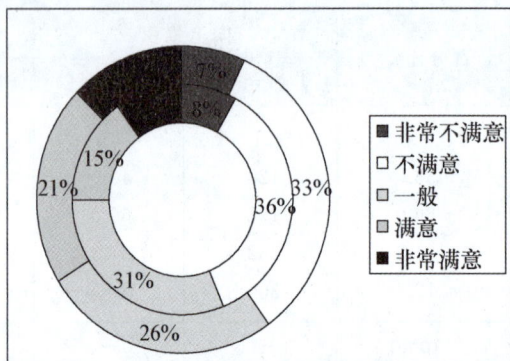

图3-25　甲、乙两城市家庭对住房状况的评价

在图3-25中,外边的一个环表示的是乙城市家庭对住房状况评价各等级所占的百分比,里边的一个环则为甲城市家庭对住房状况评价各等级所占的百分比。

三、数值型数据的整理与展示

以上所介绍的关于品质数据(包括分类数据和顺序数据)的整理与展示方法也适用数值型数据。但数值型数据也有自身特有的整理与展示方法,下面加以详述。

(一)数据分组

数据采集中要求尽可能完整地保留原始状况,但在进行数据处理时,可能需要对数据进行一定的归类,以便于分析。这种数据归类的过程,称为数据分组。在整理数值型时,首先要进行数据分组。例如,在调查中,受访者的年龄是按实际年龄记录的,但在数据分析时,需要将其分为20岁以下、20~30岁、30~40岁、40~50岁、50岁以上等若干个组。在数据分组中需要考虑以下几方面的问题。

1. 选择分组标志

一批数据可以按不同的标志进行分组,选择分组标志要根据研究目的进行。例如,要研究受教育程度对收入的影响,则分组应当按学历和月收入两个标志进行,而没有必要再使用身高、体重等标志分组。

2. 确定组数

按同一标志,可以将数据分成不同数量的组,如按年龄分组,可以分为儿童、成年人两组,也可以分为青少年、中年、老年三个组,也可以按10年或者5年为一段分为更多的组。组数的确定主要受到研究目的的影响,研究目的不同,对于分组的细化程度也会有所不同。例如,研究目的是分析不同年龄段的就业状态,则分组应当按就业身份细分,如需要按5年为一段将就业人口分为6个或7个组,因为在现实经济生活中,25岁与30岁年龄人群的就业状态是存在差异的。但如果要了解的是消费观念等问题,则可以将组分得粗一些,按青年、中年、老年划分就可以了。

组数的确定还受到样本量的影响,样本量较大时,组数也可以更大一些,反之则组数应当小一些。例如,当拥有10 000个样本时,将总体分为10个组也是可以的,但如果只有

30 个样本,分为 2 个或 3 个组就已经足够了,再进一步细分后,每一组的样本量太小,就很难做出推断了。在实际工作中,通常将数据分为 5 组或 7 组等奇数组,这样分组的目的是恰当展示数据,有利于数据使用者阅读和判断。若不确定分多少组,可以按斯特格斯(Sturges)提出的经验公式来确定组数 K。

$$K = 1 + \frac{\lg n}{\lg 2}$$

式中,n——数据的个数。

3. 确定组距

组距是指每个组的范围跨度。例如,按年龄 20～30 岁分为一组,则该组的组距为 10 岁。各组的平均组距是受组数影响的,组数越多,组距越小,反之则越大。但具体落实到每一个组,则情况还有所不同。例如,按年龄将人口分为未成年、就业人口和退休人口三组时,三个组的范围分别是 16 岁以下,16～65 岁和 65 岁以上,三个组的组距显然是不同的。

组距的确定受自然和社会规律以及样本结构两个因素影响。从自然和社会规律方面来说,组距的确定是客观的,如上例中人口的分组,是按就业身份进行划分的,这种划分方法不能被改变。按样本结构确定组距是针对一些没有客观标准的标志分组时采用的方法,如按收入分组时,组距的确定并没有客观标准。此时,可以根据样本的结构划分组距,以使每一组的样本数大致接近。组数确定后组距的确定可按下列公式

组距＝(最大值－最小值)/组数

4. 组限

组限指组与组之间的界限,组限与组距是一对相互影响的关系,组距调整了,组限也就发生了变化,反之,组限一旦确定下来,组距也就确定了,组距等于组的上限与下限之差。

组限的确定有时是客观的,需要根据实际研究的内容调整。例如,前面的例子中未成年人与成年人的分组界限是 16 岁,这是按国际标准的就业人口界限确定的。但如果分组的目的是研究样本的民事行为能力,则这一分组界限就需要调整为 18 岁。

有些时候,一个组可能会缺失上限或者缺失下限,例如,年龄中的"60 岁以上组",就无法获得一个确定的上限,在人的身高项目中,"150 厘米以下组"就是一个缺下限组。

对于连续型的变量来说,相邻组的上限和下限是同一的,如在对收入分组时,"500～1 000 元"和"1 000～1 500 元"就出现了重合,此时,统计惯例是将重合的值计入后一组,即上述两组的划分为"500～1 000 元(不含)",和"1 000～1 500 元"。

5. 组中值

组中值是一个组中处于中间位置的值,往往用以代表一个组的平均状况。其计算公式为

$$组中值 = \frac{上限 + 下限}{2}$$

对于缺上限或者缺下限的组,组中值的计算有几种不同的情况。

(1)根据邻近组组距推算。其计算公式为

$$缺下限组组中值 = 上限 - \frac{1}{2}邻近组组距$$

$$缺上限组组中值 = 下限 + \frac{1}{2}邻近组组距$$

（2）对于缺下限组而言，当邻近组组距过大时，使用上限的一半计算。例如，关于收入的两个组是"500 元以下""500～1 500 元"，此时，计算第一组的组中值为 500 元的一半，即 250 元。

（3）根据现实情况人为确定。有些情况下，一个组的上下限虽然不能确定，但可以进行模糊的判断，此时就可以利用这种模糊判断的结果，确定该组的组中值。例如，在收入数据中，"5 000 元以上组"的组中值可以根据城市中高收入人群的平均收入情况确定为"8 000 元"，这种确定的依据是现实的社会经济经验数值。

例 3.7 某公司某年连续 120 天的销售量数据如表 3－10 所示。试对数据进行分组。

表 3－10　某公司连续 120 天的销售量数据

143	160	167	173	177	183	189	196	203	215
149	161	168	174	178	185	189	196	206	223
153	163	171	175	179	187	192	198	210	233
153	163	171	175	179	187	191	197	209	228
141	159	166	172	177	182	188	196	203	214
152	162	170	174	179	186	190	197	208	226
158	165	172	176	182	188	195	202	213	237
154	164	172	175	180	187	194	198	210	233
156	165	172	176	181	188	195	201	211	234
144	160	168	173	178	184	189	196	205	218
155	165	172	175	180	187	194	200	211	234
150	161	168	174	178	186	190	196	207	225

分组步骤如下。

（1）确定组数 $K = 1 + \frac{\lg 120}{\lg 2} \approx 8 \rightarrow 10$，可分为 10 组。

（2）确定组距 = （237 － 141）÷ 10 = 9.6 → 10，组距为 10。

（3）用 Excel 制作频数分布表，详细操作步骤如下。

第一步：选择"工具"→"数据分析"选项，若找不到"数据分析"选项，先选择"工具"→"加载宏"→"分析工具库选项"（Excel 需要完全安装，否则需要提供 Office 安装文件），之后就出现"数据分析"选项了。在原数据旁输入接收区域（每组的上限值），如图 3－26 所示。

	A	B	C	D	E	F	G	H	I	J	K
1	143	160	167	173	177	183	189	196	203	215	接收区域
2	149	161	168	174	178	185	189	196	206	223	150
3	153	163	171	175	179	187	192	198	210	233	160
4	153	163	171	175	179	187	191	197	209	228	170
5	141	159	166	172	177	182	188	196	203	214	180
6	152	162	170	174	179	186	190	197	208	226	190
7	158	165	172	176	182	188	195	202	213	237	200
8	154	164	172	175	180	187	194	198	210	233	210
9	156	165	172	176	181	188	195	201	211	234	220
10	144	160	168	173	178	184	189	196	205	218	230
11	155	165	172	175	180	187	194	200	211	234	240
12	150	161	168	174	178	186	190	196	207	225	

图 3－26　输入接收区域

第二步:选择"数据分析"选项,在弹出的"数据分析"对话框中选择"直方图"选项,然后选择"输入区域""接收区域"等,如图3-27和图3-28所示。

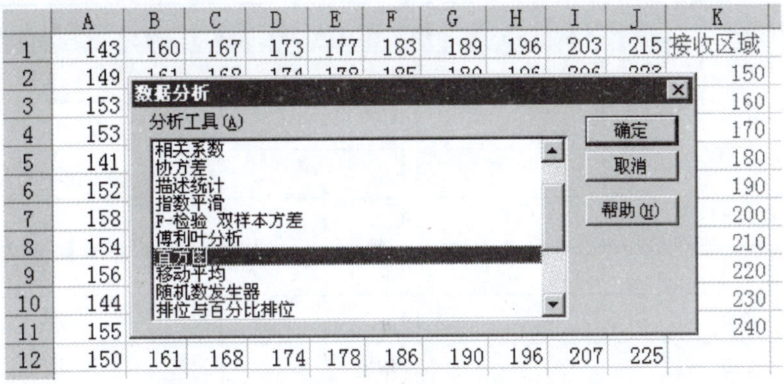

图 3-27　选择"直方图"选项

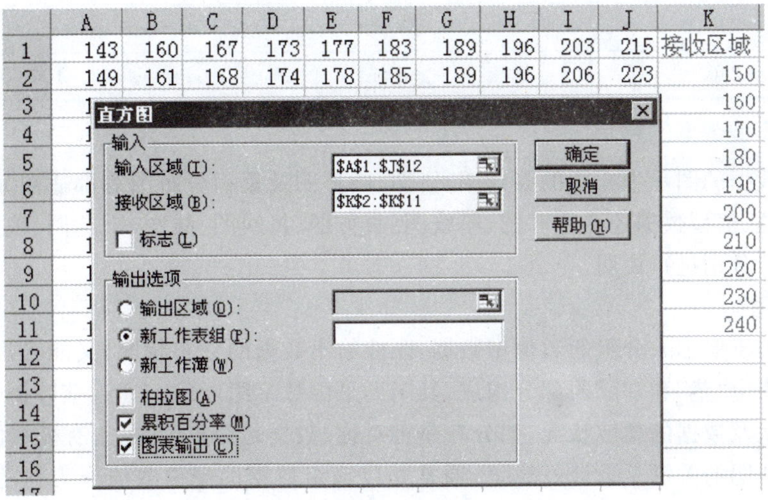

图 3-28　设置选项

单击"确定"按钮,操作结果如图3-29所示。

	A	B	C
1	接收	频率	累积 %
2	150	5	4.17%
3	160	10	12.50%
4	170	15	25.00%
5	180	28	48.33%
6	190	20	65.00%
7	200	16	78.33%
8	210	11	87.50%
9	220	6	92.50%
10	230	4	95.83%
11	240	5	100.00%
12	其他	0	100.00%

图 3-29　输出的结果

第三步：调整结果，得到表3-11。

表3-11 频数分布表

分组	频率	累积（%）
150以下	5	4.17
150～160	10	12.50
161～170	15	25.00
171～180	28	48.33
181～190	20	65.00
191～200	16	78.33
201～210	11	87.50
211～220	6	92.50
221～230	4	95.83
231～240	5	100.00

（二）数值型数据的展示

在品质数据的图示中介绍的条形图、饼图、圆环图及累积分布图等都适用显示数值型数据。此外，对数值型数据还有茎叶图、箱线图、直方图、折线图、线图、雷达图、散点图、气泡图等方法。下面分别进行说明。

1. 茎叶图

茎叶图用于展示未分组的数值型数据，既能给出数据的分布状况，又能给出每一个原始数值。茎叶图由"茎"和"叶"两部分构成，其图形是由数字组成的。通过茎叶图，可以看出数据的分布形状及数据的离散状况，如分布是否对称、数据是否集中、是否有极端值。

绘制茎叶图的关键是设计好树茎，通常是以该组数据的高位数值作为树茎。树茎一经确定，树叶就自然地长在相应的树茎上了。下面以表3-10的销售量数据为例，通过统计软件 SPSS 作出茎叶图，见图3-30。

图3-30中百位和十位数字作为"树茎"，个位作为"树叶"。例如，树茎"15"和树叶"5689"分别表示155、156、158,159 共四个数据。从图3-30中可以看出频数最多的一组为175～179，共有14个数据；数据的分布呈现中间多、两边少的态势。

2. 箱线图

箱线图同茎叶图一样，也用于显示未分组的原始数据的分布。它是由一组数据的五个特征值绘制而成，形状类似一个箱子和两条线段，因此得名。首先，找出一组数据的五个特征值，也称五数总括，即最大值、最小值、中位数和两个四分位数（下四分位数和上四分位数）。中位数是指一组数据按从小到大排完序后处于中间位置的数据，下四分位数是处于1/4位置的数，而上四分位数处于3/4位置，有关它们的详细内容将在第四章第一节论述。

销售量 Stem-and-Leaf Plot

Frequency	Stem &	Leaf
3.00	14 .	134
1.00	14 .	9
5.00	15 .	02334
4.00	15 .	5689
8.00	16 .	00112334
8.00	16 .	55567888
13.00	17 .	0112222233444
14.00	17 .	55556677888999
7.00	18 .	0012234
13.00	18 .	5667777888999
6.00	19 .	001244
11.00	19 .	55666667788
5.00	20 .	01233
5.00	20 .	56789
6.00	21 .	001134
2.00	21 .	58
1.00	22 .	3
3.00	22 .	568
4.00	23 .	3344
1.00 Extremes		(>=237)

图 3-30 茎叶图

　　箱线图绘制方法是下四分数作为箱底,上四分位数作为箱顶,连接两个四分位数画出箱子,箱子中间的横线代表中位数的位置,再将两个极值点与箱子相连接。通过箱线图可以了解数据的平均水平和分布状况。表 3-10 的销售量数据用 SPSS 绘制的箱线图,如图 3-31 所示,箱子中间的横线代表中位数所在位置,反映数据平均水平;箱顶和箱底的上下四分位数间包含位于中间的一半数据,箱子高度反映了中间一半数据分布的集中与分散程度;代表极值点的两根线间的距离反映全部数据的离散程度;箱线图最上方的圆点(115 是指数据的顺序编号)是最大值。

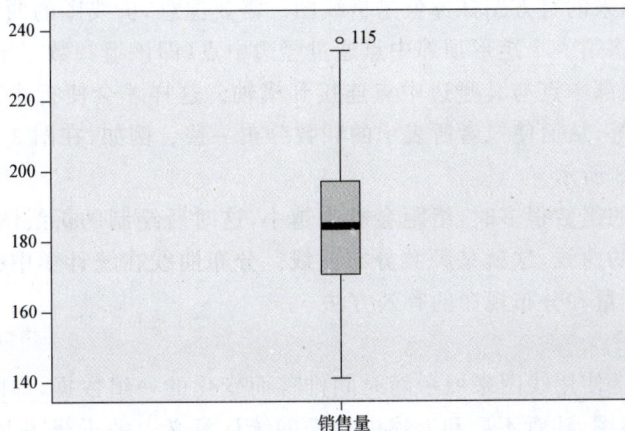

图 3-31 箱线图

3. 直方图

直方图用于显示分组数据的分布情况,用矩形的宽度和高度来表示频数分布的图形,实际上是用矩形的面积来表示各组的频数分布。在直角坐标中,用横轴表示数据分组,纵轴表示频数或频率,各组与相应的频数就形成了一个矩形,即直方图。每一组的矩形面积与所有组的矩形面积总和的比值作为该组的频率,所有组的频率之和为1,因此直方图下的总面积等于1(相对的面积)。

直方图与条形图不同,条形图是用条形的长度(横置时)表示各类别频数的多少,其宽度(表示类别)是固定的;直方图是用面积表示各组频数的多少,矩形的高度表示每一组的频数或百分比,宽度则表示各组的组距,因此其高度与宽度均有意义。此外,由于分组数据具有连续性,直方图的各矩形通常是连续排列,而条形图则是分开排列。

用表 3-11 的数据绘制的直方图,如图 3-32 所示。从中可以看出数据集中在 170～180 这一组,大致呈现右偏分布。

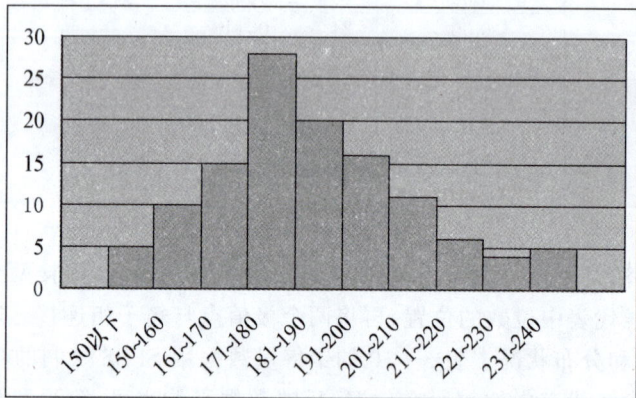

图 3-32　直方图

4. 折线图

折线图也称频数多边形图。在直方图的基础上,把直方图顶部的中点(即组中值)用直线连续起来,再把原来的直方图抹掉就是折线图。需要注意,折线图的两个终点要与横轴相交,具体的做法是,将第一个矩形顶部中点通过竖边中点(即该组频数一半的位置)连接到横轴,最后一个矩形顶部中点与其竖边中点连接到横轴。这样才会使折线图下所围成的面积与直方图的面积相等,从而使二者所表示的频数分布一致。例如,在图 3-32 的基础上绘制的折线图如图 3-33 所示。

当对数据所分的组数很多时,组距会越来越小,这时所绘制的折线图就会越来越光滑,逐渐形成一条平滑的曲线,这就是频数分布曲线。分布曲线在统计学中有着十分广泛的应用,是描述各种统计量和分布规律的有效方法。

5. 线图

统计绘图中经常使用线图来展示随时间推移而变化的一组数据,即时间序列数据。在 Excel 中线图为折线图,注意不要和上述内容中的统计意义上的折线图混淆,它是在平面坐标上用折线表现事物发展变化的规律和趋势的统计图。

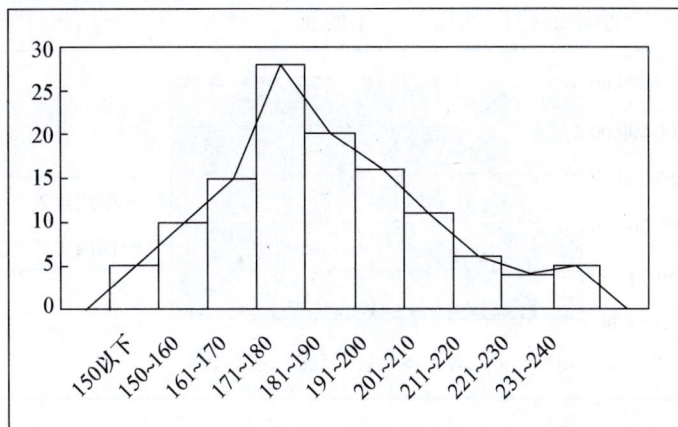

图 3-33　折线图

例 3.8　根据 1990—2006 年我国财政收入和国民生产总值数据,如表 3-12 所示,试绘制线图。

表 3-12　1990—2006 年我国财政收入和国民生产总值数据表(亿元)

年份	财政收入	国内生产总值
1990	2 937.10	18 667.82
1991	3 149.48	21 781.50
1992	3 483.37	26 923.48
1993	4 348.95	35 333.92
1994	5 218.10	48 197.86
1995	6 242.20	60 793.73
1996	7 407.99	71 176.59
1997	8 651.14	78 973.03
1998	9 875.95	84 402.28
1999	11 444.08	89 677.05
2000	13 395.23	99 214.55
2001	16 386.04	109 655.17
2002	18 903.64	120 332.69
2003	21 715.25	135 822.76
2004	26 396.47	159 878.34
2005	31 649.29	183 867.88
2006	38 760.20	210 870.99

注:数据来源于国家统计局网站。

解：根据表 3 - 12 绘制的线图如图 3 - 34 所示。

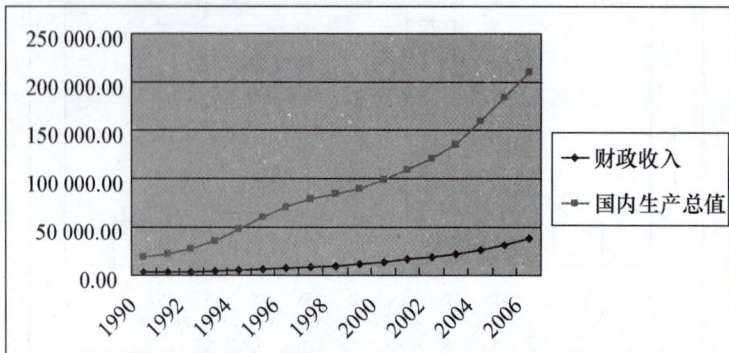

图 3 - 34　线图

从图 3 - 34 可以清楚地看出,1990—2006 年我国财政收入与国内生产总值逐年提高,国内生产总值增速有增加的趋势,财政收入平稳增长。

绘制线图时应注意以下两点。①图形的长宽比例要适当,一般应绘成横轴略大于纵轴的长方形,其长宽比例大致为 10∶7。图形过扁或过于瘦高,不仅不美观,而且会给人造成视觉上的错觉,不便于对数据变化的理解。②一般情况下,纵轴数据下端应从 0 开始,以便于比较。数据与 0 之间的间距过大,可以采取折断的符号将纵轴折断。

6. 雷达图

雷达图是用于显示多个变量的图示方法,在对各变量比较时十分有用。设有 n 组样本 $S_1, S_2, \cdots, S_n$,每个样本测得 P 个变量 $X_1, X_2, \cdots, X_P$,要绘制这 P 个变量的雷达图,其具体做法是,从平面中心 O 引出 P 条射线将平面分成 P 个相等的角;P 条射线作为 P 条数轴,分别代表 P 个变量;联结各变量取值形成雷达图。

例3.9　2000 年我国城乡居民家庭平均每人各项生活消费支出构成数据如表 3 - 13 所示。试绘制雷达图。

表 3 - 13　2000 年我国城乡居民人均各项生活消费支出数据表(％)

项目	城镇居民	农村居民
食品	39.18	49.30
衣着	10.01	5.75
家庭设备用品及服务	8.79	4.52
医疗保健	6.36	5.24
交通通信	7.90	5.58
娱乐教育文化服务	12.56	11.18
居住	10.01	15.47
杂项商品与服务	5.17	3.14

解：表 3 - 13 由城镇居民与农村居民两个样本、八个项目的支出构成,属于多元数据的显示,用 Excel 绘制雷达图,如图 3 - 35 所示。

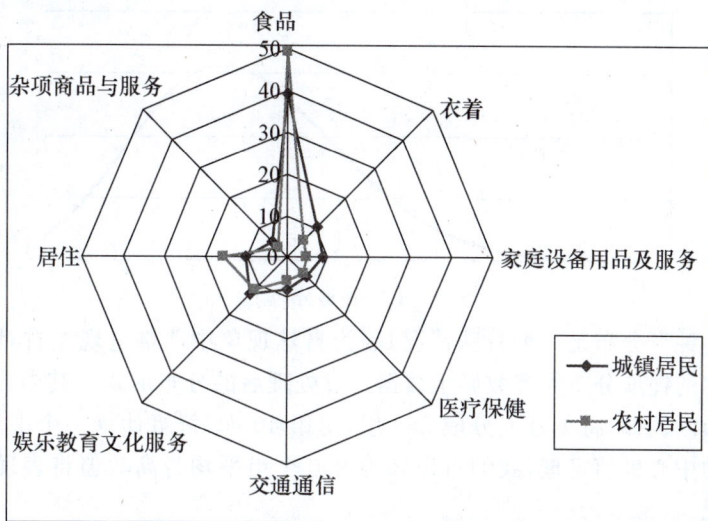

图 3 – 35　雷达图

以上介绍了数值型数据六种主要的图示方法,此外还有散点图、气泡图等图表类型,各种图表还可以混合搭配使用以更好地显示数据。限于篇幅有限,不再一一介绍,读者可自行参阅相关文献资料。

四、分布曲线

数值型数据分组之后,以分组标志为横轴,次数或者频率为纵轴,可以画出次数分配的直方图,如图 3 – 32 所示。将直方图的顶端中点用折线连接,可以获得次数分配的折线图,如图 3 – 33 所示。折线图的含义与直方图是一致的,均反映不同组的次数分配情况,折线越高的地方,反映该组的次数越多,反之则越少。当样本量较大、组数较多、组距较小时,折线图会越来越平滑,直至成为一条曲线。这种曲线称为频数分布曲线,反映数据的分布规律。

数据的分布特征不同,形成的分布曲线也表现出各种不同的类型,常见的分布曲线的类型有下列四种。

(一)钟形分布

钟形分布是社会经济现象中常见的分布形式,具体表现为中间隆起、两侧逐渐降低。钟形分布表明数据具有集中的趋势,大多数数据集中在中间,越往两端,数据越少。在远离中心的位置,只有极少数的数据。钟形分布的中间隆起部分称为峰,两侧称为尾。

图 3 – 36 所示是一个典型的钟形分布的例子。由于两侧的数据不对称,因此这种钟形分布称为偏态的钟形分布。根据较长的尾所指的方向不同,偏态又可分为正偏(右偏)态和负偏(左偏)态两种,图 3 – 36 中较长的尾部指向左方,即数据的负方向,所以称为负偏态,或者左偏态。

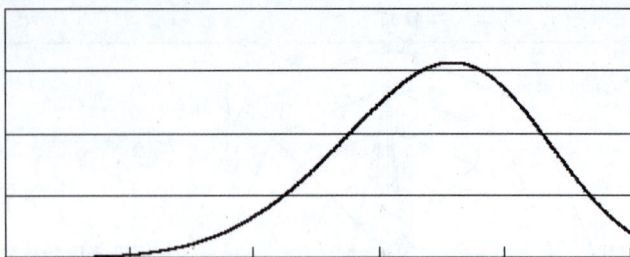

图 3-36　钟形分布图

　　左右对称的钟形分布是一种特殊情况,因为自然现象中严格呈现左右对称的分布是非常少见的。对称的钟形分布大多数属于数据经过处理后的分布形式。其中典型的对称钟形分布是正态分布。例如,将 1 万人分成 250 组,每组 40 人,每组计算一个平均身高,根据数理统计理论中的中心极值定理,我们可以知道 250 个组平均身高数值将表现为一种近似于正态分布的情况。

　　尽管正态分布的名称看上去像是一种常规的分布形式,但实际上自然现象恰好表现为正态分布的情况是非常少的。例如,成年男性的身高虽然具有钟形分布的特征,但往往表现为一种偏态的钟形,而非对称的钟形,更不可能恰好是正态分布。正态分布如图 3-37所示。

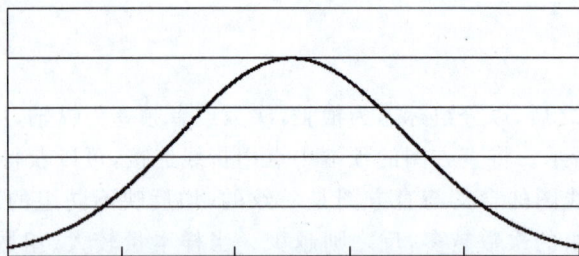

图 3-37　正态分布图

(二)J 形分布

　　J 形分布一般是累积分布的表现形式,在图形上表现为一条从下向上单调变化的曲线,如图 3-38 所示。根据 J 形分布的方向,又可分为正 J 形和反 J 形。所谓反 J 形,是指曲线单调递减的情况,一般用于描述向下累积的现象。

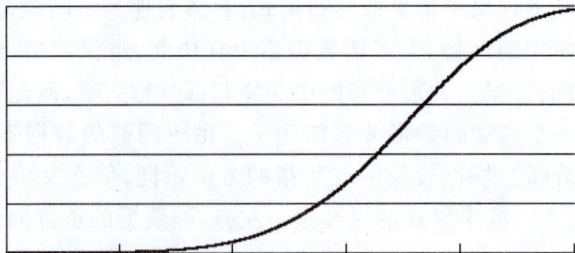

图 3-38　J 形分布图

(三)U 形分布

　　U 形分布是指中间凹陷、两端翘起的分布形式,反映某一个社会经济现象在开始和结束

时某项活动比较频繁,而在中间相对比较稳定,如图 3-39 所示。U 形曲线一般用于描述具有生命或者质量特征的现象,是两个不同的因素同时对一个社会经济现象起作用的结果,如人和动物的死亡率数据,人和动物一样,在幼年和老年的死亡率都比较高,中年的死亡率较低,从而表现为 U 形曲线。产品的故障率也具有这样的特征,产品使用初期和老化期的故障率都比较高,中间阶段则故障率比较低。U 形曲线因形状像浴缸,又称为浴缸曲线。

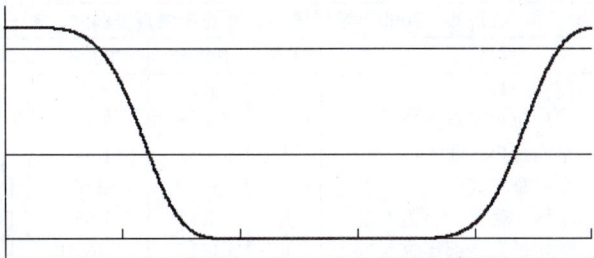

图 3-39　U 形分布(浴缸曲线)图

(四)多峰分布

多峰分布是指超过一个隆起部分的分布,数列有若干个隆起部分,反映影响数据的主要因素由若干个不同的水平、受不同水平影响的数据分别以不同的中心点聚集,从而形成若干个峰值。

例如,如果将某次调查中男女受访者的身高数据放在一起观察,就会发现数据表现出两个峰值,男性的平均身高和女性的平均身高分别为 175 厘米和 162 厘米。

第三节　统计表统计

一、统计表的作用

统计表是统计用数字说话的一种常用的形式。把收集到的数字资料,经过汇总整理后,得出一些系统化的统计资料,将其按一定顺序填列在一定的表格内,这个表格就是统计表。

统计表既是调查整理的工具,又是分析研究的工具,广义的统计表包括统计工作各个阶段中所用的一切表格,如调查表、整理表、计算表,它们都是用来提供统计资料的重要工具。

二、统计表的结构

统计表的形式多种多样,根据使用者的要求和统计数据本身的特点,可以绘制形式多样的统计表。表 3-14 就是一种比较常见的统计表。

从表 3-14 可以看出,统计表一般由四个主要部分组成,即表头、行标题、列标题和数字资料,必要时可以在统计表的下方加上表外附加。表头应放在表的正上方,它所说明的是统计表的主要内容。行标题和列标题通常安排在统计表的第一列和第一行,它所表示的主要是所研究问题的类别名称和指标名称,通常也被称为"类"。如果是时间序列数据,行标题和列标题也可以是时间,当数据较多时,通常将时间放在行标题的位置。表的其余部分是具体的数字资料。表外附加通常放在统计表的下方,主要包括资料来源、指标的注释和必要的说明等内容。

表 3 - 14   常见的统计表的结构

1999—2000年城镇居民家庭抽样调查资料			
项目	单位	1999年	2000年
调查户数	户	40044	4222.0
平均每户家庭人口	人	3.14	3.13
平均每户就业人口	人	1.77	1.68
平均每户就业面	%	56.43	53.67
平均一就业者负担人数	元	1.77	1.86
平均每人全部年收入	元	5 888.77	6 316.81
平均每人可支配收入	元	5 854.02	6 279.98
平均每人消费性支出	元	4 615.91	4 998.00

资料来源:中华人民共和国国家统计局. 中国统计年鉴2001 [M]. 北京:中国统计出版社, 2001:305.

注:本表为城市和县城的城镇居民家庭抽样调查材料。

三、统计表的设计要求

由于使用者的目的以及统计数据特点不同,统计表的设计在形式和结构上会有较大差异,但设计上的基本要求是一致的。总体上看,统计表的设计应符合科学、实用、简练、美观的要求。具体来说,设计统计表时要注意以下五点。

第一,要合理安排统计表的结构,即行标题、列标题、数字资料的位置应合理安排。当然,由于强调的问题不同,行标题和列标题可以互换,但应使统计表的横竖长度比例适当,避免出现过高或过长的表格形式。

第二,表头一般应包括表号、总标题和表中数据的单位等内容。总标题应简明确切地概括出统计表的内容,一般需要表明统计数据的时间(When)、地点(Where)以及何种数据(What),即标题内容应满足"3W"要求。

第三,如果表中的全部数据都用同一计量单位,可放在表的右上角标明,若各指标的计量单位不同,则应放在每个指标后或单列出一列标明。

第四,表中的上下两条线一般用粗线,中间的其他线要用细线,这样使人看起来清楚、醒目。通常情况下,统计表的左右两边不封口,列标题之间一般用竖线隔开,而行标题之间通常不必用横线隔开。总之,表中尽量少用横竖线。表中的数据一般是右对齐,有小数点时应以小数点对齐,而且小数点的位数应统一。对于没有数字的表格单元,一般用"一"表示,填好的统计表不应出现空白单元格。

第五,在使用统计表时,必要时可在表的下方加上注释,特别要注意标明资料来源,以表示对他人劳动成果的尊重和方便读者查阅使用。

通常统计表有全线表、省线表、三线表三种设计形式可供参考,如表 3 - 15 至表 3 - 17 所示。

表 3－15　全线表

项目	城镇居民	农村居民
食品	39.18	49.3
衣着	10.01	5.75
家庭设备用品及服务	8.79	4.52
医疗保健	6.36	5.24
交通通信	7.9	5.58
娱乐教育文化服务	12.56	11.18
居住	10.01	15.47
杂项商品与服务	5.17	3.14

表 3－16　省线表

项目	城镇居民	农村居民
食品	39.18	49.3
衣着	10.01	5.75
家庭设备用品及服务	8.79	4.52
医疗保健	6.36	5.24
交通通信	7.9	5.58
娱乐教育文化服务	12.56	11.18
居住	10.01	15.47
杂项商品与服务	5.17	3.14

表 3－17　三线表

项目	城镇居民	农村居民
食品	39.18	49.3
衣着	10.01	5.75
家庭设备用品及服务	8.79	4.52
医疗保健	6.36	5.24
交通通信	7.9	5.58
娱乐教育文化服务	12.56	11.18
居住	10.01	15.47
杂项商品与服务	5.17	3.14

本章小结

(1)数据预处理是指对收集的数据进行初步的整理,内容包括数据审核、排序、筛选、分类汇总、数据透视表。

(2)品质数据(包括分类数据和数值型数据)的整理主要是绘制频数分布表,展示方法有条形图、饼图、圆环图、累积数分布图。数值型数据的整理首先是对数据分组,分组之后的图示方法主要有直方图、折线图。茎叶图和箱线图用于显示未分组的数值型数据,而雷达图显示多个变量的数据。

复习思考题

一、简答题

1. 数据的预处理包括哪些内容?

2. 品质数据的整理和图示方法各有哪些?

3. 简述组距分组的步骤。

4. 数值型数据的整理与展示方法有哪些?

5. 统计表由哪几个主要部分组成?

二、综合分析题

1. 为评价家电行业售后服务的质量,随机抽取了由 60 个家庭构成的一个样本。服务质量的等级分别表示为:A.好;B.较好;C.一般;D.差;E.较差。调查结果如表 1 所示。

表 1　服务质量等级表

B	E	C	C	A	D
D	A	C	B	C	D
A	D	B	C	C	A
B	A	C	D	E	A
C	B	C	E	D	B
D	A	C	B	C	D
B	E	C	C	A	D
B	A	C	D	E	A
A	D	B	C	C	A
C	B	C	E	D	B
B	E	C	C	A	D
D	A	C	B	C	D
A	D	B	C	C	A
B	A	C	D	E	A
C	B	C	E	D	B
D	A	C	B	C	D
B	E	C	C	A	D
B	A	C	D	E	A
A	D	B	C	C	A
C	B	C	E	D	B

要求:(1)用 Excel 制作一张频数分布表;

　　　(2)绘制一张条形图,反映评价等级的分布。

2. 某百货公司连续 40 天的商品销售额(单位:万元)如表 2 所示。

表 2　某百货公司连续 40 天销售额记录表

41	25	29	47	38	34	30	38	43	40
46	36	45	37	37	36	45	43	33	44
35	28	46	34	30	37	44	26	38	44
42	36	37	37	49	39	42	32	36	35

要求:根据上面的数据进行适当分组,编制频数分布表,并绘制直方图。

3. 已知 1996—2006 年我国的国内生产总值数据如表 3 所示。

表 3　1996—2006 年我国的国内生产总值数据表(亿元)

年份	国内生产总值
1996	71 176.59
1997	78 973.03
1998	84 402.28
1999	89 677.05
2000	99 214.55
2001	109 655.17
2002	120 332.69
2003	135 822.76
2004	159 878.34
2005	183 867.88
2006	210 870.99

其中,在 1998 年的国内生产总值中,第一产业为 14 298.8 亿元,第二产业为 39 149.8 亿元,第三产业为 26 104.4 亿元。

要求:(1)根据 1996—2006 年国内生产总值数据,利用 Excel 软件绘制线图和条形图;

　　　(2)根据 1998 年的国内生产总值及其构成数据,绘制饼图和圆环图。

第四章

统计描述

内容提要

本章第一节介绍数据集中趋势的测度:算术平均数、调和平均数、几何平均数、众数、中位数、截尾均值等。第二节介绍数据离中趋势的测度:异众比率、全距、内距、平均差、方差、标准差等。第三节介绍数据分布形状的测度:偏态与峰态。最后一节演示了 Excel 描述统计功能的操作过程。

本章对整理好的统计数据进行初步分析,即描述统计,这是统计学非常重要的组成部分。数据的描述统计可以从三个方面来把握:一是描述数据的一般水平或平均水平,即数据分布的集中趋势,反映各数据向其中心值靠拢或聚集的程度;二是描述数据分布的离散程度或离中趋势,反映各数据远离其中心值的程度;三是描述数据分布的偏斜和尖峰程度,反映数据分布的形状。

统计数据的类型不同,所采用的描述统计方法也不同。从分类数据、顺序数据到数值型数据,数据由低级往高级方向发展。低级数据的描述统计分析方法适用高级数据,而专属于高级数据的分析方法不能用于低级数据。鉴于此,本章在介绍某一描述统计量时也会指明其所适用的数据类型。

第一节　集中趋势的测度

集中趋势是指一组数据向其中心值靠拢的倾向,测度集中趋势也就是寻找数据一般水平的代表值或中心值。取得集中趋势代表值的方法通常有两种:一是从总体各单位变量值中抽象出具有一般水平的量,这个量不是各个单位的具体变量值,但要反映总体各单位的一般水平,这种平均数称为数值平均数。数值平均数有算术平均数、调和平均数、几何平均数、截尾均值等形式。二是先将总体各单位的变量值按一定顺序排列,然后取某一位置的变量值来反映总体各单位的一般水平,把这个特殊位置上的数值看作平均数,称作位置平均数。位置平均数有众数、中位数、分位数等形式。

一、数值平均数

(一)算术平均数

算术平均数是集中趋势测度中最重要的一种,它是所有平均数中应用较广泛的平均数,因为它的计算方法是与许多社会经济现象中个别现象与总体现象之间存在的客观数量关系相符合的。

例如,企业职工的工资总额就是各个职工工资额的总和,职工的平均工资必等于职工的工资总额与职工总人数之比。所以,算术平均数的基本公式是

$$算术平均数 = \frac{总体标志总量(变量值总量)}{总体单位总量(变量值个数)}$$ (4-1)

算术平均数一般称为平均数或均值。其定义是观察值的总和除以观察值个数的商。在已知研究对象的总体标志总量及总体单位总量时,可直接利用式(4-1)计算。例如,某企业某月的工资总额为 680 000 元,职工总数为 1 000 人,则:

$$该企业职工月平均工资 = \frac{680\ 000}{1\ 000} = 680(元)$$

利用式(4-1)计算时,要求各变量值必须是同质的,分子与分母必须属于同一总体,即公式的分子是分母具有的标志值,分母是分子的承担者。在实际工作中,就手工计算而言,由于所掌握的统计资料不同,利用上述公式计算时,算术平均数可分为简单算术平均数和加权算术平均数两种。

1.简单算术平均数

根据未经分组整理的原始数据计算的均值。设一组数据为 $x_1, x_1, \cdots, x_n$,则简单算术平均数的计算公式如下:

$$\bar{x} = \frac{x_1 + x_2 + \cdots + x_n}{n} = \frac{\sum\limits_{i=1}^{n} x_i}{n}$$ (4-2)

例 4.1 据某人才服务中心调查,从事 IT 行业的从业人员年薪在 40 000~55 000 元,表 4-1 的数据是 IT 从业人员年薪的一个样本。计算 IT 从业人员的平均年薪。

表 4-1 24 名 IT 从业人员年薪资料表

49 100	48 600	49 950	48 800	47 200	49 900	51 350	54 600
49 300	51 200	51 000	49 400	51 400	51 800	49 600	53 400
48 700	50 300	49 000	49 800	48 900	48 650	51 300	51 900

根据式(4-2)计算如下:

$$平均年薪\ \bar{x} = \frac{\sum\limits_{i=1}^{n} x_i}{n} = \frac{49\ 100 + 49\ 300 + \cdots + 53\ 400 + 51\ 900}{24} = 50\ 214.58(元)$$

2.加权算术平均数

根据分组整理的数据计算的算术平均数。其计算公式为

$$\bar{x} = \frac{x_1 f_1 + x_2 f_2 + \cdots + x_n f_n}{f_1 + f_2 + \cdots + f_n} = \frac{\sum\limits_{i=1}^{n} x_i f_i}{\sum\limits_{i=1}^{n} f_i}$$ (4-3)

式中,f_i——各组变量值出现的频数;

x_i——各组组中值。

例 4.2　　以表 4-2 为例,计算人均日产量。

表 4-2　某企业 50 名工人加工零件均值计算表

按零件数分组(%)	组中值 x(%)	频数 f	xf
105~110	107.5	3	322.5
110~115	112.5	5	562.5
115~120	117.5	8	940.0
120~125	122.5	14	1 715.0
125~130	127.5	10	1 275.0
130~135	132.5	6	795.0
135~140	137.5	4	550.0
合计	—	50	6 160.0

解:

$$平均日产量 = \frac{\sum_{i=1}^{n} x_i f_i}{\sum_{i=1}^{n} f_i} = \frac{6\ 160}{50} = 123.2(件)$$

这种根据已分组整理的数据计算的算术平均数就称为加权算术平均数。这时,算术平均数的大小不仅取决于研究对象的变量值,而且受各变量值重复出现的频数(f)或频率($f_i / \sum_{i=1}^{n} f_i$)大小的影响,如果某一组的频数或频率较大,说明该组的数据较多,那么该组数据的大小对算术平均数的影响就大,反之则小。可见各组频数的多少(或频率的高低)对平均的结果起着一种权衡轻重的作用,因而这一衡量变量值相对重要性的数值称为权数。这里所谓权数的大小,并不是以权数本身值的大小而言的,而是指各组单位数占总体单位数的比例,即权数系数($f_i / \sum_{i=1}^{n} f_i$)。权数系数亦称为频率,是一种结构相对数。

当然,利用组中值作为本组平均值计算算术平均数,是在各组内的标志值分布均匀的假定下进行的,计算结果与未分组数列的相应结果可能会有一些偏差,应用时应予以注意。在统计分析过程中,如果收集到的是经过初步整理的次级数据,或数据要求不很精确的原始数据资料可用此法计算均值。如果要求结果十分精确,那么需用原始数据的全部实际信息;如果计算量很大,可借助计算机的统计功能。

如果计算相对数的平均数,则应符合所求的相对数本身的公式,将分子视为总体标志总量,分母视为总体单位总量。

例 4.3　　某季度某工业公司 18 个工业企业产值计划完成程序资料如表 4-3 所示,计算平均产值计划完成程度。

表4-3 某工业公司产值完成情况表

产值计划完成程度(%)	组中值 x(%)	企业数(个)	计划产值 f(万元)	实际产值 xf(万元)
80~90	85	2	800	680
90~100	95	3	2 500	2 375
100~110	105	10	17 200	18 060
110~120	115	3	4 400	5 060
合计	—	18	24 900	26 175

解:

$$平均产值计划完成程度 = \frac{实际完成产值}{计划产值} = \frac{\sum xf}{\sum f}$$

$$= \frac{26\ 175}{24\ 900} = 105.12\%$$

计划完成相对数的计算公式是实际完成数与计划任务数之比,因此,平均计划完成程度的计算只能是所有企业的实际完成数与其计划任务数之比,不能把各个企业的计划完成百分数简单平均。

3.算术平均数的性质

算术平均数在统计学中具有重要的地位,它是进行统计分析和统计推断的基础。首先,从统计思想上看,它是一组数据的重心所在,是数据误差相互抵消后的必然性结果。例如,对同一事物进行多次测量,若所得结果不一致,可能是由测量误差所致,也可能是其他因素的偶然影响,利用算术平均数作为其代表值,则可以使误差相互抵消,反映出事物必然性的数量特征。其次,它具有下面一些重要的数学性质,这些数学性质在实际工作中有着广泛的应用(如在相关性分析和方差分析及建立回归方程中),同时体现了算术平均数的统计思想。

(1)各变量值与其算术平均数的离差之和等于零,即 $\sum (x - \bar{x})f = 0$;

(2)各变量值与其算术平均数的离差平方和最小,即 $\sum (x - \bar{x})^2 f = \min$。

(二)调和平均数

调和平均数是根据标志值的倒数计算出来的平均指标,其意义与算术平均数一致。可以这样理解,调和平均数是在数据来源不同的情况下计算算术平均数的一种方法,可以通过数据转换,将其调整成算术平均数进行计算。

1.调和平均数的计算方法

与算术平均数类似,调和平均数也有简单的和加权的两种形式,其计算公式分别为:

$$H = \frac{n}{\dfrac{1}{x_1} + \dfrac{1}{x_2} + \cdots + \dfrac{1}{x_n}} = \frac{n}{\sum\limits_{i=1}^{n} \dfrac{1}{x_i}} \tag{4-4}$$

$$H = \frac{m_1 + m_2 + \cdots + m_n}{\dfrac{m_1}{x_1} + \dfrac{m_2}{x_2} + \cdots + \dfrac{m_n}{x_n}} = \frac{\sum\limits_{i=1}^{n} m_i}{\sum\limits_{i=1}^{n} \dfrac{m_i}{x_i}} \tag{4-5}$$

由于调和平均数也可以看成变量 x 的倒数的算术平均数的倒数,故有时也被称作倒数平均数。

例 4.4　假定有 A、B 两家公司员工的月工资资料如表 4 - 4 所示的前三列。试分别计算其平均工资。

表 4 - 4　两公司员工工资情况表

月工资 x（元）	工资总额 m（元）		员工人数 $f = m/x$（人）	
	A公司	B公司	A公司	B公司
800	48 000	40 000	60	50
1 000	70 000	40 000	70	40
1 600	32 000	40 000	20	25
合计	150 000	120 000	150	115

解：在这里，平均工资作为单位标志平均数仍然必须是标志总量（工资总额）与单位总数（员工总数）之比。依据给出的月工资水平和工资总额的分组资料，可以首先用前者来除后者，得到各组的员工人数，进而加总得到全公司的员工总数（表中后两列），这样就很容易计算出两个公司各自的平均工资。将这些计算过程归纳起来，就是运用了调和平均数的公式。

现在，我们计算 A 公司的平均工资，得到：

$$H_A = \frac{\sum\limits_{i=1}^{3} m_i}{\sum\limits_{i=1}^{3} \frac{m_i}{x_i}} = \frac{48\,000 + 70\,000 + 32\,000}{\dfrac{48\,000}{800} + \dfrac{70\,000}{1\,000} + \dfrac{32\,000}{1\,600}}$$

$$= 150\,000/150 = 1\,000（元）$$

对于 B 公司，也可以采用加权调和平均数公式来计算其平均工资：

$$H_B = \frac{\sum\limits_{i=1}^{3} m_i}{\sum\limits_{i=1}^{3} \frac{m_i}{x_i}} = \frac{40\,000 + 40\,000 + 40\,000}{\dfrac{40\,000}{800} + \dfrac{40\,000}{1\,000} + \dfrac{40\,000}{1\,600}}$$

$$= \frac{120\,000}{115} \approx 1\,043.48（元）$$

然而在这里，由于各组的权数（工资总额）相同，实际上并没有真正起到加权的作用。我们采用简单调和平均数的公式来计算，可以得到完全相同的结果，而计算过程大大简化了：

$$H_B = \frac{3}{\sum\limits_{i=1}^{3} \frac{1}{x_i}} = \frac{3}{\dfrac{1}{800} + \dfrac{1}{1\,000} + \dfrac{1}{1\,600}} \approx 1\,043.48（元）$$

2.由相对数或平均数计算调和平均数

例 4.5　设有某行业 150 个企业的有关产值和利润资料如表 4 - 5 所示。

表 4 - 5　某行业产值和利润情况表

产值利润率(%)	第一季度		第二季度	
	企业数(个)	实际产值(万元)	企业数(个)	实际利润(万元)
5～10	30	5 700	50	710
10～20	70	20 500	80	3 514
20～30	50	22 500	20	2 250
合计	150	48 700	150	6 474

表 4 - 5 中给出的是按产值利润率分组的企业个数、实际产值和实际利润资料。应该注意,产值利润是一个相对指标,而不是平均指标。为了计算全行业的平均产值利润率,必须以产值利润率的基本公式为依据:

$$产值利润率 = \frac{实际利润}{实际产值} \times 100\% \tag{4-6}$$

选择适当的权数资料、适当的平均数形式,对各组企业的产值利润率进行加权平均。容易看出,计算第一季度的平均产值利润率,应该采用实际产值加权,进行算术平均,即

$$\frac{一季度平均}{产值利润率} = \frac{\sum xf}{\sum f} = \frac{0.075 \times 5\ 700 + 0.15 \times 20\ 500 + 0.25 \times 22\ 500}{5\ 700 + 20\ 500 + 22\ 500}$$

$$= \frac{9\ 127.5}{48\ 700} = 18.74\%$$

而计算第二季度的平均产值利润率,则应该采用实际利润加权,进行调和平均,即

$$二季度平均产值利润率 = \frac{\sum m}{\sum \frac{m}{x}} = \frac{710 + 3\ 514 + 2\ 250}{\frac{710}{0.075} + \frac{3\ 514}{0.15} + \frac{2\ 250}{0.25}}$$

$$= \frac{6\ 474}{41\ 893.3} = 15.45\%$$

由上例可见,对于同一问题的研究,算术平均数和调和平均数的实际意义是相同的,计算公式也可以相互推算,采用哪一种方法完全取决于所掌握的实际资料。一般的做法是,如果掌握的是基本公式中的分母资料,则采用算术平均数;如果掌握的是基本公式中的分子资料,则采用调和平均数的计算公式。

3.调和平均数的特点

(1)调和平均数易受极端值的影响,且受极小值的影响比受极大值的影响更大。

(2)只要有一个变量值为零,就不能计算调和平均数。

(3)当组距数列有开口组时,其组中值即使按相邻组距计算,假定性很大,这时,调和平均数的代表性就很不可靠。

(4)调和平均数应用的范围较小。

(三)几何平均数

几何平均数也称几何均值,它是 n 个变量值乘积的 n 次方根。根据统计资料的不同,几何平均数也有简单几何平均数和加权几何平均数之分。

1.简单几何平均数

直接将 n 项变量连乘,然后对其连乘积开 n 次方根所得的平均数即为简单几何平均数。它是几何平均数的常用形式。计算公式为

$$G = \sqrt[n]{x_1 \cdot x_2 \cdot x_3 \cdots x_n} = \sqrt[n]{\prod_{i=1}^{n} x_i} \qquad (4-7)$$

式中,G——几何平均数;

$\prod$——连乘符号。

例 4.6 某流水生产线有前后衔接的五道工序。某日各工序产品的合格率分别为 95%、92%、90%、85%、80%,整个流水生产线产品的平均合格率为

$$G = \sqrt[5]{0.95 \times 0.92 \times 0.90 \times 0.85 \times 0.80}$$
$$= \sqrt[5]{0.534\,9} = 88.24\%$$

2.加权几何平均数

与算术平均数一样,当资料中的某些变量值重复出现时,相应地,简单几何平均数就变成了加权几何平均数。计算公式为

$$\bar{x}_G = \sqrt[\sum_{i=1}^{n} f_i]{x_1^{f_1} \cdot x_2^{f_2} \cdot x_3^{f_3} \cdots x_n^{f_n}} = \sqrt[\sum_{i=1}^{n} f_i]{\prod_{i=1}^{n} x_i^{f_i}} \qquad (4-8)$$

式中,f_i——各个变量值出现的次数。

例 4.7 某银行某项投资年利率是按复利计算的。20 年的利率分配如表 4-6 所示,计算 20 年的平均年利率。

表 4-6 投资年利率分组表

年限	年利率(%)	本利率 x_i(%)	年数 f_i(个)
第 1 年	5	105	1
第 2 年至第 4 年	8	108	3
第 5 年至第 15 年	15	115	11
第 16 年至第 20 年	18	118	5
合计	—	—	20

解:按式(4-8)计算 20 年的平均年利率:

$$\bar{x}_G = \sqrt[20]{1.05^1 \times 1.08^3 \times 1.15^{11} \times 1.18^5} = 114.14\%$$

即 20 年的平均年利率为 114.14% － 1 = 14.14%

3.几何平均数的特点

(1)几何平均数受极端值的影响较算术平均数小。

(2)如果变量值有负值,计算出的几何平均数就会成为负数或虚数。

(3)它仅适用具有等比或近似等比关系的数据。

(4)几何平均数的对数是各变量值对数的算术平均数。

(四)截尾均值

截尾均值是指在一个数列中,去掉两端的极端值后所计算的算术平均数,也称为切尾均

值。常见的截尾均值的例子是在一些比赛中,计算选手的最终得分需要"去掉一个最高分,去掉一个最低分",这种处理方法,即为计算截尾均值的方法。

截尾均值由于去掉了数列中影响数据稳定性的极端值,从而具有较好的稳定性,不易受到极端值的干扰。在数据序列本身存在少量错误的情况下,通过有效地判定极端值,并将极端值去掉来计算算术平均数,可以获得较为真实的反映数据情况的平均指标。

极端值的判定根据分析目的的不同,可以有下列各种不同的方法。

(1)确定两端或者一端固定数量的值为极端值。例如,确定最大值和最小值为极端值,而不去观察这两个值本身是多少。

(2)确定一个固定范围外的数值为极端值。在数据处理时,人为地确定一个取值范围,超出这范围内的数值一律被当作极端值。例如,在计算平均收入时,将 10 000 元以上的收入值统一判定为极端值,不进行平均计算。

(3)根据数据的统计结果来确定极端值。这种方法的特点是不事先确定极端值的范围,而是根据数据的实际数值,来推算极端值的范围。例如,在计算收入数据时,约定以中位数的 3 倍作为极端值的范围,这样对于不同的工资水平的地区,极端值的范围也就有所不同了。

二、位置平均数

(一)众数

1. 众数的含义

众数是一组数据中出现次数最多的变量值,一般用 M_0 表示。众数一般用来表示分类数据的集中趋势,当然也可用来测度顺序数据和数值型数据的集中趋势。众数的计算方法依据原数据是否分组有所不同。只有在数据量较大的情况下,众数才有意义。

例4.8　根据表 4-7 数据计算广告类型的众数。

表 4-7　某城市居民关注广告类型的频数分布表

广告类型	人数(人)	比例	频率(%)
商品广告	112	0.560	56.0
服务广告	51	0.255	25.5
金融广告	9	0.045	4.5
房地产广告	16	0.080	8.0
招生招聘广告	10	0.050	5.0
其他广告	2	0.010	1.0
合计	200	1	100

解:这里的广告类型属于分类数据。在六种类型的广告中,商品广告出现的频数最高,因此广告类型的众数为商品广告。

例4.9　表 4-8 为某家电商场的顾客满意度调查数据,对总共 100 名顾客调查的数据如下。计算评价等级的众数。

表 4－8　顾客满意度调查频数分布表

评价等级	频数	频率
非常满意	14	14.00%
满意	21	21.00%
一般	32	32.00%
不满意	18	18.00%
非常不满意	15	15.00%
合计	100	100.00%

解: 这里的评价等级是顺序数据。在总共 100 名的被调查顾客中,选择"一般"的人最多,因此评价等级的众数为一般。

例 4.10　某班抽取 10 名学生的年龄数据如下。计算年龄的众数。

$$20 \quad 21 \quad 20 \quad 21 \quad 22 \quad 19 \quad 21 \quad 21 \quad 23 \quad 20$$

年龄中出现次数最多的是 21,因此众数 $M_0 = 21$,21 可代表 10 名学生年龄的平均水平。

对于分组后的数值型数据,众数的计算见例 4.11 与例 4.12。

例 4.11　某企业某日工人的日产量资料如表 4－9 所示。计算工人日产量的众数。

表 4－9　某企业某日工人的日产量资料表

日产量(件)	工人人数(人)
10	70
11	100
12	380
13	150
14	100
合计	800

解: 日产量"12"出现次数最多,因此日产量的众数为 12。12 代表大多数工人所能达到的日产量水平,可作为该企业日产量标准的参考值。

上例中,单变量值分组数据确定众数比较容易,若所掌握的资料是组距式分组数据,则只能按一定的方法来推算众数的近似值。计算公式为

$$M_0 = L + \frac{\Delta_1}{\Delta_1 + \Delta_2} \times d \qquad (4-9)$$

$$M_0 = U - \frac{\Delta_2}{\Delta_1 + \Delta_2} \times d \qquad (4-10)$$

式中,L ——众数所在组下限;

$\quad U$ ——众数所在组上限;

$\quad \Delta_1$ ——众数所在组次数与其下限的邻组次数之差;

$\quad \Delta_2$ ——众数所在组次数与其上限的邻组次数之差;

$\quad d$ ——众数所在组组距。

例 4.12　表 4－10 是某车间 50 名工人月产量数据,计算 50 名工人月产量的众数。

表 4 - 10　某车间 50 名工人月产量数据表

月产量（件）	工人人数（人）	向上累计
200 以下	3	3
200～400	7	10
400～600	32	42
600 以上	8	50
合计	50	—

解：从表 4 - 10 中的数据可以看出，最大的频数值是 32，即众数组为 400～600 这一组，根据公式得 50 名工人月产量的众数为

$$M_o = 400 + \frac{25}{25 + 24} \times 200 = 502（件）$$

众数是一种位置平均数，不容易受数据极端值的影响，因而在实际工作中有它特殊的用途。例如，要说明一个企业中工人最普遍的技术等级，说明消费者需要的内衣、鞋袜、帽子等最普遍的号码，说明农贸市场上某种农副产品最普遍的成交价格等，都需要利用众数。但是必须注意，从分布的角度看，众数是具有明显集中趋势点的数值，一组数据分布的最高峰点所对应的数值即为众数。当然，如果数据的分布没有明显的集中趋势或最高峰点，众数也可能不存在；如果有两个最高峰点，也可以有两个众数。

总的来看，众数有以下特点。

（1）众数是以它在所有标志值中所处的位置确定的全体单位标志值的代表值，它不受分布数列的极大或极小值的影响，从而增强了众数对分布数列的代表性。

（2）当分组数列没有任何一组的次数占多数，也即分布数列中没有明显的集中趋势，而是近似于均匀分布时，则该次数分配数列无众数。若将无众数的分布数列重新分组或各组频数依序合并，又会使分配数列再现出明显的集中趋势。

（3）如果与众数组相比邻的上下两组的次数相等，则众数组的组中值就是众数值；如果与众数组比邻的上一组的次数较多，而下一组的次数较少，则众数在众数组内会偏向该组下限；如果与众数组比邻的上一组的次数较少，而下一组的次数较多，则众数在众数组内会偏向该组上限。

（4）缺乏敏感性。这是由于众数的计算只利用了众数组的数据信息，不像数值平均数那样利用了全部数据信息。

（二）中位数

1.中位数的含义

中位数是将数据按大小顺序排列起来，形成一个数列，居于数列中间位置的那个数据就是中位数，用 M_e 表示。

从中位数的定义可知，所研究的数据中有一半小于中位数，一半大于中位数。中位数的作用与算术平均数相近，也是作为所研究数据的代表值。在一个等差数列或一个正态分布数列中，中位数就等于算术平均数。

在数列中出现了极端变量值的情况下，用中位数作为代表值要比用算术平均数更好，因为中位数不受极端变量值的影响；如果研究目的是反映中间水平，当然也应该用中位数。在统计数据的处理和分析时，可结合使用中位数。

2.中位数的计算方法

确定中位数时,必须将总体各单位的标志值按大小顺序排列,最好是编制出变量数列。这里有两种情况。

(1)对于未分组的原始资料,必须将标志值按大小排序。设排序的结果为

$$x_1 \leqslant x_2 \leqslant x_3 \leqslant \cdots \leqslant x_n$$

则中位数就可以按下面的方式确定

$$M_e = \begin{cases} x_{\frac{n+1}{2}} & (n \text{ 为奇数}) \\ \dfrac{x_{\frac{n}{2}} + x_{\frac{n}{2}+1}}{2} & (n \text{ 为偶数}) \end{cases} \qquad (4-11)$$

例如,根据例 4.2 的数据,计算 50 名工人日加工零件数的中位数。中位数的位置在(50+1)/2 = 25.5,中位数在第 25 个数值(123)和第 26 个数值(123)之间,即 $M_e = (123+123)/2 = 123$(件)。

(2)由分组资料确定中位数。

由组距数列确定中位数,应先按 $\dfrac{\sum f}{2}$ 的公式求出中位数所在组的位置,再按下限公式或上限公式确定中位数。

下限公式
$$M_e = L + \frac{(\sum f/2) - S_{m-1}}{f_m} \times d \qquad (4-12)$$

上限公式
$$M_e = U - \frac{(\sum f/2) - S_{m+1}}{f_m} \times d \qquad (4-13)$$

式中, M_e——中位数;

L——中位数所在组下限;

U——中位数所在组上限;

f_m——为中位数所在组的次数;

$\sum f$——总次数;

d——中位数所在组的组距;

S_{m-1}——中位数所在组以下的累计次数;

S_{m+1}——中位数所在组以上的累计次数。

例 4.13 根据例 4.2 的数据,计算 50 名工人日加工零件数的中位数(表 4-11)。

表 4-11 某企业 50 名工人加工零件中位数计算表

按零件数分组(个)	频数(人)	向上累计(人)	向下累计(人)
105~110	3	3	50
110~115	5	8	47
115~120	8	16	42
120~125	14	30	34
125~130	10	40	20
130~135	6	46	10
135~140	4	50	4

解:由表 4-11 可知,中位数的位置=50/2=25,即中位数在 120~125 这一组,$L=120$,$S_{m-1}=16$,$U=125$,$S_{m+1}=20$,$f_m=14$,$d=5$,根据中位数公式得

$$M_e = 120 + \frac{\frac{50}{2} - 16}{14} \times 5 = 123.21（件）$$

或

$$M_e = 125 - \frac{\frac{50}{2} - 20}{14} \times 5 = 123.21（件）$$

3.中位数的特点

(1)中位数是以它在所有标志值中所处的位置确定的全体单位标志值的代表值,不受分布数列的极大或极小值影响,从而在一定程度上提高了中位数对分布数列的代表性。

(2)有些离散型变量的单项式数列,当次数分布偏态时,中位数的代表性会受到影响。

(3)缺乏敏感性。

(三)分位数

K（$K = 4$、10、100 等)分位数是指将一列数据 K 等分的各种数。K 分位数用于测量数据的相对位置,反映数据的相对大小。把一列数据按从小到大的顺序排完后,计算第一 K 分位数的方法是

$$\frac{N}{k} + \frac{1}{2} \tag{4-14}$$

式中,N——数据总个数。

最常见的分位数包括四分位数、十分位数和百分位数。

(四)算术平均数和众数、中位数的比较

1.算术平均数和众数、中位数的关系

算术平均数、众数和中位数之间的关系与次数分布数列有关。在次数分布完全对称时,算术平均数、众数和中位数都是同一数值,如图 4-1 所示;在次数分布非对称时,算术平均数、众数和中位数不再是同一数值了,而具有相对固定的关系。在尾巴拖在右边的正偏态(或右偏态)分布中,众数最小,中位数适中,算术平均数最大,如图 4-2 所示;在尾巴拖在左边的负偏态(或左偏态)分布中,众数最大,中位数适中,算术平均数最小,如图 4-3 所示。

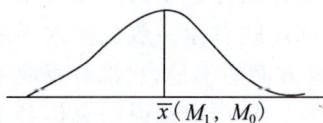

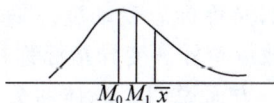

图 4-1　对称分布　　　　图 4-2　正偏态分布　　　　图 4-3　负偏态分布

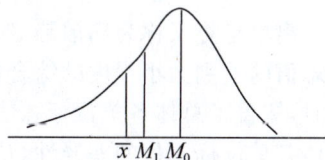

在统计实务中,可以利用算术平均数、中位数和众数的数量关系判断次数分布的特征。此外还可利用三者的关系进行相互之间估算。根据经验,在分布偏斜程度不大的情况下,不论右偏或左偏,三者存在一定的比例关系,即众数与中位数的距离约为算术平均数与中位数的距离2倍,用公式表示为

$$M_e - M_0 = 2 \times (\overline{x} - M_e)$$

由此可以得到三个推导公式

$$\bar{x} = \frac{3M_e - M_0}{2} \qquad (4-15)$$

$$M_e = \frac{M_0 - 2\bar{x}}{3} \qquad (4-16)$$

$$M_0 = 3M_e - 2\bar{x} \qquad (4-17)$$

2.应用

众数、中位数和算术平均数各自具有不同的特点,掌握它们之间的关系和各自的特点,有助于我们在实际应用中选择合理的测度值来描述数据的集中趋势。

众数是一种位置代表值,不受极端值的影响。任何类型的数据资料都可以计算,但主要适合作为定类数据的集中趋势测度值,即使资料有开口组仍然能够使用众数。众数不适合进行进一步代数运算;有的资料根本不存在众数;当资料中包括多个众数时,很难对它进行比较和说明,不如算术平均数应用广泛。

中位数也是一种位置代表值,不受极端值的影响;除了数值型数据外,定序数据也可以计算,而且主要适合作为定序数据的集中趋势测度值,开口组资料也不影响计算。中位数不适合进行进一步代数运算,不如算术平均数应用广泛。

算术平均数的含义通俗易懂、直观清晰;全部数据都要参加运算,因此它是一个可靠的具有代表性的量;任何一组数据都有一个平均数,而且只有一个平均数;用统计方法推断几个样本是否取自同一总体时,必须使用算术平均数;具有优良的数学性质,适合代数方法的演算。算术平均数是实际中应用较广泛的集中趋势测度值,主要适合作为定距和定比数据的集中趋势测度值;最容易受极端值的影响;对于偏态分布的数据,算术平均数的代表性较差;资料有开口组时,按相邻组组距计算假定性很大,代表性降低。

第二节　离中趋势的测度

离中趋势又称为离散趋势,通过一系列变异指标来测度。变异指标是反映总体各单位标志值的差别大小程度的综合指标,又称标志变动度。平均指标反映总体一般数量水平的同时,掩盖了总体各单位标志值的数量差异。变异指标弥补了这方面的不足,它综合反映了总体各单位标志值的差异性,从另一方面说明了总体的数量特征。平均指标说明总体各单位标志值的集中趋势,而变异指标则说明标志值的分散程度或离中趋势。

变异指标是衡量平均指标代表性的尺度。一般来讲,数据分布越分散,变异指标越大,平均指标的代表性越小;数据分布越集中,变异指标越小,平均指标的代表性越大。常用的变异指标有异众比率、全距和内距、平均差、方差和标准差、离散系数。

一、异众比率

异众比率是对分类数据离散程度的测度,反映众数的代表性。异众比率越小,众数的代表性越好。异众比率的计算方法为非众数组的频数占总频数的比率。

例 4.14　表 4－12 是不同品牌饮料的频数分布,计算异众比率。

表 4－12　不同品牌饮料的频数分布表

饮料品牌	频数	比例	百分比(%)
可口可乐	15	0.30	30
旭日升冰茶	11	0.22	22
百事可乐	9	0.18	18
汇源果汁	6	0.12	12
露露	9	0.18	18

解:众数为"可口可乐",总共 50 人当中,购买其他品牌饮料的人数是 35,即异众比率＝35/50＝0.7,异众比率比较大。因此,用"可口可乐"代表消费者购买饮料品牌的状况,其代表性不是很好。

二、全距和内距

(一)全距

全距也称为极差,是指总体各单位的两个极端标志值之差,即

$$R＝最大标志值－最小标志值 \tag{4－18}$$

因此,全距(R)可反映总体标志值的差异范围。

例 4.15　有两个学习小组的统计学成绩分别为

第一组:60、70、80、90、100

第二组:78、79、80、81、82

解:很明显,两个小组的考试成绩平均分都是 80 分,但是哪一组的分数比较集中呢?

如果用全距指标来衡量,则有

$$R_甲＝100－60＝40(分)$$
$$R_乙＝82－78＝4(分)$$

这说明第一组资料的标志变动度或离中趋势远大于第二组资料的标志变动度。

根据组距计算极差是测定标志变动度的一种简单方法,但受极端值的影响,因而它往往不能充分反映社会经济现象的离散程度。

在实际工作中,全距常用来检查产品质量的稳定性和进行质量控制。在正常生产条件下,全距在一定范围内波动,若全距超过给定的范围,就说明有异常情况出现。因此,利用全距有助于及时发现问题,以便采取措施,保证产品质量。

(二)内距

内距是上四分位数与下四分位数之差,也称为四分位差,反映了中间 50% 数据的离散程度。内距的取值比较稳定,不受极端值的影响,可用于衡量中位数的代表性。在实际应用中,内距往往和全距搭配使用,这样可以比较全面地反映全部数据的波动情况。

三、平均差

平均差是总体各单位标志对其算术平均数的离差绝对值的算术平均数。它综合反映了

总体各单位标志值的变动程度。平均差越大,则表示标志变动度越大,反之则表示标志变动度越小。

在资料未分组的情况下,平均差的计算公式为

$$A.D = \frac{\sum |x - \bar{x}|}{n} \tag{4-19}$$

采用标志值对算术平均数的离差绝对值之和,是因为各标志值对算术平均数的离差之代数和等于零。仍以例 4.15 第一组学生统计学成绩为例,计算平均差如下:

$$A.D = \frac{|60-80| + |70-80| + |80-80| + |90-80| + |100-80|}{5} = 12(分)$$

在资料已分组的情况下,要用加权平均差公式

$$A.D = \frac{\sum |x - \bar{x}| f}{\sum f} \tag{4-20}$$

例 4.16　某厂按月收入水平分组的组距数列如表 4-13 所示中前两列,计算平均差。

表 4-13　某厂职工月收入数据表

职工工资(元)	职工人数 f	组中值 x	xf	$x - \bar{x}$	$|x - \bar{x}| f$
250-270	15	260	3 900	-50	750
270-290	25	280	7 000	-30	750
290-310	35	300	10 500	-10	350
310-330	65	320	20 800	10	650
330-350	40	340	13 600	30	1200
合计	180	—	55 800		3 700

解:根据公式列表计算,得到

$$\bar{x} = \frac{\sum xf}{\sum f} = \frac{55\ 800}{180} = 310(元)$$

$$A.D = \frac{\sum |x - \bar{x}| f}{\sum f} = \frac{3\ 700}{180} = 20.6(元)$$

由于平均差采用了离差的绝对值,不便于运算,这样使其应用受到了很大限制。

四、方差和标准差

方差和标准差是测度数据变异程度的较重要、常用的指标。方差是各个数据与其算术平均数的离差平方的平均数,通常以 σ^2 表示。方差的计量单位和量纲不便于从经济意义上进行解释,所以实际统计工作中多用方差的算术平方根——标准差来测度统计数据的差异程度。标准差又称均方差,一般用 σ 表示。方差和标准差的计算也分为简单平均法和加权平均法,另外,对于总体数据和样本数据,公式略有不同。

(一)总体方差和标准差

设总体方差为 σ^2,对于未经分组整理的原始数据,方差的计算公式为

$$\sigma^2 = \frac{\sum_{i=1}^{N}(X_i - \overline{X})^2}{N} \tag{4-21}$$

对于分组数据,方差的计算公式为

$$\sigma^2 = \frac{\sum_{i=1}^{K}(X_i - \overline{X})^2 f_i}{\sum_{i=1}^{K} f_i} \tag{4-22}$$

方差的平方根即为标准差,其相应的计算公式为

未分组数据

$$\sigma = \sqrt{\frac{\sum_{i=1}^{N}(X_i - \overline{X})^2}{N}} \tag{4-23}$$

分组数据

$$\sigma = \sqrt{\frac{\sum_{i=1}^{K}(X_i - \overline{X})^2 f_i}{\sum_{i=1}^{K} f_i}} \tag{4-24}$$

(二)样本方差和标准差

样本方差与总体方差在计算上的区别是,总体方差是用数据个数或总频数去除离差平方和,而样本方差则是用样本数据个数或总频数减 1 去除离差平方和,其中样本数据个数减 1 即 $n-1$ 称为自由度。设样本方差为 S_{n-1}^2,根据未分组数据和分组数据计算样本方差、样本标准差的公式分别为

未分组数据

$$S_{n-1}^2 = \frac{\sum_{i=1}^{n}(x_i - \overline{x})^2}{n-1} \tag{4-25}$$

分组数据

$$S_{n-1}^2 = \frac{\sum_{i=1}^{k}(x_i - \overline{x})^2 f_i}{\sum_{i=1}^{k} f_i - 1} \tag{4-26}$$

未分组数据

$$S_{n-1} = \sqrt{\frac{\sum_{i=1}^{n}(x - \overline{x})^2}{n-1}} \tag{4-27}$$

分组数据

$$S_{n-1} = \sqrt{\frac{\sum_{i=1}^{k}(x - \overline{x})^2 f_i}{\sum_{i=1}^{k} f_i - 1}} \tag{4-28}$$

例 4.17　考察一台机器的生产能力,利用抽样程序来检验生产出来的产品质量,假

设收集的数据如下：

| 3.43 | 3.45 | 3.43 | 3.48 | 3.52 | 3.50 | 3.39 |
| 3.48 | 3.41 | 3.38 | 3.49 | 3.45 | 3.51 | 3.50 |

根据该行业通用法则：如果一个样本中的 14 个数据项的方差大于 0.005，则该机器必须关闭维修。问此时的机器是否必须关闭？

解： 根据已知数据，计算 $\overline{x} = \dfrac{\sum\limits_{i=1}^{n} x_i}{n} = 3.459$

$$S_{n-1}^2 = \frac{\sum\limits_{i=1}^{n}(x_i - \overline{x})^2}{n-1} = 0.002 < 0.005$$

因此，该机器工作正常。

方差和标准差也是根据全部数据计算的，它反映了每个数据与其均值相比平均相差的数值，因此它能准确地反映出数据的离散程度。方差和标准差是实际中应用广泛的离散程度测度值。

五、离散系数

上面介绍的各离散程度测度值都是反映数据分散程度的绝对值，其数值的大小一方面取决于原变量值本身水平高低的影响，也就是与变量的均值大小有关。变量值绝对水平越高，离散程度的测度值自然也就越大，绝对水平越低，离散程度的测度值自然也就越小；另一方面，它们与原变量值的计量单位相同，采用不同计量单位计量的变量值，其离散程度的测度值也就不同。因此，对于平均水平不同或计量单位不同的不同组别的变量值，是不能直接用上述离散程度的测度值直接进行比较的。为了消除变量值水平高低和计量单位不同对离散程度测度值的影响，需要计算离散系数。

离散系数通常是就标准差来计算的，因此，也称为标准差系数，它是一组数据的标准差与其相应的均值之比，是测度数据离散程度的相对指标，其计算公式为

$$V_\sigma = \frac{\sigma}{\overline{X}}$$

或

$$V_S = \frac{S}{\overline{x}} \tag{4-29}$$

式中，V_σ——总体离散系数；

$\quad\quad V_s$——样本离散系数。

离散系数要是用于对不同组别数据的离散程度进行比较，离散系数大的说明该组数据的离散程度大，离散系数小的说明该组数据的离散程度小。

例 4.18 某管理局抽查了所属的 8 家企业，其产品销售数据如表 4-14 所示。试比较产品销售额与销售利润的离散程度。

表 4 - 14　某管理局所属 8 家企业的产品销售数据

企业编号	产品销售额 X_1(万元)	销售利润 X_2(万元)
1	170	8.1
2	220	12.5
3	390	18.0
4	430	22.0
5	480	26.5
6	650	40.0
7	950	64.0
8	1 000	69.0

解: 由于销售额与利润额的数据水平不同,不能直接用标准差进行比较,需要计算离散系数。由表中数据计算得

$$\overline{X}_1 = 536.25(万元) \qquad S_1 = 309.19(万元) \qquad V_1 = \frac{309.19}{536.25} = 0.577$$

$$\overline{X}_2 = 32.521\,5(万元) \qquad S_2 = 23.09(万元) \qquad V_2 = \frac{23.09}{32.512\,5} = 0.710$$

计算结果表明,$V_1 < V_2$,说明产品销售额的离散程度小于销售利润的离散程度。

六、相对位置的测度:标准分数

(一)标准分数

标准分数也称标准化值,用于对变量的标准化处理,度量某一个值在一组数据中的相对位置,可用于判断一组数据是否有离群点。计算公式为

$$z_i = \frac{x_i - \overline{x}}{s} \tag{4-30}$$

式中,x_i——原数据;

$\overline{x}$——平均数;

s——标准差。

例 4.19　表 4 - 15 给出了九个家庭人均月收入标准分数计算。

表 4 - 15　九个家庭人均月收入标准分数表

家庭编号	人均月收入(元)	标准化值 z
1	1 500	0.695
2	750	−1.042
3	780	−0.973
4	1080	−0.278
5	850	−0.811
6	960	−0.556
7	2 000	1.853
8	1 250	0.116
9	1 630	0.996

标准分数将原始数据进行了线性变换,它并没有改变一个数据在数组中的位置,也没有

改变该组数分布的形状,只是将该组数据变为均值为 0,标准差为 1。

(二)经验法则

数据分布的经验法则表明:当一组数据对称分布时,约有 68% 的数据在平均数加减 1 个标准差的范围之内;约有 95% 的数据在平均数加减 2 个标准差的范围之内;约有 99% 的数据在平均数加减 3 个标准差的范围之内。

第三节　偏态与峰态的测度

集中趋势和离中趋势是数据分布的两个重要特征,但要全面了解数据分布的特点,还需要知道数据的分布形状。数据的分布形状从两个方面把握,其一是从数据分布的水平方向判断是否对称或偏斜的程度,即偏态;其二是从数据的垂直方向判断分布的扁平程度,即峰态。

一、偏态及其测度

偏态是数据分布偏斜程度的测度,通常用偏态系数来衡量。一组数据的分布从水平位置观察,与标准正态分布相比,有对称、左偏、右偏之分。若偏态系数=0 为对称分布;偏态系数>0 为右偏分布;偏态系数<0 为左偏分布。鉴于偏态系数的计算公式比较复杂,这里略去不讲,在本章第四节中演示在 Excel 中计算偏态系数。

二、峰态及其测度

峰态是数据分布扁平程度的测度,通常用峰态系数来表示。一组数据的分布从垂直位置观察,与标准正态分布相比,有尖峰、扁平之分。若峰态系数=0 为扁平程度适中;峰态系数>0 为尖峰分布;峰态系数<0 为扁平分布。同样鉴于峰态系数的计算公式比较复杂,这里略去不讲,在本章第四节中演示在 Excel 中计算峰态系数。

例 4.20　表 4-16 为某计算机销售公司连续 120 天的计算机销售量数据的频数分布表,根据表中数据计算偏态与峰态系数。

表 4-16　某计算机公司销售量偏态及峰态系数计算表

按销售量份组(台)	组中值	频数
140～150	145	4
150～160	155	9
160～170	165	16
170～180	175	27
180～190	185	20
190～200	195	17
200～210	205	10
210～220	215	8
220～230	225	4
230～240	235	5
合计	—	120

计算得偏态系数为 0.448,峰态系数为－0.306。偏态系数为正值,但与 0 的差异不大,说明计算机销售量为轻微右偏分布,即销售量较少的天数占据多数,而销售量较多的天数则占少数。偏态系数为负值,但与 0 的差异不大,说明计算机销售量为轻微扁平分布。

第四节　Excel 描述统计功能

Excel 具有十分强大而且非常易于使用的数据统计和预测工具,可通过 Excel 提供的统计函数或加载宏来完成描述性统计。我们将按照统计顺序逐一介绍 Excel2003 的基本描述性统计功能。

一、用 Excel 统计函数计算

Excel 描述性统计函数主要包括一般统计函数,有 MAX、MIN、AVERAGE、MEDIAN、GEOMEAN、HARMEAN、AVEDEV、STDEV、VAR、KURT 和 SKEW 函数,分别对应最大值、最小值、平均值、中位数、几何平均数、调和平均数、平均差、标准差、方差、峰度和偏度的计算。

二、宏程序计算

除了利用上述统计函数完成统计数据分析外,EXCEL 还在数据分析宏程序中提供了一个描述性统计过程,其操作更为简单。下面通过一个例子详细介绍其操作过程。

例 4.21　上述表 4－15 中给出了九个家庭的人均月收入数据:
1 500　750　780　1 080　850　960　2 000　1 250　1 630,通过 Excel 宏程序计算这一组数据的描述统计量。

操作步骤如下:

第一步,选择"工具"→"数据分析"选项,弹出"数据分析"对话框,如图 4－4 所示。

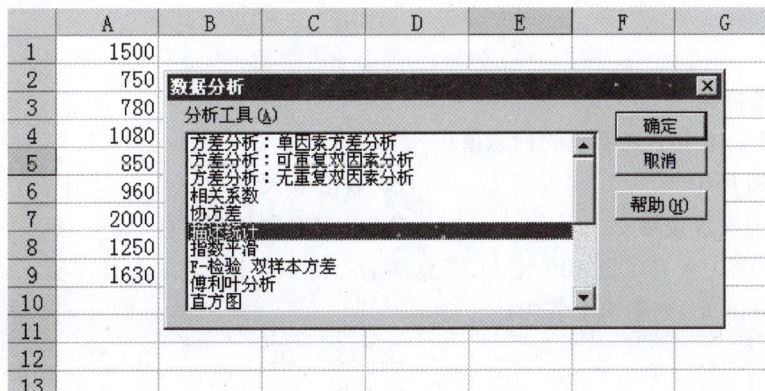

图 4－4　选取描述统计

第二步:选择"描述统计"选项,进行相应设置,得到统计结果(本例中 9 个数据各出现一次,因此无众数),如图 4-5 和图 4-6 所示。

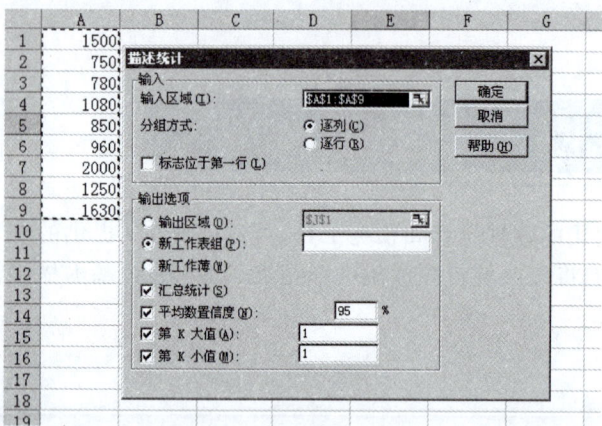

图 4-5　描述统计选项设置

图 4-6　描述统计结果

本章小结

(1)集中趋势是指一组数据向其中心值靠拢的倾向,测度集中趋势也就是寻找数据一般水平的代表值或中心值。反映集中趋势的指标主要有算术平均数、调和平均数、几何平均数、中位数、众数、截尾均值。

(2)离中趋势反映总体各单位标志值的差别大小程度的综合指标,说明标志值的分散程度或离中趋势。常用的衡量离中趋势指标有异众比率、全距、平均差、方差和标准差、离散系数。

(3)偏态衡量数据分布的偏斜程度,峰态衡量数据分布的扁平程度。

复习思考题

一、单项选择题

1. 众数是总体中下列哪项的标志值(　　　)

　　A. 位置居中　　　　　　　　　B. 数值最大

　　C. 出现次数较多　　　　　　　D. 出现次数最多

2. 某工厂新工人月工资 400 元,工资总额为 200 000 元,老工人月工资 800 元,工资总额 80 000 元,则平均工资为(　　　)

　　A. 600 元　　　　　　　　　　B. 533.33 元

　　C. 466.67 元　　　　　　　　　D. 500 元

3. 标准差指标数值越小,则反映变量值(　　　)

　　A. 越分散,平均数代表性越低　　B. 越集中,平均数代表性越高

C. 越分散,平均数代表性越高　　D. 越集中,平均数代表性越低

二、计算题

1. 某企业 360 名工人生产某种产品的资料,如表 1 所示。

表 1　某企业 360 名工人生产某种产品数据表

工人按日产量分组(件)	工人数(人)	
	7 月份	8 月份
20 以下	30	18
20～30	78	30
30～40	108	72
40～50	90	120
50～60	42	90
60 以上	12	30
合计	360	360

试分别计算 7、8 月份平均每人日产量,并简要说明 8 月份平均每人日产量变化的原因。

2. 某地甲乙两个农贸市场三种主要蔬菜价格及销售额资料,如表 2 所示。

表 2　甲、乙两个农贸市场三种蔬菜价格及销售额数据表

品种	价格(元/千克)	销售额(万元)	
		甲市场	乙市场
甲	0.30	75.0	37.5
乙	0.32	40.0	80.0
丙	0.36	45.0	45.0

试计算比较该地区哪个农贸市场蔬菜平均价格高,并说明原因。

3. 某地区抽样调查职工家庭收入资料如表 3 所示。

表 3　某地职工家庭收入数据表

按平均每人月收入分组(元)	职工户数(户)
100～200	6
200～300	10
300～400	20
400～500	30
500～600	40
600～700	240
700～800	60
800～900	20

试根据上述资料计算:

(1)职工家庭平均每人月收入(用算术平均数公式);

(2)依下限公式计算确定中位数和众数;

(3)简要说明其分布特征。

统计指数

内容提要

本章介绍统计指数。第一节介绍指数的概念以及分类,第二节介绍加权综合指数和加权平均指数的编制,第三节介绍指数体系和因素分析,最后一节介绍了一些常见的经济指数。

第一节 统计指数概述

一、指数的概念和性质

(一)指数的概念

指数的编制是从物价的变动产生的。18世纪中叶,由于金银大量流入欧洲,欧洲的物价飞涨,引起社会不安,于是产生了反映物价变动的要求,这就是物价指数产生的根源。有些指数,如消费品价格指数、生活费用价格指数,同人们的日常生活休戚相关;有些指数,如生产资料价格指数、股票价格指数,则直接影响人们的投资活动,成为社会经济的"晴雨表"。

指数作为一种对比性的统计指标具有相对数的形式,通常表现为百分数。它表明:若把作为对比基准的水平(基数)视为100,则所要考察的现象水平相当于基数的多少。譬如,已知某年全国的零售物价指数为105%,这就表示:若将基期年份(通常为上年)的一般价格水平看成100%,则当年全国的价格水平就相当于基年的105%,或者说,当年的价格上涨了5%。

从对比性质来看,指数通常是不同时间的现象水平的对比,它表明现象在时间上的变动情况(动态)。此外,指数还可以是不同空间(如不同国家、地区、部门、企业)的现象水平的对比,或者是现象的实际水平与计划(规划或目标)水平的对比,这些可以看成动态对比指数方法的拓展。可见,指数在经济分析上具有十分广阔的应用领域。

迄今为止,统计界认为,统计指数的概念有广义和狭义两种理解。广义指数是泛指社会经济现象数量变动的比较指标,即用来表明同类现象在不同空间、不同时间、实际与计划对比变动情况的相对数。狭义指数仅指反映不能直接相加的复杂社会经济现象在数量上综合变动情况的相对数。例如,要说明一个国家或一个地区商品价格综合变动情况,由于各种商品的经济用途、规格、型号、计量单位等不同,不能直接将各种商品的价格简单对比,而要解决这种复杂经济总体各要素相加问题,就要编制统计指数综合反映它们的变动情况。

本章主要基于统计指数的狭义概念探讨指数的作用、编制方法及其在统计分析中的运用。

(二)指数的性质

正确应用指数的统计方法,必须要对指数性质有深刻的了解,概括地讲,指数具有以下性质。

第一,相对性。指数是总体各变量在不同场合下对比形成的相对数,它可以度量一个变量在不同时间或不同空间的相对变化,如一种商品的价格指数或数量指数,这种指数称为个体指数;它也可用于反映一组变量的综合变动,如消费价格指数反映一组指定商品和服务的价格变动水平,这种指数称为综合指数。总体变量在不同时间上对比形成的指数称为时间性指数,在不同空间上对比形成的指数称为区域性指数。

第二,综合性。指数是反映一组变量在不同场合下的综合变动水平,这是就狭义的指数而言的,它也是指数理论和方法的核心问题。没有综合性,指数就不可能发展成为一种独立的理论和方法论体系。综合性说明指数是一种特殊的相对数,它是由一组变量或项目综合对比形成的。例如,由若干种商品和服务构成的一组消费项目,通过综合后计算价格指数,以反映消费价格的综合变动水平。

第三,平均性。指数是总体水平的一个代表性数值。平均性的含义有两个:一是指数进行比较的综合数量是作为个别量的一个代表,这本身就具有平均的性质;二是两个综合量对比形成的指数反映了个别量的平均变动水平,如物价指数反映了多种商品和服务项目价格的平均变动水平。

二、统计指数的作用

(一)综合反映社会经济现象总变动方向及变动幅度

在统计实践中,经常要研究多种商品或产品的价格综合变动情况、多种商品的销售量或产品产量的总变动、多种产品的成本总变动、多种股票价格综合变动等。这类问题由于各种商品或产品的使用价值不同、各种股票价格涨跌幅度和成交量不同,所研究总体中的各个个体不能直接相加。指数法的首要任务,就是把不能直接相加总的现象过渡可以加总对比,从而反映复杂经济现象的总变动方向及变动幅度。

(二)分析现象总变动中各因素变动的影响方向及影响程度

利用指数体系理论可以测定复杂社会经济现象总变动中,各构成因素的变动对现象总变动的影响情况,并对经济现象变化做综合评价。任何一个复杂现象都是由多个因子构成的,如

$$销售额＝价格×销售量$$

又如,影响利润总额变化的各种因素有产品产量、产品销售量、产品成本、产品销售价格等。运用指数法编制商品零售价格指数和零售量指数,可分析它们的变动对商品零售总额变动的影响。编制产品产量指数、产品销售量指数、产品成本指数和产品销售价格指数等并分别对它们测定,根据各因素变动影响,可综合评价利润总额变动的情况。

(三)反映同类现象变动趋势

编制一系列反映同类现象变动情况的指数形成指数数列,可以反映被研究现象的变动趋势。例如,根据1986—2008年共23年的零售商品价格资料,编制22个环比价格指数,从而构成价格指数数列。这样,就可以揭示价格的变动趋势,研究物价变动对经济建设和人民生活水平的影响程度。

此外,利用统计指数还可以进行地区经济综合评价、对比,研究计划执行情况。

三、统计指数的分类

指数的种类很多,可以按不同的标志做不同的分类。

(一)按其反映对象范围的不同划分

(1)个体指数。说明个别事物(如某种商品或产品)数量变动的相对数叫作个体指数。个体指数通常记作 K,例如

$$个体产品产量指数 \quad K_q = \frac{Q_1}{Q_0} \qquad (5-1)$$

$$个体产品成本指数 \quad K_z = \frac{Z_1}{Z_0} \qquad (5-2)$$

$$个体物价指数 \quad K_p = \frac{P_1}{P_0} \qquad (5-3)$$

式中,Q——产量;

Z——单位产品成本;

P——商品或产品的单价;

下标 1——报告期;

下标 0——基期。

可见,个体指数就是同一种现象的报告期指标数值与基期指标数值对比而得的发展速度指标。

(2)总指数。说明度量单位不相同的多种事物数量综合变动的相对指数叫作总指数,如工业总产量指数、零售物价总指数。总指数与个体指数有一定的联系,可以用个体指数计算相应的总指数。用个体指数简单平均求得的总指数,称为简单指数;用个体指数加权平均求得的总指数,称为加权指数。

(二)按其所反映的社会经济现象特征不同划分

(1)数量指标指数,简称数量指数,主要是指反映现象的规模、水平变化的指数,如商品销售量指数、工业产品产量指数。

(2)质量指标指数,简称质量指数,是指综合反映生产经营工作质量变动情况的指数,如物价指数、产品成本指数。

(三)指数按其采用基期的不同划分

(1)定基指数。将不同时期的某种指数按时间先后顺序排列,形成指数数列,在同一个指数数列中,如果各个指数都以某一个固定时期作为基期,就称为定基指数。

(2)环比指数。如果各个指数都是以报告期的前一期作为基期,则称为环比指数。

(四)指数按其对比内容的不同划分

(1)动态指数,指由两个不同时期的同类经济变量值对比形成的指数,说明现象在不同时间上发展变化的过程和程度。

(2)静态指数,包括空间指数和计划完成情况指数两种。空间指数(地域指数)是将不同空间(如不同国家、地区、部门、企业)的同类现象进行比较的结果,反映现象在不同空间的差异程度。计划完成程度指数是由同一地区、单位的实际指标值与计划指标数值对比而形成的指数,反映计划的执行情况或完成与未完成的程度。

指数方法论主要论述动态指数,动态指数是出现最早、应用最多的指数,也是理论上最为重要的统计指数。静态指数则是动态指数在实际应用中的扩展。

(五)按照常用的计算总指数的方法或形式划分

(1)综合指数,指从数量上表明不能直接相加的社会经济现象的总指数。

（2）平均指数，指以个体指数为基础，采取平均形式编制的总指数。

四、指数基本问题

编制总指数可以考虑两种方式：一是先综合后对比，二是先对比后平均。

（一）先综合后对比的方式

如果我们知道某几种商品价格和销售量资料，研究全部商品的价格和销售量变动情况，首先将各种商品的价格或销售量资料加总起来，然后通过对比得到相应的总指数，这种方法通常称为综合（总和）指数法。此时我们会遇到这样两个问题，一是不同商品的数量和价格不能直接加总，或者说直接加总的结果没有实际经济含义；二是简单综合法编制的指数明显地受到商品计量单位的影响。因此，简单综合指数难以成为现象变动程度的一种客观测度，因为不同商品的价格或销售量都是"不同度量"的现象，它们构成了不能直接加总的"复杂现象总体"，倘若不解决有关现象的同度量问题就将其直接加总，显然难以得到适当的指数计算结果。

（二）先对比后平均的方式

首先将各种商品的价格或销售量资料进行对比（计算个体指数），然后通过个体指数的平均得到相应的总指数，这种方法通常称为平均指数法。这样当我们将各种商品的个体指数做简单平均时，没有适当地考虑不同商品的重要性程度。从经济分析的角度看，各种商品的重要性程度是有差异的，简单平均指数不能反映这种差异，因而难以满足分析的要求。

归纳起来，简单综合指数与简单平均指数都存在方法上的缺陷。但是，迄今为止，综合指数法与平均指数法仍然是编制统计指数的两个基本方法。为了运用综合法编制总指数，必须首先考虑被比较的诸现象是否同度量、怎样同度量的问题。因此说，编制综合指数的基本问题是同度量的问题，解决这一问题的方法就是编制加权综合指数。而为了运用平均法编制总指数，除了必须首先考虑被比较诸现象的重要性程度是否相同、怎样衡量的问题外，还有选择何种平均数形式的问题。因此说，编制平均指数的基本问题之一是合理加权的问题，解决这一问题的方法就是编制加权平均数。

第二节　加权指数

一、加权综合指数

加权综合指数（Weighted Aggregative Index Number）通过加权来测定一组项目的综合变动状况。若所测定的是一组项目的物量变动状况，称为数量指数，如产品产量指数、商品销售量指数；若所测定的是一组项目的质量变动状况，则称为质量指数，如价格指数、产品成本指数。但由于权数可以固定在不同时期，因而加权综合指数有不同的计算公式。

（一）基期变量值加权

基期变量值加权是指在计算一组项目的综合指数时，把作为权数的各变量值固定在基期来计算指数。早在1864年，德国学者拉斯贝尔斯（Laspeyres）就曾提出用基期消费量加权来计算价格指数，这一指数被称为拉氏指数或L式指数。拉氏加权法可推广到其他指数

的计算。基期变量值加权的拉氏质量指数和数量指数的一般计算公式为

$$p_{1/0} = \frac{\sum p_1 q_0}{\sum p_0 q_0} \qquad (5-4)$$

$$q_{1/0} = \frac{\sum p_0 q_1}{\sum p_0 q_0} \qquad (5-5)$$

式中，$p_{1/0}$——质量指数；

　　　$q_{1/0}$——数量指数；

　　　p_0、p_1——分别为一组项目基期和报告期的质量数值；

　　　q_0、q_1——分别为一组项目基期和报告期的物量数值。

例 5.1 设某粮油连锁店 1998 年和 1999 年三种商品的零售价格和销售量资料如表 5-1 所示。试分别以基期销售量和零售价格为权数，计算三种商品的价格综合指数和销售量综合指数。

表 5-1　某粮油连锁店三种商品的价格和销售量

商品名称	计量单位	销售量		单价（元）	
		1998 年	1999 年	1998 年	1999 年
大米	千克	1 200	1 500	1.2	1.3
面粉	千克	1 500	2 000	1.0	1.1
色拉油	千克	500	600	3.2	3.5

解：设销售量为 q，零售价格为 p，计算过程如表 5-2 所示。

表 5-2　加权综合指数计算表

商品名称	计量单位	销售量		单价（元）		销售额（元）			
		1998 年 q_0	1999 年 q_1	1998 年 p_0	1999 年 p_1	1998 年 $p_0 q_0$	1999 年 $p_1 q_1$	$p_0 q_1$	$p_1 q_0$
大米	千克	1 200	1 500	1.2	1.3	1 440	1 950	1 800	1 560
面粉	千克	1 500	2 000	1.0	1.1	1 500	2 200	2 000	1 650
色拉油	千克	500	600	3.2	3.5	1 600	2 100	1 920	1 750
合计	—	—	—	—	—	4 540	6 250	5 720	4 960

价格综合指数为

$$p_{1/0} = \frac{\sum p_1 q_0}{\sum p_0 q_0} = \frac{4\ 960}{4\ 540} = 109.25\%$$

销售量综合指数为

$$q_{1/0} = \frac{\sum p_0 q_1}{\sum p_0 q_0} = \frac{5\ 720}{4\ 540} = 125.99\%$$

计算结果表明，与 1998 年相比，该粮油连锁店三种商品的零售价格平均上涨了 9.25%，销售量平均上涨了 25.99%。

拉氏指数由于以基期变量值为权数，可以消除权数变动对指数的影响，从而使不同时期的指数具有可比性。但拉氏指数存在一定的缺陷。例如，物价指数是在假定销售量不变的

情况下报告期价格的变动水平,这一指数尽管可以单纯反映价格的变动水平,但不能反映消费量的变化。从实际生活角度看,人们更关心在报告期销售量条件下价格变动对实际生活的影响,因此拉氏价格指数在实际中应用得很少。拉氏数量指数是假定价格不变的条件下报告期销售量的综合变动,它不仅可以单纯反映出销售量的综合变动水平,也符合计算销售量指数的实际要求,因此拉氏数量指数在实际中应用得较多。

(二)报告期变量值加权

报告期变量值加权是指在计算一组项目的综合指数时,把作为权数的变量值固定在报告期来计算指数。1874 年,德国学者帕煦(Paasche)曾提出用报告期物量加权来计算物价指数,这一指数被称为帕氏指数,或简称为 P 式指数。帕氏加权法可推广到其他指数的计算。报告期变量值加权的帕氏质量指数和数量指数的一般计算公式为

$$p_{1/0} = \frac{\sum p_1 q_1}{\sum p_0 q_1} \qquad\qquad (5-6)$$

$$q_{1/0} = \frac{\sum p_1 q_1}{\sum p_1 q_0} \qquad\qquad (5-7)$$

例 5.2 根据表 5-1 中的数据资料,分别以报告期销售量和零售价格为权数计算三种商品的价格综合指数和销售量综合指数。

解:
$$p_{1/0} = \frac{\sum p_1 q_1}{\sum p_0 q_1} = \frac{6\ 250}{5\ 720} = 109.27\%$$

$$q_{1/0} = \frac{\sum p_1 q_1}{\sum p_1 q_0} = \frac{6\ 250}{4\ 960} = 126.01\%$$

计算结果表明,与 1998 年相比,该粮油商店三种商品的零售价格平均上涨了 9.27%,销售量平均上涨了 26.01%。

帕氏指数因以报告期变量值为权数,不能消除权数变动对指数的影响,因而不同时期的指数缺乏可比性。但帕氏指数可以同时反映价格和消费结构的变化,具有比较明确的经济意义。在实际应用中,常采用帕氏公式计算价格、成本等质量指数。而帕氏数量指数由于包含价格的变动,意味着按调整后的价格来测定物量的综合变动,这本身不符合计算物量指数的目的,因此帕氏数量指数在实际中应用得较少。

从上面的计算和分析中可以看到,采用不同时期的权数计算结果是有一定差别的。但从实际应用的角度看,计算数量指数时大多采用基期加权,而计算质量指数时大多采用报告期加权。

此外,在实际应用中,有时权数既不是固定在基期,也不是固定在报告期,而是固定在某个具有代表性的特定时期。这一加权方法的特点是,权数不受基期和报告期的限制,使指数的编制具有较大的灵活性,特别是在编制若干个时期的多个指数时,可以消除因权数不同而对指数产生的影响,从而使指数具有可比性。

例 5.3 设某公司生产三种产品的有关资料如表 5-3 所示。试以 1990 年不变价格为权数,计算各年的产品产量指数。

表5-3 某企业生产三种产品的有关资料

| 商品名称 | 计量单位 | 产量 | | | 1990 年 |
		1994 年	1995 年	1996 年	不变价格(千元)
甲	千件	1 000	900	1 100	50
乙	千台	120	125	140	3 500
丙	千箱	200	220	240	300

解:设 1990 年不变价格为 p_{90},各年产量分别为 q_{94}、q_{95}、q_{96},则各年产量指数为

$$q_{95/94} = \frac{\sum p_{90} q_{95}}{\sum p_{90} q_{94}} = \frac{50 \times 900 + 3\,500 \times 125 + 300 \times 220}{50 \times 1\,000 + 3\,500 \times 120 + 300 \times 200}$$

$$= \frac{548\,500}{530\,000} = 103.49\%$$

$$q_{96/95} = \frac{\sum p_{90} q_{96}}{\sum p_{90} q_{95}} = \frac{50 \times 1\,100 + 3\,500 \times 140 + 300 \times 240}{50 \times 900 + 3\,500 \times 125 + 300 \times 220}$$

$$= \frac{617\,000}{548\,500} = 112.49\%$$

$$q_{96/94} = \frac{\sum p_{90} q_{96}}{\sum p_{90} q_{94}} = \frac{50 \times 1\,100 + 3\,500 \times 140 + 300 \times 240}{50 \times 1\,000 + 350 \times 120 + 300 \times 200}$$

$$= \frac{617\,000}{530\,000} = 116.42\%$$

上述产量指数消除了价格变动对产量的影响,单纯反映出各年产量的综合变动状况。这一结果实际上就是按 1990 年不变价格计算的工业总产值发展速度。

(三)综合指数法的特点

从以上关于用综合指数法编制总指数的方法和原理可知,它具有如下三个特点。

1. 借助于同度量因素进行综合对比

在分析复杂社会经济现象综合变动时,不同度量单位的事物不能直接相加,但有时需要把它们作为一个总体来研究,必须把它们加总起来,这是运用综合指数法首要解决的问题。

众所周知,人们从事社会生产活动,创造了各种各样的产品,这些不同的产品具有不同的使用价值、不同外形和不同的计量单位,是不能同度量的事物。马克思在分析商品二重性时指出:"作为使用价值,商品首先有质的差别,作为交换价值,商品只能有量的差别,因而不包括任何一种使用价值的原子。"这就是说,作为使用价值不同的产品或商品是不能同度量的,但所有的产品或商品都是人们从事社会劳动的成果,都是人类劳动的结晶,都具有一定的价值,而价值对于任何产品或商品流通来说都是相同的,是能同度量的。价格是价值的货币表现。因此在编制指数时,就可用不同的产品或商品流通的量乘以它们相应的价格,借助价格这一媒介因素,使不能同度量的使用价值转化为能同度量的价值量。这样就可以把两个时期的价值量进行综合对比了。

2. 同度量因素的时期要固定

运用综合指数法编制总指数时,人们只关心一个因素的变动程度,如工业产品产量总指

数只反映各种工业产品产量的总变动,零售价格总指数只反映多种商品零售价格的总变动。这就要求编制指数时,把新加入的媒介因素作为同度量因素加以固定,来测定人们所关心的因素的变动。

3. 用综合指数法编制总指数,使用的是全面材料,没有代表性误差

例如,用综合指数法编制产品产量指数,要求使用报告期和基期的全部产品产量资料,即利用全面统计资料。全面统计资料只存在着登记误差,而不存在代表性误差。

二、加权平均指数

加权平均指数(Weighted Average Index Number)是以某一时期的总量为权数对个体指数加权平均计算出来的。其中作为权数的总量通常是两个变量的乘积,它可以是价值总量,如商品销售额(销售价格与销售量的乘积)、工业总产值(出厂价格与生产量的乘积),也可以是其他总量,如农产品总产量(单位面积产量与收获面积的乘积)。而其中的个体指数可以是个体质量指数,也可以是个体数量指数。加权平均指数因权数所属时期的不同,有两种计算形式。

(一)基期总量加权

基期总量加权指数是以基期总量为权数对个体指数加权平均计算出来的。由于这一指数在计算形式上采用了算术平均形式,故也被称为加权算术平均指数。

设基期总量权数为 $p_0 q_0$,个体质量指数为 $\dfrac{p_1}{p_0}$,个体数量指数为 $\dfrac{q_1}{q_0}$,则基期总量加权的质量指数和数量指数的一般公式为

$$p_{1/0} = \frac{\sum \dfrac{p_1}{p_0} p_0 q_0}{\sum p_0 q_0} \tag{5-8}$$

$$q_{1/0} = \frac{\sum \dfrac{q_1}{q_0} p_0 q_0}{\sum p_0 q_0} \tag{5-9}$$

例 5.4　设某企业生产三种产品的有关资料如表 5-4 所示。试计算三种产品的单位成本总指数和产量总指数。

表 5-4　某企业生产三种产品的有关数据

商品名称	计量单位	总成本(万元)		个体成本指数 p_1/p_0	个体产量指数 q_1/q_0
		基期 $p_0 q_0$	报告期 $p_1 q_1$		
甲	件	200	220	1.14	1.03
乙	台	50	50	1.05	0.98
丙	箱	120	150	1.20	1.10

解:三种产品的单位成本总指数为

$$p_{1/0} = \frac{\sum \dfrac{p_1}{p_0} p_0 q_0}{\sum p_0 q_0} = \frac{1.14 \times 200 + 1.05 \times 50 + 1.20 \times 120}{200 + 50 + 120} = \frac{524.5}{370} = 114.73\%$$

三种产品的产量总指数为

$$q_{1/0} = \frac{\sum \frac{q_1}{q_0} p_0 q_0}{\sum p_0 q_0} = \frac{1.03 \times 200 + 0.98 \times 50 \times 1.10 \times 120}{200 + 50 + 120} = \frac{387}{370} = 104.59\%$$

计算结果表明,报告期与基期相比,该企业三种产品的单位成本平均提高了 14.73%,三种产品的产量平均提高了 4.59%。

(二)报告期总量加权

报告期总量加权是以报告期总量为权数对个体指数加权平均计算出来的。由于这一指数在计算形式上采取了调和平均形式,故也被称为加权调和平均指数。

设报告期总量权数为 $p_1 q_1$,个体质量指数为 $\frac{p_1}{p_0}$,个体数量指数为 $\frac{q_1}{q_0}$,则报告期总量加权的质量指数和数量指数的一般公式为

$$p_{1/0} = \frac{\sum p_1 q_1}{\sum \frac{1}{p_1/p_0} p_1 q_1} \qquad (5-10)$$

$$q_{1/0} = \frac{\sum p_1 q_1}{\sum \frac{1}{q_1/q_0} p_1 q_1} \qquad (5-11)$$

例 5.5 根据表 5-4 有关数据,用报告期总成本为权数计算三种产品的单位成本总指数和产量总指数。

解:三种产品的单位成本总指数为

$$p_{1/0} = \frac{\sum p_1 q_1}{\sum \frac{1}{p_1/p_0} p_1 q_1} = \frac{220 + 50 + 150}{\frac{220}{1.14} + \frac{50}{1.05} + \frac{150}{1.20}} = \frac{420}{365.60} = 114.88\%$$

三种产品的产量总指数为

$$q_{1/0} = \frac{\sum p_1 q_1}{\sum \frac{1}{q_1/q_0} p_1 q_1} = \frac{220 + 50 + 150}{\frac{220}{1.03} + \frac{50}{0.98} + \frac{150}{1.10}} = \frac{420}{400.98} = 104.74\%$$

计算结果表明,报告期与基期相比,该企业三种产品的单位成本平均提高了 14.88%,三种产品的产量平均提高了 4.74%。

总量加权指数中的权数除上述介绍的 $p_0 q_0$ 和 $p_1 q_1$ 外,还可以使用 $p_0 q_1$ 和 $p_1 q_0$ 等总量形式。但比较常用的是基期总量和报告期总量加权,而且从指数的实际意义和效果来看,基期总量加权多用于计算数量指数,而报告期总量加权则多用于计算质量指数。另外,我们也容易看出,采用上述总量加权的指数公式可以演化成综合指数。因此,当采用 $p_0 q_0$ 和 $p_1 q_1$ 加权时,加权平均指数实际上是加权综合指数的一种变形。但二者所依据的计算资料是不同的。加权综合指数通常需要掌握全面的资料来计算,实际编制中往往具有一定的困难,而加权平均指数则既可以依据全面的资料来编制,也可以依据非全面资料来编制,也更符合实际数据的要求,因此加权平均指数在实际中更为广泛。此外。加权平均指数中的权数也可以采取比例形式,其权数(W)可以在一定时期内相对固定下来,连续使用几年,这就是所谓的固定权数加权的平均指数。例如,我国的商品零售价格指数就是采用固定权数加

权的算术平均形式计算的,其权数每年根据住户调查资料做相应的调整。

第三节　指数体系和因素分析

一、指数体系

(一)指数体系的概念

社会经济现象之间的相互联系、相互影响的关系是客观存在的。有些社会经济现象之间的联系可以用经济方程式表现出来,如

商品销售额＝商品销售量×商品销售价格

生产总成本＝产品产量×单位产品成本

上述的这种关系,按指数形式表现时,同样存在这种对等关系,即

商品销售额指数＝商品销售量指数×商品销售价格指数

生产总成本指数＝产品产量指数×单位产品成本指数

在统计分析中,将一系列相互联系、彼此间在数量上存在推算关系的统计指数所构成的整体称为指数体系。

上述指数体系,按编制综合指数的一般原理,以符号用公式可写成

$$\frac{\sum q_1 p_1}{\sum q_0 p_0} = \frac{\sum q_1 p_0}{\sum q_0 p_0} \times \frac{\sum q_1 p_1}{\sum q_1 p_0} \tag{5-12}$$

从上面所举的例子中可发现,统计指数体系一般具有三个特征。

(1)具备三个或三个以上的指数。

(2)体系中的单个指数在数量上能相互推算,如已知销售额指数、销售量指数,则可推算出价格指数;已知价格指数、销售量指数,则可推出销售额指数。

(3)现象总变动差额等于各个因素变动差额的和。

(二)指数体系的作用

指数体系主要有三方面的作用。

1. 指数体系是进行因素分析的根据

利用指数体系可以分析复杂经济现象总变动中各因素变动影响方向和程度。

2. 利用各指数之间的联系进行指数间的相互推算

例如,我国商品销售量总指数往往就是根据商品销售额总指数和价格总指数进行推算的,即

商品的销售量指数＝销售额指数/价格指数

3. 用综合指数法编制总指数时,指数体系也是确定同度量因素的根据之一

由于指数体系是进行因素分析的根据,要求各个指数之间在数量上要保持一定的联系。因此,编制产品产量指数时,如用基期价格作为同度量因素,那么编制产品价格指数时就必

须用报告期的产品产量作为同度量因素;如果编制产品产量指数用报告期价格作为同度量因素,那么编制产品价格指数时就必须用基期的产品产量作为同度量因素。

二、复杂总体的因素分析

对于社会经济现象复杂总体的变动,当确定其是由两个或两个以上因素乘积的函数时,可以开展因素分析。对两个因素进行分析称两因素分析,对两个以上因素进行分析称多因素分析。

(一)复杂总体的两因素分析

对于复杂总体,由于存在不可同度量问题,因此在进行复杂总体的因素分析时,必须严格遵循综合指数计算的一般原则和方法。

复杂总体总量指标的变动(即总指数),可用如下公式表达

$$总指数 = \frac{\sum q_1 p_1}{\sum q_0 p_0} \qquad (5-13)$$

总指数可分解为数量指标综合指数和质量指标综合指数两因素的乘积。指数体系如下

$$\frac{\sum q_1 p_1}{\sum q_0 p_0} = \frac{\sum q_1 p_0}{\sum q_0 p_0} \times \frac{\sum p_1 q_1}{\sum p_0 q_1} \qquad (5-14)$$

绝对额关系如下

$$\sum q_1 p_1 - \sum q_0 p_0 = \left(\sum q_1 p_0 - \sum q_0 p_0\right) + \left(\sum p_1 q_1 - \sum p_0 q_1\right) \qquad (5-15)$$

例 5.6 某工业企业生产几种使用价值和计量单位都不同的产品,报告期和基期总产值及有关资料如表 5-5 所示。试分析各指数及绝对差额。

表 5-5 某工业企业基期、报告期产值情况表

产品名称	计量单位	产品产量		出厂价格(元)		基期总产值(万元)	报告期总产值(万元)	假设总产值(万元)
		基期	报告期	基期	报告期			
甲	乙	q_0	q_1	p_0	p_1	$q_0 p_0$	$q_1 p_1$	$q_1 p_0$
A	吨	6 000	5 000	110	100	66	50	55
B	台	10 000	12 000	50	60	50	72	60
C	件	40 000	41 000	20	20	80	82	82
合计	—	—	—	—	—	196	204	197

解: 从表 5-5 资料可以看出,该企业总产值的动态指数为

$$\frac{\sum q_1 p_1}{\sum q_0 p_0} = \frac{204}{196} = 104.08\%$$

报告期总产值比基期增加

$$\sum q_1 p_1 - \sum q_0 p_0 = 204 - 196 = 8(万元)$$

这个结果是由于产品产量和价格两个因素变动共同引起的。其中:

产品产量变动影响为

$$\frac{\sum q_1 p_0}{\sum q_0 p_0} = \frac{197}{196} = 100.51\%$$

产品产量增加使总产值增加的绝对额为

$$\sum q_1 p_0 - \sum q_0 p_0 = 197 - 196 = 1(万元)$$

产品出厂价格变动影响为

$$\frac{\sum p_1 q_1}{\sum p_0 q_1} = \frac{204}{197} = 103.55\%$$

出厂价格提高使总产值增加的绝对额为

$$\sum p_1 q_1 - \sum p_0 q_1 = 204 - 197 = 7(万元)$$

用相对数表示

$$104.08\% = 100.51\% \times 103.55\%$$

用绝对额表示

$$8\,万元 = 1\,万元 + 7\,万元$$

综上所述,该工业企业报告期的工业总产值比基期增长了 4.08%,增加额为 8 万元,是由于产品产量和出厂价格两因素发生变动共同引起的,其中产品产量增长 0.51%,使总产值增加 1 万元,出厂价格增长 3.55%,使总产值增加 7 万元。

(二)复杂总体的多因素分析

上述某工业企业三种产品总产值的变动,既受产量变动影响,又受出厂价格影响。假如我们把产量因素再分解为职工平均人数和全员劳动生产率,那么该企业总产值的变动可分解为三个因素进行分析。

开展复杂总体多因素分析时,要按如下两个原则进行。

(1)把影响复杂总体变动的各个因素,按照数量指标在前,质量指标在后的顺序进行排列。

(2)当分析某一因素对复杂总体变动的影响时,未被分析的后面诸因素要固定在基期水平,而已被分析过的前面诸因素,则要固定在报告期水平。

例 5.7 以表 5-6 资料为例,说明复杂总体的多因素分析方法。

表 5-6 某单位基期、报告期产量及价格情况表

产品名称	计量单位	产品产量				出厂价格(元)	
		职工平均人数(人)		全员劳动生产率			
		基期	报告期	基期	报告期	基期	报告期
甲	乙	T_0	T_1	L_0	L_1	p_0	p_1
A	吨	1 200	1 000	5	5	110	100
B	台	1 000	1 000	10	12	50	60
C	件	800	1 000	50	41	20	20

解:从表 5-6 可以看出,该企业总产值受到职工平均人数(T)、全员劳动生产率(L)和出厂价格(P)三个因素共同影响。指数体系如下

$$\frac{\sum T_1 L_1 P_1}{\sum T_0 L_0 P_0} = \frac{\sum T_1 L_0 P_0}{\sum T_0 L_0 P_0} \times \frac{\sum T_1 L_1 P_0}{\sum T_1 L_0 P_0} \times \frac{\sum T_1 L_1 P_1}{\sum T_1 L_1 P_0} \qquad (5-16)$$

绝对额关系如下

$$\sum T_1 L_1 P_1 - \sum T_0 L_0 P_0 = \left(\sum T_1 L_0 P_0 - \sum T_0 L_0 P_0\right) + \left(\sum T_1 L_1 P_0 - \sum T_1 L_0 P_0\right) + \left(\sum T_1 L_1 P_1 - \sum T_1 L_1 P_0\right) \tag{5-17}$$

根据表 5-6 整理计算的总产值资料如表 5-7 所示。

表 5-7 某企业基期、报告期产值计算表

产品名称	工业总产值(万元)			
	基 期	报告期	按报告期平均人数计算的基期总产值	按基期价格计算的报告期总产值
	$T_0 L_0 P_0$	$T_1 L_1 P_1$	$T_1 L_0 P_0$	$T_1 L_1 P_0$
A	66	50	55	55
B	50	72	50	60
C	80	82	100	82
合计	196	204	205	197

该企业工业总产值的动态指数为

$$\frac{\sum T_1 L_1 P_1}{\sum T_0 L_0 P_0} = \frac{204}{196} = 104.08\%$$

报告期工业总产值比基期增加额为

$$\sum T_1 L_1 P_1 - \sum T_0 L_0 P_0 = 204 - 196 = 8(万元)$$

其中,职工平均人数变动影响为

$$\frac{\sum T_1 L_0 P_0}{\sum T_0 L_0 P_0} = \frac{205}{196} = 104.59\%$$

影响绝对额为

$$\sum T_1 L_0 P_0 - \sum T_0 L_0 P_0 = 205 - 196 = 9(万元)$$

全员劳动生产率变动影响为

$$\frac{\sum T_1 L_1 P_0}{\sum T_1 L_0 P_0} = \frac{197}{205} = 96.10\%$$

影响绝对额为

$$\sum T_1 L_1 P_0 - \sum T_1 L_0 P_0 = 197 - 205 = -8(万元)$$

出厂价格变动影响为

$$\frac{\sum T_1 L_1 P_1}{\sum T_1 L_1 P_0} = \frac{204}{197} = 103.55\%$$

影响绝对额为

$$\sum T_1 L_1 P_1 - \sum T_1 L_1 P_0 = 204 - 197 = 7(万元)$$

用相对数表示

$$104.08\% = 104.59\% \times 96.10\% \times 103.55\%$$

用绝对额表示

$$8 \text{ 万元} = 9 \text{ 万元} - 8 \text{ 万元} + 7 \text{ 万元}$$

综上所述,该企业工业总产值由基期 196 万元增加到报告期的 204 万元,增加了 8 万元,增长率为 4.08%,这一结果是由于职工平均人数、全员劳动生产率和产品出厂价格三个因素共同引起的。其中,平均人数增长 4.59%,使总产值增加 9 万元;全员劳动生产率下降 3.9%,使总产值减少 8 万元;出厂价格增长 3.55%,使总产值增加 7 万元。

三因素分析弥补了两因素分析的不足,前面我们对该企业总产值变动情况做产量和价格两因素分析时,看到企业增加的 8 万元总产值中,有 1 万元是由于产量增长所致,另外 7 万元是价格增长引起的,给人的印象是两个因素都是增长的,这就把产量上升的真相掩盖了,容易给决策者成假象,使其放松对生产的管理和经济核算,通过多因素分析,再把产量进一步分解为职工平均人数和全员劳动生产率,就可看到,全厂职工平均人数报告期比基期是增加的,但劳动生产率有所下降,产量影响的 1 万元产值是由职工平均人数增加使总产值增加 9 万元和劳动生产率下降使总产值减少 8 万元所致。问题揭示清楚,便于企业加强管理,提高经济效益。

三、平均指标指数的因素分析

(一)平均指标指数的含义

从综合指数的定义上可以看出,当一个总量指标可以分解成两个因素的乘积时,就可以计算每一个因素的变动对总量的影响,这就是综合指数的含义。同样,对于平均指标来讲,我们也可以用上述方法进行分析,因为平均指标也能够分解成两个影响因素。例如,当研究某企业职工工资水平的变动时,可以计算平均工资

$$\bar{x} = \frac{\sum xf}{\sum f} \tag{5-18}$$

式中,x——每组的工资额;

f——各组的职工人数。

式(5-18)还可以写成如下形式:

$$\bar{x} = \sum x \frac{f}{\sum f} \tag{5-19}$$

式中,$f / \sum f$——各组职工的比例,即频率。

式(5-19)说明,平均工资实际上受两个因素的影响,一个是各组职工的工资水平,另一个是每组职工所占的比例,因此,类似于综合指数的定义,我们按照如下方式定义有关平均指标指数

$$\text{平均指标指数} = \frac{\bar{x}_1}{\bar{x}_0} \tag{5-20}$$

式中,x_1——报告期;

x_2——基期。

这个指数通常称为可变构成指数(简称可变指数),它反映了平均指标的实际变动情况。

$$固定结构指数 = \frac{\sum x_1 \dfrac{f_1}{\sum f_1}}{\sum x_0 \dfrac{f_1}{\sum f_1}} \qquad (5-21)$$

这个指数也称为固定构成指数,它反映了由于各组标志值的变动对总平均数的影响。

$$结构变动指数 = \frac{\sum x_0 \dfrac{f_1}{\sum f_1}}{\sum x_0 \dfrac{f_0}{\sum f_0}} \qquad (5-22)$$

这个指数也称为结构影响指数,它反映了总体内各组结构的变动对总平均数的影响。

(二)因素分析方法

由上述方法定义的有关平均指标指数,构成如下的指数体系,从相对量角度

$$\frac{\overline{x_1}}{\overline{x_0}} = \frac{\sum x_1 \dfrac{f_1}{\sum f_1}}{\sum x_0 \dfrac{f_1}{\sum f_1}} \times \frac{\sum x_0 \dfrac{f_1}{\sum f_1}}{\sum x_0 \dfrac{f_0}{\sum f_0}} \qquad (5-23)$$

即

可变指数＝固定结构指数×结构变动指数

从绝对量角度:

$$\overline{x_1} - \overline{x_0} = \left(\sum x_1 \frac{f_1}{\sum f_1} - \sum x_0 \frac{f_1}{\sum f_1} \right) + \left(\sum x_0 \frac{f_1}{\sum f_1} - \sum x_0 \frac{f_0}{\sum f_0} \right) \qquad (5-24)$$

即

平均指标的增加额＝由于变量水平的变动引起的平均指标的增加额＋由于结构的变动引起的平均指标的增加额

上述公式是对平均指标的变动进行因素分析的基础。

下面通过一个例子来说明平均指标的因素分析方法。

例 5.8 已知某企业基期和报告期职工的月工资情况如表 5-8 所示:

表 5-8　某企业职工月工资情况

工人类别	月工资额(元)		职工人数(人)		工资总额(元)		
	基期 x_0	报告期 x_1	基期 f_0	报告期 f_1	$x_0 f_0$	$x_1 f_1$	$x_0 f_1$
工种 A	700	780	48	40	33 600	31 200	28 000
工种 B	750	810	50	60	37 500	48 600	45 000
工种 C	800	830	80	80	64 000	66 400	64 000
合计	—	—	178	180	135 100	146 200	137 000

解: 首先,计算平均工资指数,来说明平均工资的变动情况:

报告期的平均工资 $\overline{x}_1 = \sum x_1 f_1 / \sum f_1 = 146\,200/180 = 812.2(元)$

基期的平均工资 $\overline{x}_0 = \sum x_0 f_0 / \sum f_0 = 135\,100/178 = 759.0(元)$

$$可变指数 = \frac{\overline{x}_1}{\overline{x}_0} = \frac{812.2}{759.0} = 107.0\%$$

$$\overline{x}_1 - \overline{x}_0 = 812.2 - 759.0 = 53.2(元)$$

其次,计算固定结构指数,说明工资水平的变动情况

$$固定结构指数 = \frac{\sum x_1 f_1 / \sum f_1}{\sum x_0 f_1 / \sum f_1} = \frac{146\,200/180}{137\,000/180} = \frac{812.2}{761.1} = 106.7\%$$

$$\frac{\sum x_1 f_1}{\sum f_1} - \frac{\sum x_0 f_1}{\sum f_1} = 812.2 - 761.1 = 51.1$$

最后,计算结构变动指数

$$结构变动指数 = \frac{\sum x_0 f_1 / \sum f_1}{\sum x_0 f_0 / \sum f_0} = \frac{137\,000/180}{135\,100/178} = 100.3\%$$

$$\sum x_0 \frac{f_1}{\sum f_1} - \sum x_0 \frac{f_0}{\sum f_0} = 761.1 - 759.0 = 2.1(元)$$

上述指数之间的关系如下

相对量角度

$$107.0\% = 106.7\% \times 100.3\%$$

绝对量角度

$$53.2 = 51.1 + 2.1$$

上述计算结果表明:从相对量角度来看,报告期职工平均工资比基期上升了 7.0%,是由于工资水平提高了 6.7% 和结构变动使平均工资上升 0.3% 两个因素共同作用的结果;从绝对量角度来看,每组平均工资提高使总的平均工资上升了 51.1 元,每组结构变动使总的平均工资上升了 2.1 元,两个因素共同作用的结果,导致总的平均工资共增加 53.2 元。

第四节　几种常用的经济指数

指数作为一种重要的经济分析指标和方法,在实践中获得了广泛应用。但在不同场合,往往需要运用不同的指数形式。一般而言,选择指数形式的主要标准应该是指数的经济分析意义,除此之外,有时还要考虑实际编制工作的可行性,以及对指数分析性质的某些特殊要求。现以国内外常见的主要经济指数为例,对指数方法的具体应用加以介绍。

一、消费者价格指数和零售物价指数

消费者价格指数(又称生活费用指数)是综合反映各种消费品和生活服务价格的变动程

度的重要经济指数。该指数可以用于分析市场物价的基本动态,调整货币工资以得到实际工资水平等。它是政府制定物价政策和工资政策的重要依据,世界各国都在编制这种指数。

我国的消费者价格指数(居民消费价格指数)是采用固定加权算术平均指数方法来编制的。其主要编制过程和特点:首先,将各种居民消费划分为八大类,包括食品、衣着、家庭设备及用品、医疗保健、交通和通信工具、文教娱乐用品、居住项目以及服务项目等,下面再划分为若干个中类和小类;其次,从以上各类中选定325种有代表性的商品项目(含服务项目)入编指数,利用有关对比时期的价格资料分别计算个体价格指数;再次,依据有关时期内各种商品的销售额构成确定代表品的比例权数,它不仅包括代表品本身的权数(直接权数),而且还包括该代表品所属的那一类商品中其他项目所具有的权数(附加权数),以此提高入编项目对于所有消费品的一般代表性程度;最后,按从低到高的顺序,采用固定加权算术平均公式,依次编制各小类、中类的消费价格指数和消费价格总指数

$$I_q = \frac{\sum i_q \cdot w}{\sum w} = \frac{\sum i_q \cdot w}{100} \tag{5-25}$$

例 5.9 给出居民消费价格指数计算表(表 5-9)。已知各大类、交通工具和通信工具中类及其代表商品(代表规格品)的有关资料(有关数据均为假设)。要求据以编制有关的价格指数,并填充表中空缺的数据。

表 5-9 某市居民消费价格指数计算表

类别及品名	规格等级	计量单位	平均价格(元)		指数(%)	权数	指数×权数
			基期	计算期			
总指数	—	—	—	—	102.69	100	—
一、食品类	—	—	—	—	104.15	42	43.743
二、衣着类	—	—	—	—	95.46	15	14.319
三、家庭设备及用品	—	—	—	—	102.70	11	11.297
四、医疗保健	—	—	—	—	110.43	3	3.313
五、交通和通信工具	—	—	—	—	98.53	4	3.941
1. 交通工具					104.37	60	62.622
摩托车	100 型	辆	8 450	8 580	101.54	45	45.693
自行车	660 米	辆	336	360	107.14	50	53.570
三轮车	普遍	辆	540	552	102.22	5	5.111
2. 通信工具	—	—	—		89.77	40	35.908
电话机	中档	部	198	176	88.88	80	71.104
BP 机	中档	部	900	840	93.33	20	18.666
六、文教娱乐用品					101.26	5	5.063
七、居住项目					103.50	14	14.490
八、服务项目					108.74	6	6.524

解:利用表 5-9 中资料和公式,依次计算各类别的消费价格指数和消费价格总指数如下。

(1)计算交通工具和通信工具两个中类的价格指数。

交通工具类指数为

$$I_p = \frac{\sum i_p \cdot w}{100} = \frac{45.693 + 53.570 + 5.111}{100} = 104.37\%$$

通信工具类指数为

$$I_p = \frac{\sum i_p \cdot w}{100} = \frac{71.104 + 18.666}{100} = 89.77\%$$

由此可以进一步计算各中类的"指数×权数"资料。

(2)计算交通和通信工具大类的价格指数

$$I_p = \frac{\sum i_p \cdot w}{100} = \frac{62.662 + 35.908}{100} = 98.53\%$$

(3)计算居民消费价格总指数

$$I_p = \frac{\sum i_p \cdot w}{100}$$

$$= \frac{43.743 + 14.319 + 11.297 + 3.313 + 3.941 + 5.063 + 14.490 + 6.524}{100}$$

$$= 102.69\%$$

我国的零售物价指数编制程序与消费者价格指数基本相同,也是采用固定加权算术平均指数公式。目前,零售物价指数的入编商品共计 353 项,其中不包括服务项目(但以往包含一部分对农村居民销售的农业生产资料,现已取消),对商品的分类方式也与消费者价格指数有所不同。这些都决定了两种价格指数在分析意义上的差别;消费者价格指数综合反映城乡居民所购买的各种消费品和生活服务的价格变动程度,零售物价指数则反映城乡市场各种零售商品(不含服务)的价格变动程度。

二、工业生产指数

工业生产指数概括反映一个国家或地区各种工业产品产量的综合变动程度,它是衡量经济增长水平的重要指标之一。世界各国都非常重视工业生产指数的编制,但采用的编制方法不完全相同。

在我国,工业生产指数是通过计算各种工业产品的不变价格产值来加以编制的。其基本编制过程:首先,对各种工业产品分别制定相应的不变价格标准(记为 p_c);其次,逐项计算各种产品的不变价格产值,加总起来就得到全部工业产品的不变价格总产值;最后,将不同时期的不变价格总产值加以对比,就得到相应时期的工业生产指数。

记 t 时期的不变价格总产值为 $\sum q_t p_c (t = 0,1,2,3,\cdots)$,则该时期的工业生产指数就是固定加权综合指数的形式

$$I_q = \frac{\sum q_t p_c}{\sum q_0 p_c}$$

或

$$I_q = \frac{\sum q_t p_c}{\sum q_{t-1} p_c} \qquad (5-26)$$

采用不变价格法编制工业生产指数的特点是,只要具备了完整的不变价格产值资料,就

能够很容易地计算出有关的生产指数,而且可以在不同层次上(如各地区、各部门、各企业等)进行编制,满足各方面的分析需要。然而,不变价格的制定和不变价格产值的计算本身却是一项非常浩繁的工作,这项工作又必须连续不断地、全面地展开,其难度可想而知,尤其是在市场经济条件下,要在整个工业生产领域内运用不变价格计算完整的产值资料,面临着很多实际的问题。因此,我国工业生产指数编制方法的改革势在必行。

与我国的情况不同,在国外,较为普遍地采用平均指数形式来编制工业生产指数。计算公式为

$$I_q = \frac{\sum i_q \cdot p_0 q_0}{\sum p_0 q_0} \qquad (5-27)$$

式中,i_q——各种工业品的个体产量指数;

$\quad p_0 q_0$——相应产品的基期增加值。

编制这种工业生产指数的目的是说明工业增中值中物量因素的综合变动程度,其分析意义与一般的工业总产量指数是有所不同的。

在实践中,为了简化指数的编制工作,常常以各种工业品的增加值比重作为权数,并且将这种比重权数相对固定起来,连续地编制各个时期的工业生产指数:

$$I_q = \frac{\sum i_q \cdot w}{\sum w} \qquad (5-28)$$

这里运用了固定加权算术平均指数。

三、股票价格指数

股票作为一种特殊的金融商品,也有价格。广义的股票价格包括票面价格、发行价格、账面价格、清算价格、内在价格、市场价格等。狭义的股票价格,即通常所说的市场价格,也称股票行市。它完全随股市供求行情变化而涨落。股票价格指数是根据精心选择的那些具有代表性和敏感性强的样本股票某时点平均市场价格计算的动态相对数,用以反映某一股市股票价格总的变动趋势。股价指数的单位习惯上用"点"表示,即以基期为100(或1 000),每上升或下降1个单位称为1点。股价指数计算的方法很多,但一般以发行量为权数进行加权综合。其公式为

$$I = \frac{\sum p_{1i} q_i}{\sum p_{0i} q_i} \qquad (5-29)$$

式中,p_{1i}、p_{0i}——分别为报告期和基期样本股的平均价格;

$\quad q_i$——第 i 种股票的报告期发行量(也有采用基期的)。

股价指数是反映证券市场行情变化的重要指标,不仅是广大证券投资者进行投资决策分析的依据,而且被视为一个地区或国家宏观经济态势的"晴雨表"。世界各地的股票市场都有自己的股票价格指数。在一个国家里,同一股市往往有不同的股票价格。下面介绍几种常见的股票价格指数。

(一)道琼斯股价平均数

道琼斯股价平均数由美国的道—琼斯公司计算并发布。自1884年第一次开始发布,迄今已有一个多世纪。它是久负盛名、影响最广泛的一种股票价格指数。

道琼斯股价平均数以在纽约交易所挂牌上市交易的一些著名大公司的股票为编制对象。最初采用简单算术平均方法计算,将采样股票价格总额除以公司数,反映的是每一公司的平均股票价格总额。为了反映每一单位平均股票价格,应将采样股票价格总和除以总股数,但考虑到增资和折股等各种非市场因素对股票总股数的影响,因此,后来采用除数修正法,即将各种采样股票价格总和除以一个修正后的除数来计算道琼斯股价平均数。除数修正公式为

$$\text{修正后的新除数} = \frac{\text{非市场因素影响后的各种采样股票理论价格之和}}{\text{非市场因素影响前各种采样股票收盘价之和}} \times \text{原先除数}$$

(5 - 30)

$$\text{道琼斯股价平均数} = \frac{\text{采样股票价格总和}}{\text{修正后的新除数}}$$

(5 - 31)

人们通常引用的道琼斯股价指数实际是一组平均数,包括以下几个。

(1)道琼斯工业股价平均数。它由美国30家著名工商业公司股票组成采样股,主要用以反映整个工商业股票的价格水平。在许多场合,也被用作道琼斯股价平均数的代表。

(2)交通运输业股价平均数。以美国20家著名的交通运输公司的股票为采样,其中有8家铁路公司、8家航空公司和4家公路货运公司。

(3)公用事业股价平均数。以美国15家最大公用事业公司的股票为采样股,反映公用事业类股票的价格水平。

(4)股价综合平均数。以上述三种股价平均数所涉及的共65家公司的股票为采样股综合得到的股价平均数,反映整个股票市场价格的变化趋势。

(二)中国香港恒生指数

1969年11月24日,香港恒生银行编制并首次公开发表香港恒生指数HSI。它是香港证券市场上最有代表性的股票价格指数。

香港恒生指数共选择了33种具有代表性的股票(成分股)为指数计算对象。其中,金融业4种、公用事业6种、地产业9种、其他行业14种。

香港恒生指数是以1964年7月31日为基期,基日指数定为100。计算公式为

$$\text{即时指数} = \frac{\text{现时成分股的总市值}}{\text{上日收市时成分股的总市值}} \times \text{上日收市指数}$$

(5 - 32)

成分股的市值是按股价乘以发行股数计算的。因此,香港恒生指数也是以股票发行量为权数的加权综合指数。

(三)中国上海证券交易所股价指数

上海证券交易所股价指数主要有上证综合指数和上证30指数。

1. 上证综合指数

上证综合指数是以1990年12月19日为基日(该日为上证所正式营业之日),基日定为100,以所有在上海证券交易所上市的股票为编制范围,采用以股票发行量为权数的综合股价指数。计算公式为

$$\text{上证综合指数} = \frac{\text{报告期市价总值}}{\text{基日市价总值}} \times 100\%$$

(5 - 33)

式中,市价总值——股票市价乘以发行股数。

基日市价总值也称为除数。

当市价总值出现非交易因素(增股、配股、汇率等)变动时,原除数需修正,以维持指数的连续可比。修正公式为

$$修正后的除数 = \frac{修正后的市价总值}{修正前的市价总值} \times 原除数 \qquad (5-34)$$

2. 上证 30 指数

上证 30 指数是以在上海证券交易所上市的 A 股中选取最具市场代表性的 30 种样本股票为计算对象,并以这 30 家流通股数为权数的加权综合股价指数,取 1996 年 1 月至 3 月的平均流通市值为指数的基期,指数以"点"为单位,基期指数定为 1 000 点。

(四)中国深圳证券交易所股价指数

深圳证券交易所股价指数有深证综合指数和深证成分股指数。

1. 深证综合指数

深证综合指数是以在深圳证券交易所上市的所有股票为对象编制的指数,1991 年 4 月 3 日为指数的基日,1991 年 4 月 4 日公布。深证综合指数是以发行量为权数,纳入指数计算范围的股票称为指数股。指数计算基本公式为

$$指数 = \frac{现时指数股总市值}{基日指数股总市值} \times 100\% \qquad (5-35)$$

若遇股市结构有所变动,其修正是用"连锁"方法计算得到的指数溯源于原有基期,以维持指数的连续性。每日连锁方法的计算公式为

$$今日即时指数 = \frac{今日即时指数股总市值}{经调整的上日指数股收市总市值} \qquad (5-36)$$

2. 深证成分股指数

深证成分股指数是以 1994 年 7 月 20 日为基日,基日指数定为 1 000,于 1995 年 1 月 23 日开始发布。深证成分股指数以流通量为权数,计算公式同深证综合指数。深证成分股指数是从上市公司中挑选出 40 家具有代表性的成分股计算,成分股选择的一般原则:①有一定上市交易日期;②有一定上市规模;③交易活跃。此外,结合考虑公司股份的市盈率,公司的行业代表性,地区、板块代表性,公司的财务状况、管理素质等。

四、产品成本指数

产品成本指数概括反映生产各种产品的单位成本水平的综合变动程度,它是企业或部门内部进行成本管理的一个有用工具。记各种产品的产量为 q,单位成本为 p,则全部可比产品(即基期实际生产过且计算期仍在生产的产品)的综合成本指数通常采用派氏公式来编制

$$P_p = \frac{\sum p_1 q_1}{\sum p_0 q_1} \qquad (5-37)$$

该指数的分子与分母之差可以表示由于单位成本水平的降低(或提高),计算期所生产的那些产品的成本总额节约(或超支)了多少。

类似地,在对成本水平实施计划管理的场合,还可以编制相应的成本计划完成情况指数,用以检查有关成本计划的执行情况。其编制方法可以采用派氏公式

$$P_p = \frac{\sum p_1 q_1}{\sum p_n q_1} \qquad (5-38)$$

式中，p_n ——计划规定的单位成本水平。

该指数的分子与分母之差，可以说明计划执行过程中所节约或超支的成本总额。

不过，在同时制订了产量计划的条件下，则应该采用拉氏公式编制成本计划完成情况指数

$$L_p = \frac{\sum p_1 q_n}{\sum p_n q_n} \qquad (5-39)$$

式中，q_n ——计划规定的产量水平。

该指数可以在兼顾产量计划的前提下来检查成本计划执行情况，即避免由于片面追求完成成本计划而破坏了产量计划。但在企业按照市场需求组织生产，没有制订产量计划，或不要求恪守产量计划指标的情况下，上面的拉氏指数就失效了。

五、空间价格指数

空间价格指数又称地域性价格指数，用于比较不同地区或国家各种商品价格的综合差异程度。它是进行地区对比和国际对比的一种重要分析工具。与动态指数不同，空间指数的编制和分析有一些特殊的要求。

假定对 A、B 两个地区进行价格比较，如果以 B 地区为对比基准，采用拉氏公式编制价格指数，得到

$$L_p^{A/B} = \frac{\sum p_A q_B}{\sum p_B q_B} \qquad (5-40)$$

反过来，如果以 A 地区为对比基准，同样采用拉氏公式编制价格指数，又得到

$$L_p^{B/A} = \frac{\sum p_B q_A}{\sum p_A q_A} \qquad (5-41)$$

那么，这两个互换对比基准的地区价格指数彼此之间是否能够保持一致呢？答案一般是否定的。举例说，假如 A 地区的价格水平比 B 地区高出 25%，即 $Lp^{A/B}=125\%$，那么反过来，B 地区的价格水平就应该比 A 地区低 20%，即 $Lp^{B/A}=\frac{1}{125\%}=80\%$。但在实际上，互换对比基准之后的两个拉氏指数之间并不存在上面的联系，即

$$L_p^{B/A} = \frac{\sum p_B q_A}{\sum p_A q_A} \neq \frac{\sum p_B q_B}{\sum p_A q_B} = \frac{1}{L_p^{A/B}} \qquad (5-42)$$

派氏价格指数也存在类似的问题。这在空间对比中是非常不利的，因为空间对比的基准往往是人为确定的，如果一种指数公式给出的结果会随着基准地区的改变而改变，那就不适合用于空间对比了。因此，人们在编制空间价格指数时常常采用埃奇沃思公式

$$E_p^{A/B} = \frac{\sum p_A (q_A + q_B)}{\sum p_B (q_A + q_B)} \qquad (5-43)$$

这样得到的对比结论不会受到对比基准变化的影响，而且，其同度量因素反映了两个对比地区的平均商品结构，具有实际经济意义。在国际经济对比中，该指数也获得了广泛的应用。

本章小结

（1）指数是指反映不能直接相加的复杂社会经济现象在数量上综合变动情况的相对数。按所反映的现象范围不同，分为个体指数和总指数；按反映的经济现象性质不同，分为数量指标指数和质量指标指数。

（2）加权综合指数是通过加权来测定一组项目的综合变动状况，分为基期变量值加权和报告期变量值加权两种形式。基期变量值加权是指在计算一组项目的综合指数时，把作为权数的各变量值固定在基期来计算指数，称为拉氏指数。报告期变量值加权是指在计算一组项目的综合指数时，把作为权数的变量值固定在报告期来计算指数，称为帕氏指数。

（3）加权平均指数是以某一时期的总量为权数对个体指数加权平均计算出来的，以基期总量为权数对个体指数加权平均计算出来的称为加权算术平均指数，以报告期总量为权数对个体指数加权平均计算出来的称为加权调和平均指数。

（4）在统计分析中，将一系列相互联系、彼此间在数量上存在推算关系的统计指数所构成的整体称为指数体系；对于社会经济现象复杂总体的变动，当确定其是由两个或两个以上因素乘积的函数时，可以开展因素分析；对两个因素进行分析称两因素分析，对两个以上因素进行分析称多因素分析。

（5）常见的经济指数有消费者价格指数、零售物价指数、产品成本指数、股票价格指数、工业生产指数等。

复习思考题

一、单项选择题

1. 按照指数的性质不同，指数可分为（ 　　 ）
    A. 个体指数和总指数 　　　　　　　　 B. 简单指数和加权指数
    C. 数量指标指数和质量指标指数 　　 D. 动态指数和静态指数

2. 在指数的概念中（ 　　 ）
    A. 简单指数是指个体指数，加权指数是指总指数
    B. 简单指数是指总指数，加权指数是指个体指数
    C. 简单指数和加权指数都是指个体指数
    D. 简单指数和加权指数都是指总指数

3. 根据指数研究的范围不同，可以把它分为（ 　　 ）
    A. 个体指数和总指数 　　　　　　　　 B. 简单指数和加权指数
    C. 综合指数和平均指数 　　　　　　　 D. 动态指数和静态指数

4. 设 p 表示商品的价格，q 表示商品的销售量，$\dfrac{\sum p_1 q_1}{\sum p_0 q_1}$ 说明了（ 　　 ）
    A. 在基期销售量条件下，价格综合变动的程度
    B. 在报告期销售量条件下，价格综合变动的程度
    C. 在基期价格水平下，销售量综合变动的程度

D. 在报告期价格水平下,销售量综合变动的程度

5. 按照个体价格指数和报告期销售额计算的价格指数是(　　)

    A. 综合指数 　　　　　　　　　　B. 平均指标指数

    C. 加权算术平均指数 　　　　　　D. 加权调和平均指数

6. 作为综合指数变形使用的平均指数,下列哪项可以作为加权平均指数的权数(　　)

    A. p_0q_0 　　　　　　　　　　　　B. p_1q_1

    C. p_0q_1 　　　　　　　　　　　　D. p_1q_0

7. 用加权平均法求总指数时,所需资料(　　)

    A. 必须是全面资料

    B. 必须是非全面资料

    C. 既可以是全面资料,也可以是非全面资料

    D. 个体指数可以用全面调查资料,权数一定用非全面资料

8. 根据指数所采用的基期不同,指数可分为(　　)

    A. 数量指标指数和质量指标指数

    B. 拉氏指数和派氏指数

    C. 环比指数和定基指数

    D. 时间指数、空间指数和计划完成指数

9. 综合指数一般是(　　)

    A. 简单指数 　　　　　　　　　　B. 加权指数

    C. 静态指数 　　　　　　　　　　D. 平均指数

10. 平均指标指数中的平均指标通常是(　　)

    A. 简单调和平均数 　　　　　　　B. 简单算术平均数

    C. 加权调和平均数 　　　　　　　D. 加权算术平均数

11. 在由三个指数所组成的指数体系中,两个因素指数的同度量因素通常(　　)

    A. 都固定在基期

    B. 都固定在报告期

    C. 一个固定在基期,一个固定在报告期

    D. 采用基期和报告期的平均

12. 某商店在价格不变的条件下,报告期销售量比基期增加10%,那么报告期商品销售额比基期增加(　　)

    A. 1% 　　　B. 5% 　　　C. 10% 　　　D. 3%

13. 在物价上涨后,同样多的人民币少购买商品3%,则物价指数为(　　)

    A. 97% 　　B. 103.09% 　　C. 3% 　　D. 109.13%

14. 某种产品报告期与基期比较产量增长26%,单位成本下降32%,则生产费用支出总额为基期的(　　)

    A. 166.32% 　　B. 85.68% 　　C. 185% 　　D. 54%

15. 若销售量增加,销售额持平,则物价指数(　　)

    A. 降低 　　B. 增长 　　C. 不变 　　D. 趋势无法确定

16. 某商店本年同上年比较,商品销售额没有变化,而各种商品价格上涨了 7%,则商品销售量增(或减)的百分比为( )

A. −6.54% B. −3% C. +6.00% D. +14.29%

二、计算题

1. 根据已给三种商品资料(见表1),对销售额的变动进行计算和分析。

表1 三种资料表

商品	计量单位	销售量		价格(元)		销售额(元)	
		基期	报告期	基期	报告期	基期	报告期
—	—	q_0	q_1	p_0	p_1	$q_0 p_0$	$q_1 p_1$
甲	千克	8 000	8 800	10.0	10.5		
乙	件	2 000	2 500	8.0	9.0		
丙	盒	10 000	10 500	6.0	6.5		
合计	—	—	—	—	—		

2. 某总厂所属两个分厂的某产品成本资料如表2所示,试分析总厂该产品平均单位成本变动受分厂成本水平及总厂产量结构变动的影响。

表2 产品成本资料表

分类	单位成本(元)		生产量(件)		总成本(元)
	x_0	x_1	f_0	f_1	
甲分厂	10.0	9.0	300	1 300	
乙分厂	12.0	12.2	700	700	
总 厂	—	—	1 000	2 000	

3. 某单位职工人数和工资总额资料如表3所示。

表3 职工人数工资情况表

指标	符号	2000 年	2001 年
工资总额(万元)	E	500	567
职工人数(人)	a	1 000	1 050
平均工资(元/人)	b	5 000	5400

要求:对该单位工资总额变动进行因素分析。

第六章

统计推断

本章介绍统计推断的内容。第一、第二节介绍统计推断的几个基本概念和数学定理。第三节介绍抽样误差。第四节介绍全及指标的推断：点估计和区间估计。第五节介绍样本容量的确定。第六节介绍假设检验。最后一节介绍 Excel 在区间估计与假设检验中的使用。

第一节　统计推断中几个基本概念

一、全及总体和抽样总体

在抽样调查中，有两种不同的总体，即全及总体和抽样总体。

(一)全及总体

全及总体简称总体，是指所要认识对象的全体，总体是由具有某种共同性质的许多单位组成的，因此，总体也就是具有同一性质的许多单位的集合体。例如，我们要研究某城市职工的生活水平，则该城市全部职工即构成全及总体。我们要研究某乡粮食亩产水平，则该乡的全部粮食播种面积即是全及总体。

全及总体按其各单位标志性质不同，可以分为变量总体和属性总体两类。构成变量总体的各个单位可以用一定的数量标志加以计量。例如，研究居民的收入水平，每户居民的收入就是它的数量标志，反映各户的数量特征。但非所有标志都是可以计量的，有的标志只能用一定的文字加以描述。例如，要研究织布厂 1 000 台织布机的完好情况，这时只能用"完好"和"不完好"等文字作为品质标志来描述各台设备的属性特征，这种用文字描写属性特征的总体称为属性总体。区分变量总体和属性总体是很重要的，由于总体不同，认识这一总体的方法也就不同。

变量总体可分为无限总体和有限总体两类。无限总体所包含的单位为无限多，因而各单位的变量也就有无限多的取值。这种无限变量又有两种情况：一种是可列的无限变量，即变量值的大小可以按照顺序一一列举直至无穷；另一种情况则是不可列的无限变量，它是一种连续变量，在任何一个区间内都有无限多的变量，不可能按顺序加以一一列举。我们所说的无限总体主要是指后一种情况来说的。有限总体所包含的单位数则是有限的，因而它的变量值也是有限的，当然可以按顺序加以一一列举。

通常全及总体的单位数用大写的英文字母 N 来表示。作为全及总体，单位数 N 即使有限，但总是很大，大到几千、几万、几十万、几百万。例如，人口总体、棉花产量总体、粮食产

量总体。对无限总体的认识只能采用抽样的方法,而对于有限总体的认识,理论上虽可以应用全面调查来收集资料,但实际上往往由于不可能或不经济而借助抽样的方法以求得对有限总体的认识。

(二)抽样总体

抽样总体简称样本,是从全及总体中随机抽取出来,代表全及总体部分单位的集合体。抽样总体的单位数通常用小写英文字母 n 表示。对于全及总体单位数 N 来说,n 是一个很小的数,它可以是 N 的几十分之一、几百分之一、几千分之一、几万分之一。一般来说,样本单位数达到或超过 30 个称为大样本,而在 30 个以下称为小样本。社会经济现象的抽样调查多取大样本,而自然实验观察则多取小样本。以很小的样本来推断很大的总体,这是抽样调查的一个特点。

如果说全及总体是唯一确定的,那么,抽样样本就完全不是这样,一个全及总体可能抽取很多个抽样总体,全部样本的可能数目和每一样本的容量有关,它也和随机抽样的方法有关。采用不同的样本容量和取样方法,样本的可能数目也有很大的差别,抽样本身是一种手段,目的在于对总体做出判断,因此,样本容量要多大,要怎样取样,样本的数目可能有多少,它们的分布又怎样,这些都是关系到对总体判断的准确程度,都需要加以认真研究。

二、全及指标和抽样指标

(一)全及指标

根据全及总体各个单位的标志值或标志特征计算的、反映总体某种属性的综合指标,称为全及指标。由于全及总体是唯一确定的,根据全及总体计算的全及指标也是唯一确定的。

不同性质的总体,需要计算不同的全及指标。对于变量总体,由于各单位的标志可以用数量来表示,所以可以计算总体平均数。

$$\overline{X} = \frac{\sum X}{N} \tag{6-1}$$

对于属性总体,由于各单位的标志不可以用数量来表示,只能用一定的文字加以描述,所以,就应该计算结构相对指标,称为总体成数。用大写英文字母 P 表示,它说明总体中具有某种标志的单位数在总体中所占的比例。变量总体也可以计算成数,即总体单位数在所规定的某变量值以上或以下的比例,视同具有或不具有某种属性的单位数比例。

设总体 N 个单位中,有 N_1 个单位具有某种属性,N_0 个单位不具有某种属性, $N_1 + N_0 = N$,P 为总体中具有某种属性的单位数所占的比例,Q 为不具有某种属性的单位数所占的比例,则总体成数为

$$P = \frac{N_1}{N} \tag{6-2}$$

$$Q = \frac{N_0}{N} = \frac{N - N_1}{N} = 1 - P \tag{6-3}$$

此外,全及指标还有总体方差 σ^2 和总体标准差 σ,它们都是测量总体标志值分散程度的指标。

$$\sigma^2 = \frac{\sum (X - \bar{X})^2}{N} \qquad (6-4)$$

$$\sigma = \sqrt{\frac{\sum (X - \bar{X})^2}{N}} \qquad (6-5)$$

(二)抽样指标

由抽样总体各个标志值或标志特征计算的综合指标称为抽样指标。与全及指标相对应的还有抽样平均数 $\bar{x}$、抽样成数 p、样本标准差 S 和样本方差 S^2 等。$\bar{x}$ 和 p 用小写英文字母表示,以示区别。样本平均数为

$$\bar{x} = \frac{\sum x}{n} \qquad (6-6)$$

设样本 n 个单位中有 n_1 个单位具有某种属性,n_0 个单位不具有某种属性,$n_1 + n_0 = n$,p 为样本中具有某种属性的单位数所占的比例,q 为不具有某种属性的单位数所占的比例,则抽样成数为

$$p = \frac{n_1}{n}, q = \frac{n_0}{n} = \frac{n - n_1}{n} = 1 - p \qquad (6-7)$$

样本的方差和样本标准差分别为

$$S^2 = \frac{\sum (x - \bar{x})^2}{n} \qquad (6-8)$$

$$S = \sqrt{\frac{\sum (x - \bar{x})^2}{n}} \qquad (6-9)$$

由于一个全及总体可以抽取许多个样本,样本不同,抽样指标的数值也就不同,因此抽样指标的数值不是唯一确定的。实际上抽样指标是样本变量的函数,它本身也是随机变量。

三、重置抽样与不重置抽样

(一)重置抽样

重置抽样,又称有放回的抽样,是指从全及总体 N 个单位中随机抽取一个容量为 n 的样本,每次抽中的单位经登录其有关标志表现后又放回总体中重新参加下一次的抽选。每次从总体中抽取一个单位,可看作一次试验,连续进行 n 次试验就构成了一个样本。因此,重置抽样的样本是经 n 次相互独立的连续试验形成的。每次试验均是在相同的条件下完全按照随机原则进行的。

(二)不重置抽样

不重置抽样,又称无放回的抽样,是指从全及总体 N 个单位中随机抽取一个容量为 n 的样本,每次抽中的单位登录其有关标志表现后不再放回总体中参加下一次的抽选。经过连续 n 次不重置抽选单位构成样本,实质上相当于一次性同时从总体中抽中 n 个单位构成样本。上一次的抽选结果会直接影响到下一次抽选,因此,不重置抽样的样本是经 n 次相互联系的连续试验形成的。

四、抽样框与样本数

(一)抽样框

抽样框,又称抽样结构,是指对可以选择作为样本的总体单位列出名册或排序编号,以确定总体的抽样范围和结构。设计出了抽样框后,便可采用抽签的方式或按照随机数表来抽选必要的单位数。若没有抽样框,则不能计算样本单位的概率,从而也就无法进行概率选样。

(二)样本数

样本数,又称样本的可能数目,是指从总体 N 个单位中随机抽选 n 个单位构成样本,通常有多种抽选方法,每一种抽选方法实际上是 n 个总体单位的一种排列组合,一种排列组合便构成一个可能的样本,n 个总体单位的排列组合总数,称为样本的可能数目。

第二节 大数定律与中心极限定理

抽样推断的理论基础主要是概率论的极限定理中的大数定律与中心极限定理。

一、大数定律

大数定律是指在随机试验中,每次出现的结果不同,但是大量重复试验出现的结果的平均值几乎总是接近于某个确定的值。其原因是,在大量的观察试验中,由于个别的、偶然的因素影响而产生的差异将会相互抵消,从而使现象的必然规律性显示出来。例如,观察个别或少数家庭的婴儿出生情况,发现有的生男,有的生女,没有一定的规律性,但是通过大量的观察就会发现,男婴和女婴占婴儿总数的比例均会趋于50%。

大数定律有若干个表现形式。这里仅介绍其中常用的两个重要定律。

(一)切比雪夫大数定律

设 $x_1, x_2, \cdots$ 是一列两两相互独立的随机变量,服从同一分布,且存在有限的数学期望 a 和方差 σ^2,则对任意小的正数 ε,有

$$\lim_{n \to \infty} P\left(\left| \frac{\sum\limits_{i=1}^{n} x_i}{n} - a < \varepsilon \right| \right) = 1 \qquad (6-10)$$

该定律的含义是:当 n 很大,服从同一分布的随机变量 $x_1, x_2, \cdots, x_n$ 的算术平均数 $\dfrac{\sum\limits_{i=1}^{n} x_i}{n}$ 将依概率接近于这些随机变量的数学期望。

将该定律应用于抽样调查,就会有如下结论:随着样本容量 n 的增加,样本平均数将接近于总体平均数。从而为统计推断中依据样本平均数估计总体平均数提供了理论依据。

(二)伯努利大数定律

设 μ_n 是 n 次独立试验中事件 A 发生的次数,且事件 A 在每次试验中发生的概率为 P,则对任意正数 ε,有

$$\lim_{n\to\infty}P\left(\left|\frac{\mu_n}{n}-p<\varepsilon\right|\right)=1 \tag{6-11}$$

该定律是切比雪夫大数定律的特例,其含义是,当 n 足够大时,事件 A 出现的频率将几乎接近于其发生的概率,即频率具有稳定性。

在抽样调查中,用样本成数去估计总体成数,其理论依据即在于此。

二、中心极限定理

大数定律揭示了大量随机变量的平均结果,但没有涉及随机变量的分布的问题。而中心极限定理说明的是在一定条件下,大量独立随机变量的平均数是以正态分布为极限的。中心极限定理也有若干个表现形式,这里仅介绍其中四个常用定理。

(一)辛钦中心极限定理

设随机变量 $x_1,x_2,\cdots,x_n$ 相互独立,服从同一分布且有有限的数学期望 a 和方差 σ^2,则随机变量 $\overline{x}=\dfrac{\sum\limits_{i=1}^{n}x_i}{n}$,在 n 无限增大时,服从参数为 a 和 $\dfrac{\sigma^2}{n}$ 的正态分布即 $n\to\infty$ 时

$$\overline{x}\sim N(a,\frac{\sigma^2}{n}) \tag{6-12}$$

将该定理应用到抽样调查,就有这样一个结论:如果抽样总体的数学期望 a 和方差 σ^2 是有限的,无论总体服从什么分布,从中抽取容量为 n 的样本时,只要 n 足够大,其样本平均数的分布就趋于数学期望为 a、方差为 σ^2/n 的正态分布。

(二)德莫佛-拉普拉斯中心极限定理

设 μ_n 是 n 次独立试验中事件 A 发生的次数,事件 A 在每次试验中发生的概率为 P,则当 n 无限大时,频率 μ_n / n 趋于服从参数为 $\left[p,\dfrac{p(1-p)}{n}\right]$ 的正态分布。即

$$\frac{\mu_n}{n}\sim N(p,\frac{p(1-p)}{n}) \tag{6-13}$$

该定理是辛钦中心极限定理的特例。在抽样调查中,不论总体服从什么分布,只要 n 充分大,那么频率就近似服从正态分布。

(三)李亚普洛夫中心极限定理

设 $x_1,x_2,\cdots,x_n,\cdots$ 是一个相互独立的随机变量序列,它们具有有限的数学期望和方差:$a_k=E(X_k),b_k^2=D(X_K)(k=1,2,\cdots,n,\cdots)$。

记 $B_n^2=\sum\limits_{k=1}^{n}b_k^2$,如果能选择这一个正数 $\delta>0$,使当 $n\to\infty$ 时,

$\dfrac{1}{B_n^{2+\delta}}\sum\limits_{k=1}^{n}E\left|x_k-a_k\right|^{(2+\delta)}\to0$,则对任意的 x 有

$$P\left\{\frac{1}{B_n}\sum_{k=1}^{n}(x_k-a_k)<x\right\}\rightarrow\frac{1}{\sqrt{2\pi}}\int_{-\infty}^{x}e^{-\frac{t^2}{2}}dt \qquad (6-14)$$

该定理的含义是,如果一个量是由大量相互独立的随机因素影响所造成的,而每一个别因素在总影响中所起的作用不很大,则这个量服从或近似服从正态分布。

(四)林德贝尔格定理——勒维中心极限

设 $x_1,x_2,\cdots,x_n,\cdots$ 是一个相对独立的随机变量序列,它们具有有限的数学期望和方差 $a_k=E(x_k)$,$b_k^2=D(x_k)$ 满足条件,则当 $n\rightarrow\infty$ 时,对任意的 x,有

$$\lim_{n\rightarrow\infty}P\left\{\frac{1}{B_n}\sum_{k=1}^{n}(x_k-a_k)<x\right\}\rightarrow\frac{1}{\sqrt{2\pi}}\int_{-\infty}^{x}e^{-\frac{t^2}{2}}dt \qquad (6-15)$$

第三节 抽 样 误 差

一、抽样误差的概念

当总体指标未知时,往往要安排一次抽样调查,然后用抽样调查所获得的抽样指标的观察值作为总体指标的估计值。这种处理方法是存在一定误差的,我们把抽样指标与所要估计的总体指标之间的差值称为抽样误差。抽样误差的大小能够说明抽样指标估计总体指标是否可行、抽样效果是否理想等调查性问题。常见的抽样误差有抽样平均数与总体平均数之差 $(\bar{x}-\bar{X})$、抽样成数与总体成数之差 $(p-P)$。

例如,某年级 100 名同学的平均体重 $\bar{X}=55$ kg,现随机地抽取 10 名同学为样本,其平均体重 $\bar{x}=52$ kg。若用 52 kg 估计 55 kg,则误差为 $52-55=-3$(kg),如果重新抽取 10 名同学,若测得 $\bar{x}=57$ kg,则其误差为 2 kg。这种只抽取部分样本而产生的误差,都被称为抽样误差。

由本例不难看出,抽样误差既是一种随机性误差,也是一种代表性误差。说其是代表性误差,是因为利用总体的部分资料推算总体时,不论样本选取有多么公正,设计多么完善,总还是一部分单位而不是所有单位,产生误差是无法避免的。说其是随机性误差,是指按随机性原则抽样时,由于抽样的不同,会得到不同的抽样指标值,由此产生的误差值各不相同。抽样误差中的代表性误差是抽样调查本身所固有的、无法避免的误差,但随机性误差则可利用大数定律精确地计算并能够通过抽样设计程序加以控制。

抽样误差不包括下面两类误差:一类是调查误差,即在调查过程中由于观察、测量、登记、计算上的差错而引起的误差;另一类是系统性误差,即由于违反抽样调查的随机原则,有意抽选较好单位或较坏单位进行调查,这样造成样本的代表性不足所引起的误差。这两类误差都属于思想、作风、技术等问题,所以是可以防止和避免的。

二、影响抽样误差的因素

(一)抽样单位数的多少

由于总体内各元素之间总存在着差异,在其他条件不变的情况下,大量观察总比小量观察易于发现总体规律或特征,因此样本容量越大越能代表总体特征,抽样误差就越小。反之,样本容量越小,抽样误差就可能越大。

(二)总体各单位标志值的差异程度

总体内各单位标志的差异程度愈小,或总体的标准差愈小,在其他条件给定下,则抽样误差就愈小。反之,抽样误差就愈大。

(三)抽样方法不同

抽样方法不同,抽样误差也不同。一般来说,重复抽样的误差比不重复抽样的误差要大。

(四)抽样的组织形式不同

选择不同的抽样组织形式,也会有不同的抽样误差。

三、抽样平均误差

一个总体可能抽取很多个样本,因此样本指标(样本平均数、样本成数等)就有不同的数值,它们与总体指标(总体平均数、总体成数等)的离差(即抽样误差)也就不同。抽样平均误差就是反映抽样误差一般水平的指标,通常用样本平均数(或样本成数)的标准差来表示。

(一)样本平均数的平均误差

以 μ_x 表示样本平均数的平均误差,σ 表示总体的标准差。根据定义

$$\mu_x^2 = E(\overline{X} - \overline{X})^2 \tag{6-16}$$

(1)当抽样方式为重复抽样时,样本标志值 $x_1, x_2, \cdots, x_n$ 是相互独立的,样本变量 x 与总体变量 X 同分布。所以得

$$\mu_x^2 = \frac{\sigma^2}{n} \tag{6-17}$$

它说明在重复抽样的条件下,抽样平均误差与总体标准差成正比,与样本容量的平方根成反比。

例 6.1 有 5 个工人的日产量分别为(单位:件)6、8、10、12、14,用重复抽样的方法,从中随机抽取 2 个工人的日产量,用以代表这 5 个工人的总体水平。则抽样平均误差为多少?

解:根据题意可得

$$\overline{X} = \frac{6 + 8 + 10 + 12 + 14}{5} = 10 (件)$$

总体标准差 $\sigma = \dfrac{\sqrt{\sum (X - \overline{X})^2}}{\sqrt{N}} = \dfrac{\sqrt{40}}{\sqrt{5}} = \sqrt{8}(件)$

$\therefore$ 抽样平均误差 $\mu_x = \dfrac{\sigma}{\sqrt{n}} = \dfrac{\sqrt{8}}{\sqrt{2}} = 2$（件）

（2）当抽样方式为不重复抽样时，样本标志值 $x_1, x_2, \cdots, x_n$ 不是相互独立的，根据数理统计知识可知

$$\mu_x = \sqrt{\frac{\sigma^2}{n}\left(\frac{N-n}{N-1}\right)} \qquad\qquad (6-18)$$

当总体单位数 N 很大时，这个公式可近似表示为

$$\mu_x = \sqrt{\frac{\sigma^2}{n}\left(1 - \frac{n}{N}\right)} \qquad\qquad (6-19)$$

与重复抽样相比，不重复抽样平均误差是在重复抽样平均误差的基础上，再乘以 $\sqrt{(N-n)/(N-1)}$，而 $\sqrt{(N-n)/(N-1)}$ 总是小于 1，所以不重复抽样的平均误差也总是小于重复抽样的平均误差。如前例，若改用不重复抽样方法，则抽样平均误差为

$$\mu_x = \sqrt{\frac{\sigma^2}{n}\left(\frac{N-n}{N-1}\right)} = \sqrt{\frac{8}{2}\left(\frac{5-2}{5-1}\right)} = 1.732（件）$$

在计算抽样平均误差时，通常得不到总体标准差的数值，一般可以用样本标准差来代替总体标准差。

（二）样本成数的平均误差

总体成数 P 可以表现为总体是非标志的平均数，即 $E(X) = P$，它的标准差 $\sigma = \sqrt{P(1-P)}$。

根据样本平均误差和总体标准差的关系，可以得到样本成数的平均误差的计算公式。

（1）在重复抽样下，其计算公式为

$$\mu_p = \sigma/\sqrt{n} = \sqrt{\frac{P(1-P)}{n}} \qquad\qquad (6-20)$$

（2）在不重复抽样下，其计算公式为

$$\mu_p = \sqrt{\frac{\sigma^2}{n}\left(\frac{N-n}{N-1}\right)} = \sqrt{\frac{P(1-P)}{n}\left(\frac{N-n}{N-1}\right)} \qquad\qquad (6-21)$$

当总体单位数 N 很大时，可近似地写成

$$\mu_p = \sqrt{\frac{P(1-P)}{n}\left(1 - \frac{n}{N}\right)} \qquad\qquad (6-22)$$

当总体成数未知时，可以用样本成数来代替。

例 6.2　某企业生产的产品，按正常生产经验，合格率为 90%，现从 5 000 件产品中抽取 50 件进行检验，求合格率的抽样平均误差。

解：根据题意，在重复抽样条件下，合格率的抽样平均误差为

$$\mu_p = \sqrt{\frac{P(1-P)}{n}} = \sqrt{\frac{0.9 \times 0.1}{50}} = 4.24\%$$

在不重复抽样条件下，合格率的抽样平均误差为：

$$\mu_p = \sqrt{\frac{P(1-P)}{n}\left(1 - \frac{n}{N}\right)} = \sqrt{\frac{0.9 \times 0.1}{50}\left(1 - \frac{50}{5\,000}\right)} = 4.22\%$$

四、抽样极限误差

抽样极限误差,又称置信区间和抽样允许误差范围,是指在一定的把握程度(P)下保证样本指标与总体指标之间的抽样误差不超过某一给定的最大可能范围,记作 Δ。作为样本的随机变量——抽样指标值($\bar{x}$ 或 p),是围绕以未知的唯一确定的全及指标真值($\bar{X}$ 或 P)为中心上下波动,它与全及指标值可能会产生正或负离差,这些离差均是抽样指标的随机变量,因而难以避免,只能将其控制在预先要求的误差范围(Δ_x 或 Δ_p)内。

$$|\bar{x} - \bar{X}| \leqslant \Delta_x$$
$$|p - P| \leqslant \Delta_p$$

由于 Δ_x 和 Δ_p 是预先给定的抽样方案中所允许的误差范围,因此利用 Δ_x 和 Δ_p 可以反过来估计未知的全及指标的取值可能的范围。解上述两个绝对值不等式便可得

$$\bar{x} - \Delta_x \leqslant \bar{X} \leqslant \bar{x} + \Delta_x$$
$$p - \Delta_p \leqslant P \leqslant p + \Delta_p$$

例 6.3　例如,要估计北京北站整车到达货物的平均运送时间。从交付的全部整车货票共 26 193 批中,用不重复抽样抽取 2 718 批货票。若允许的抽样极限误差 $\Delta_x = 0.215$(天),经计算知所抽取的每批货物平均运送时间为 $\bar{X} = 5.64$(天),那么北京北站整车到达货物的平均运送时间区间估计为(5.64−0.125,5.64+0.125),即在 5.515—5.765 天。

例 6.4　资料同上,若要估计北京北站整车到达货物的逾期运到率(报告期内超过规定货物运到期限运到的货物批数/货物的到达总批数),从随机抽取的 2 718 批货票中,计算得抽样逾期到率为 6.43%,所确定的抽样极限误差为 $\Delta_p = 0.642\%$,由此可得北京北站总体的逾期运到率的区间估计是(6.43%−0.642%,6.43%+0.642%)。

五、抽样估计的概率度、精度和可靠程度

(一)抽样估计的概率度

抽样极限误差 Δ 是单个样本值与总体指标值之间的绝对离差,而抽样平均误差 μ 是所有可能样本值与总体指标值之间的平均离差,用抽样极限误差与抽样平均误差相比,从而使由单一样本值得到的抽样极限误差标准化,这样可称为抽样标准极限误差,但通常称其为概率度(t)或相对误差范围。

$$t = \frac{\Delta_x}{\mu_x} = \frac{|\bar{x} - \bar{X}|}{\frac{\sigma}{\sqrt{n}}} \tag{6-23}$$

$$t = \frac{\Delta_p}{\mu_p} = \frac{|p - P|}{\sqrt{\frac{P(1-P)}{n}}} \tag{6-24}$$

由此可知,标准正态分布变量 t 服从标准正态概率分布。

(二)抽样估计的精度

为了比较不同现象总体的抽样误差程度,必须消除总体规模大小悬殊的影响,通常还需计算抽样误差系数,抽样误差系数记作 Δ',反映了抽样误差的相对程度。其计算公式为

$$\Delta'_x = \frac{\Delta_x}{\overline{x}} \qquad (6-25)$$

$$\Delta'_p = \frac{\Delta_p}{p} \qquad (6-26)$$

则抽样估计精度(A)公式为

$$A_x = 1 - \Delta'_x \qquad (6-27)$$

$$A_p = 1 - \Delta'_p \qquad (6-28)$$

(三)抽样估计的可靠程度

置信区间的测定总是在一定的概率保证程度下进行的,因为既然抽样误差是一个随机变量,就不能指望抽样指标落在置信区间内成为必然事件,只能视为一个可能事件,这样就必定要用一定的概率来给予保证。抽样误差的可能范围是估计的准确性问题,而保证抽样指标落在抽样误差的可能范围之内则是估计的可靠性问题。所以抽样估计可靠程度又称置信度。具体地说,置信区间是以一定的概率把握程度确定总体指标所在的区间的。置信度是总体指标落在某个区间的概率把握程度。

抽样估计的可靠程度,即概率用 P 表示,P 是 t 的函数。而 $p = F(t)$ 表明概率分布是概率度 t 的函数。确定抽样估计的可靠程度,就是要确定抽样平均数($\overline{x}$)或抽样成数(p)落在置信区间($\overline{x}-\Delta_x$, $\overline{x}+\Delta_x$)或($P-\Delta_p$, $P+\Delta_p$)中的概率 P。$F(t)$ 的函数形式为

$$P(|\overline{x}-\overline{X} \leqslant t\mu_x|) = F(t)$$
$$P(|p-P \leqslant t\mu_p|) = F(t)$$

由此可知,t 增大,Δ 也增大,即 $t\mu$ 增大,这表明所要求的误差范围增大,说明从总体中随机抽取一个样本,其样本值落在这个较大的置信区间内可能性或把握性 P 愈大;反之,t 减小,Δ 也减小,即 $t\mu$ 减小,这表明所要求的误差范围减小,说明从总体中随机抽取一个样本,其样本值落在这个较小的置信区间内的可能性或把握性愈小。

应用标准正态分布概率表,可以得出抽样指标落在置信区间内的置信度。

$$F(1) = P\{|\overline{x}-\overline{X}| \leqslant 1\mu_{\overline{x}}\} = 68.27\%$$

$$F(2) = P\{|\overline{x}-\overline{X}| \leqslant 2\mu_{\overline{x}}\} = 95.45\%$$

$$F(3) = P\{|\overline{x}-\overline{X}| \leqslant 3\mu_{\overline{x}}\} = 99.73\%$$

下面将常用的概率保证程度即概率面积与对应的概率度列入表 6-1 中。

表 6-1　常用概率面积、概率度对应表

概率面积 $F(t)$	概率度 t	概率面积 $F(t)$	概率度 t
0.682 7	1.00	0.954 5	2.00
0.799 5	1.28	0.99	2.58
0.866 4	1.50	0.997 3	3.00
0.90	1.64	0.999 94	4.00
0.950 0	1.96	0.999 999	5.00

第四节　全及指标推断

全及指标的推断是指对总体平均数 $\overline{X}$ 和总体成数 P 推断估计的问题。抽样调查的直接目的,就是推断 $\overline{X}$ 、 P ,然后结合总体单位数 N 去推算总体的有关标志总量。总体指标的推断有点估计和区间估计两种方法。

一、点估计

点估计也称定值估计,它是以抽样得到的样本指标作为总体指标的估计量,并以样本指标的实际值直接作为总体未知参数的估计值的一种推断方法。点估计的方法有矩估计法、顺序统计量法、最大似然法、最小二乘法等。这里仅介绍最为简单、直观又常用的矩估计法。

(一)矩估计法

在统计学中,矩是指以期望为基础而定义的数字特征,一般分为原点矩和中心矩。

设 X 为随机变量,对任意正整数 k ,称 $E(X^k)$ 为随机变量 X 的 k 阶原点矩,记为

$$m_k = E(X^k)$$

当 $k=1$ 时, $m_1 = E(X) = \mu$ 。

可见一阶原点矩为随机变量 X 的数学期望。

我们把 $C_k = E[X - E(X)]^k$ 称为以 $E(X)$ 为中心的 k 阶中心矩。

显然,当 $k=2$ 时, $C_2 = E[X - E(X)]^2 = \sigma^2$ 。

可见二阶中心矩为随机变量 X 的方差。

例 6.5　已知某种灯泡的寿命 $X \sim N(\mu, \sigma^2)$,其中, μ , σ^2 都是未知的,今随机取得 4 只灯泡,测得寿命(单位:小时)为 1 502、1 453、1 367、1 650,试估计 μ 和 σ 。

解:因为 μ 是全体灯泡的平均寿命, $\overline{x}$ 为样本的平均寿命,很自然地会想到用 $\overline{x}$ 去估计 μ ;同理用 S 去估计 σ 。由于

$$\overline{x} = \frac{1}{4}(1\,502 + 1\,453 + 1\,367 + 1\,650) = 1\,493$$

$$S^2 = \frac{(1\,502 - 1\,493)^2 + (1\,453 - 1\,493)^2 + (1\,367 - 1\,493)^2 + (1\,650 - 1\,493)^2}{4-1}$$

$$= 1\,4068.7$$

$$S = 118.61$$

故 μ 及 σ 的估计值分别为 1 493 小时及 118.61 小时。

矩估计法简便、直观,比较常用,但是矩估计法也有其局限性。首先,它要求总体的 k 阶原点矩存在,若不存在则无法估计;其次,矩估计法不能充分地利用估计时已掌握的有关总体分布形式的信息。

通常设 θ 为总体 X 的待估计参数,一般用样本 $X_1, X_2, \cdots, X_n$ 构成一个统计量 $\hat{\theta} =$

$\hat{\theta}(X_1, X_2, \cdots X_n)$ 来估计 θ，则称 $\hat{\theta}$ 为 θ 的估计量。对于样本的一组数值 $x_1, x_2, \cdots, x_n$，估计量 $\hat{\theta}$ 的值 $\hat{\theta}(x_1, x_2, \cdots, x_n)$ 称为 θ 的估计值。于是点估计即是寻求一个作为待估计参数 θ 的估计量 $\hat{\theta}(x_1, x_2, \cdots, x_n)$ 的问题。但是必须注意，对于样本的不同数值，估计值是不相同的。

如在例 6-5 中，我们分别用样本平均数和样本修正方差来估计总体数学期望和总体均方差，即有

$$\hat{\mu} = \hat{\mu}(X_1, X_2, \cdots, X_n) = \frac{1}{n} \sum_{i=1}^{n} X_i = \overline{X} \tag{6-29}$$

$$\hat{\sigma} = \hat{\sigma}(X_1, X_2, \cdots X_n) = \sqrt{\frac{\sum_{i=1}^{n} (X_i - \overline{X})^2}{n-1}} = S \tag{6-30}$$

其对应于给定的估计值 $\hat{\mu} = \overline{x} = 1\,493$ 小时，$\hat{\sigma} = S = 118.61$ 小时。

(二)点估计的优良性准则

样本统计量，如样本均值 $\overline{x}$，样本标准差 S，样本成数如何用于对相应总体参数 μ、σ 和 p 的点估计值。直观上，这些样本统计量对相应总体参数的点估计值是很有吸引力的。然而，在用一个样本统计量作为点估计量之前，统计学应检验说明这些样本统计量是否具有某些与好的点估计量相联系的性质。本节我们讨论好的点估计量的性质：无偏性、有效性和一致性。

由于有许多不同的样本统计量用作总体不同参数的点估计量，本节我们采用如下的一般记号。

θ —— 所感兴趣的总体参数；

$\hat{\theta}$ —— 样本统计量或 θ 的点估计量。

θ 代表一总体的参数，如总体均值、总体标准差和总体比率等；$\hat{\theta}$ 代表相应的样本统计量，如样本均值、样本标准差和样本比率。

1. 无偏性

如果样本统计量的数学期望等于所估计的总体参数的值，该样本统计量称作总体参数的无偏估计量。无偏性的定义如下：

如果

$$E(\hat{\theta}) = \theta$$

式中，$E(\hat{\theta})$ —— 样本统计量 $\hat{\theta}$ 的数学期望

则称样本统计量 $\hat{\theta}$ 是总体参数 θ 的无偏估计。

因此，样本无偏统计量的所有可能值的期望值或均值等于被估计的总体参数。

2. 有效性

假定含 n 个元素的一个简单随机样本用于给出同一总体参数的两个不同的无偏点估计量。这时，我们偏好于用标准差较小的点估计量，因为它给出的估计值与总体参数更接近。有较小标准差的点估计量称作比其他点估计量有更好的相对效率。

3. 一致性

与一个好的点估计相联系的第三个性质为一致性。粗略地讲，当样本容量更大时，点估

计量的值更接近于总体参数,该点估计量是一致的。换言之,大样本比小样本趋于接进一个更好的点估计。注意到对样本均值 $\bar{x}$,我们证明标准差 $\sigma_{\bar{x}} = \sigma / \sqrt{n}$ 。由于 $\sigma_{\bar{x}}$ 与样本容量相关,较大的样本容量得到的 $\sigma_{\bar{x}}$ 的值更小,我们得出大样本容量趋于给出的点估计更接近于总体均值 μ 。在这个意义上,我们可以说样本均值是总体均值 μ 的一个一致估计量。

但由于在实际抽样调查中一次只是随机抽取一个样本,导致估计值会因样本的不同而不同,甚至产生很大的差异。因此,点估计是一种估计或推断,其缺点是既没有解决参数估计的精确问题,也没有考虑估计的可靠性程度,只有区间估计才能解决这两个问题。不过,由于点估计直观、简单,对于那些要求不太高的判断和分析,可以使用此种方法。

二、区间估计

(一)区间估计的思想

区间估计就是以一定的概率保证估计包含总体参数的一个值域,即根据样本指标和抽样平均误差推断总体指标的可能范围。它包括两部分内容:一是这一可能范围的大小,二是总体指标落在这个可能范围内的概率。区间估计既说清估计结果的准确程度,同时表明这个估计结果的可靠程度,所以区间估计是比较科学的,它是本节阐述的重点。

用样本指标来估计总体指标,要达到 100% 的准确而没有任何误差,几乎是不可能的,所以在估计总体指标时就必须同时考虑估计误差的大小。从主观愿望上看,人们总是希望花较少的钱取得较好的效果,也就是说希望调查费用和调查误差越小越好。但是,在其他条件不变的情况下,缩小抽样误差就意味着增加调查费用,它们是一对矛盾。因此,在进行抽样调查时,应该根据研究目的和任务以及研究对象的标志变异程度,科学确定允许的误差范围。

区间估计必须同时具备三个要素,即具备估计值、抽样极限误差和概率保证程度三个基本要素。抽样误差范围决定了抽样估计的准确性,概率保证程度决定了抽样估计的可靠性,二者密切联系,但同时是一对矛盾,所以,对估计的精确度和可靠性的要求应慎重考虑。

在实际抽样调查中,区间估计根据给定的条件不同,有两种估计方法:①给定极限误差,要求对总体指标做出区间估计;②给定概率保证程度,要求对总体指标做出区间估计。

例6.6 某企业对某批电子元件进行检验,随机抽取 100 只,测得平均耐用时间为 1 000 小时,标准差为 50 小时,合格率为 94%,求:

(1)以耐用时间的允许误差范围 $\Delta_x = 10$ 小时,估计该批产品平均耐用时间的区间及其概率保证程度。

(2)以合格率估计的误差范围不超过 2.45%,估计该批产品合格率的区间及其概率保证程度。

(3)试以 95% 的概率保证程度,对该批产品的平均耐用时间做出区间估计。

(4)试以 95% 的概率保证程度,对该批产品的合格率做出区间估计。

解:求(1)的计算步骤:

① 求样本指标:

由于 $\bar{x} = 1\,000$ 小时,$\sigma = 50$ 小时,则

$$\mu_x = \frac{\sigma}{\sqrt{n}} = \frac{50}{\sqrt{100}} = 5(\text{小时})$$

② 根据给定的 $\Delta_x=10$ 小时,计算总体平均数的上、下限:

下限 $\qquad \overline{x}-\Delta_x=1\,000-10=990$(小时)

上限 $\qquad \overline{x}+\Delta_x=1\,000+10=1\,010$(小时)

③ 根据 $t=\Delta_x/\mu_x=10/5=2$,查概率表得 $F(t)=95.45\%$。

由以上计算结果,估计该批产品的平均耐用时间为 $990\sim1\,010$ 小时,有 95.45% 的概率保证程度。

求(2)的计算步骤:

① 求样本指标:

由于 $p=94\%$,则

$$\sigma_p^2=p(1-p)=0.94\times0.06=0.056\,4$$

$$\mu_p=\sqrt{\frac{p(1-p)}{n}}=\sqrt{\frac{0.0564}{100}}=2.38\%$$

② 根据给定的 $\Delta_p=2.45\%$,求总体合格率的上、下限:

下限 $\qquad p-\Delta_p=94\%-2.45\%=91.55\%$

上限 $\qquad p+\Delta_p=94\%+2.45\%=96.45\%$

③ 根据 $t=\Delta_p/\mu_p=2.45\%/2.38\%=1.03$,查概率表得 $F(t)=69.70\%$。

由以上计算结果,估计该批产品的合格率为 $91.55\%\sim96.45\%$,有 69.70% 的概率保证程度。

求(3)的计算步骤:

① 求样本指标:

由于 $\overline{x}=1\,000$ 小时,$\sigma=50$ 小时,则

$$\mu_x=\frac{\sigma}{\sqrt{n}}=\frac{50}{\sqrt{100}}=5$$(小时)

② 根据给定的 $F(t)=95\%$,查概率表得 $t=1.96$。

③ 根据 $\Delta_x=t\times\mu_x=1.96\times5=9.8$,计算总体平均耐用时间的上、下限:

下限 $\qquad \overline{x}-\Delta_x=1\,000-9.8=990.2$(小时)

上限 $\qquad \overline{x}+\Delta_x=1\,000+9.8=1\,009.8$(小时)

所以,以 95% 的概率保证程度估计该批产品的平均耐用时间为 $990.2\sim1\,009.8$ 小时之间。

求(4)的计算步骤:

① 求样本指标:

由于 $p=94\%$,则

$$\sigma_p^2=p(1-p)=0.94\times0.06=0.056\,4$$

$$\mu_p=\sqrt{\frac{p(1-p)}{n}}=2.37\%$$

$$\Delta_P=t\cdot\mu_p=1.96\times2.37\%=0.046$$

② 根据给定的 Δ_p

下限 $\qquad p-\Delta p=94\%-4.6\%=89.4\%$

上限　　　　　　　　$p+\Delta_p=94\%+4.6\%=98.6\%$。

所以,以 95% 的概率保证程度估计该批产品的合格率为 89.4%~98.6%。

(二)当 σ^2 已知时,求 μ 的置信区间

例 6.7　　某种零件的长度服从正态分布,从该批产品中随机抽取 9 件,测得它们的平均长度为 21.4 毫米,已知总体标准差为 $\sigma=0.15$ 毫米,试建立该种零件平均长度的置信区间,假定给定置信水平为 0.95。

解:已知 $X\sim N(\mu,0.15^2)$,$\bar{x}=21.4$,$n=9$,$1-\alpha=0.95$,因为

$$U=\frac{\bar{x}-\mu}{\sqrt{\sigma^2/n}}\sim N(0,1)$$

所以对于给定的置信水平 0.95,有

$$P\left\{-U_{\alpha/2}<\frac{\bar{x}-\mu}{\sqrt{\sigma^2/n}}<+U_{\alpha/2}\right\}=0.95$$

当 $\alpha=0.05$ 时,$U_{\alpha/2}=1.96$,于是有

$$P\left\{21.4-1.96\frac{0.15}{\sqrt{9}}<\mu<21.4+1.96\frac{0.15}{\sqrt{9}}\right\}=0.95$$

即总体均值的置信区间为 [21.302,21.498]。

即有 95% 的概率保证该种零件的平均长度为 21.302~21.498 毫米。

例 6.8　　某保险公司自投保人中随机抽取 36 人,计算出此 36 人的平均年龄 $\bar{x}=39.5$ 岁,已知投保人年龄分布近似正态分布,标准差为 7.2 岁,试求所有投保人平均年龄的置信区间($1-\alpha=99\%$)。

解:已知,$X\sim N(\mu,7.2^2)$,$\bar{x}=39.5$ 岁,$n=36$,$1-\alpha=0.99$,则

$$U=\frac{39.5-\mu}{\sqrt{7.2^2/36}}\sim N(0,1)$$

当 $\alpha=0.01$,有 $U_{\alpha/2}=U_{0.01/2}=U_{0.005}=2.575$,所以

$P\left\{39.5-2.575\sqrt{7.2^2/36}<\mu<39.5+2.575\sqrt{7.2^2/36}\right\}=0.99$,即总体的置信区间为 [36.41,42.59]。有 99% 的把握保证投保人的平均年龄为 36~42 岁。

(三)当 σ^2 未知时,求 μ 的置信区间

不知道总体方差时,可用样本方差来代替,这时,需要考虑的问题是用样本方差代替总体方差后,统计量 $T=(\bar{X}-\mu)/\sqrt{S^2/n}$ 服从的是什么分布,以下定理给出了统计量 T 的分布形式。

定理:设 $x_1,x_2,\cdots,x_n(n\geqslant2)$ 是来自总体 $N(\mu,\sigma^2)$ 的一个样本,则

$$T=\frac{\bar{x}-\mu}{\sqrt{S^2/n}}\sim t(n-1)$$

t 分布具有如下特性。

(1)t 分布与标准正态分布相似,是以 $x=0$ 为对称轴的钟形对称分布,取值范围是($-\infty,+\infty$),但是 t 分布的方差大于 1,比标准正态分布的方差大。所以从分布曲线看,t 分布的曲线较标准正态分布平缓。

（2）t 分布的密度函数为

$$f(x) = \frac{\Gamma(\frac{n+1}{2})}{\Gamma(\frac{n}{2})\sqrt{n\pi}}(1 + \frac{x^2}{n})^{-\frac{n+1}{2}}, -\infty < x < +\infty$$

t 分布的密度函数中只有一个参数，称为自由度。如果随机变量 X 具有以上形式的分布密度，则称 X 服从自由度为 n 的 t 分布，记为 $X \sim t(n)$。随着自由度的增大，t 分布的变异程度逐渐减小，其方差逐渐接近 1，当 $n \to \infty$ 时，t 分布成为正态分布。

（3）随机变量 X 落在某一区域内的概率，等于 t 分布曲线下，相应区域的面积，对于不同的 n，同样的区域下的概率不同，见附表二，如：$n = 10$，X 落入 $[-1.372, +1.372]$ 区间的概率为 0.9；而当 $n = 20$ 时，概率为 0.9 所对应的区间为 $[-1.325, +1.325]$；当 $n = 30$ 时，概率为 0.9 所对应的区间为 $[-1.31, +1.31]$。

关于 t 分布的特性就讨论到此，现在回到如何应用 t 分布求解置信区间的问题，既然定理已经证明了统计量 $(\bar{x} - \mu)/\sqrt{S^2/n}$ 服从 $n - 1$ 个自由度的 t 分布，则对于给定的显著性水平 α，不难找出 $t_{\alpha/2}(n-1)$，使得 $P\{-t_{\alpha/2}(n-1) \leqslant (\bar{x} - \mu)/\sqrt{S^2/n} \leqslant t_{\alpha/2}(n-1)\} = 1 - \alpha$。于是得到以 $1 - \alpha$ 置信水平保证的置信区间

$$[\bar{x} - t_{\alpha/2}(n-1)\sqrt{S^2/n}, \bar{x} + t_{\alpha/2}(n-1)\sqrt{S^2/n}] \tag{6-31}$$

例 6.9　某研究机构进行了一项调查来估计吸烟者一月花在抽烟上的平均支出，假定吸烟者买烟的月支出近似服从正态分布。该机构随机抽取了容量为 26 的样本进行调查，得到样本平均数为 80 元，样本标准差为 20 元，试以 95% 的把握估计全部吸烟者月均烟钱支出的置信区间。

解：已知 $\bar{x} = 80$，$S = 20$，$n = 26$，$1 - \alpha = 0.95$，由于不知道总体方差，因用样本方差代替。因为

$$T = (\bar{x} - \mu)/\sqrt{S^2/n} \sim t(n-1), \frac{S}{\sqrt{n}} = \frac{20}{\sqrt{26}} = 3.92$$

根据 $\alpha = 0.05$，查阅 t 分布表得，$t_{0.05/2}(25) = 2.06$。

所以有 $P\{\bar{x} - t_{0.05/2}(25)\frac{S}{\sqrt{26}} < \mu < \bar{x} + t_{0.05/2}(25)\frac{S}{\sqrt{26}}\} = \{80 - 2.06(3.92) < \mu < 80 + 2.06(3.92)\} = 0.95$，即总体的置信区间为 $[71.92, 88.08]$。

有 95% 的把握认为吸烟者月均烟钱支出在 71.92~88.08 元。

例 6.10　从某大学本科生中随机抽选 100 人，调查到他们平均每天参加体育锻炼的时间为 35 分钟，样本标准差为 6 分钟，根据以往调查记录，学生参加体育锻炼的时间近似服从正态分布，试以 99% 的概率估计该校本科生平均参加体育锻炼的时间。

解：已知 X 服从正态分布，且 $\bar{x} = 35$，$S = 6$，$n = 100$，$1 - \alpha = 0.99$，不知总体方差用样本方差代替，所以统计量服从 $t(n-1)$ 分布，查表得，$t_{0.01/2}(99) \approx 2.63$，则有总体均值的置信区间为

$$[\bar{x} - t_{\alpha/2}(n-1)\sqrt{S^2/n}, \bar{x} + t_{\alpha/2}(n-1)\sqrt{S^2/n}]$$
$$= [35 - 2.63(6/10), 35 + 2.63(6/10)]$$
$$= [33.422, 36.578]$$

有 99% 的把握认为该校全体本科生平均每天参加体育锻炼的时间为 33.422～36.578 分钟。

(四)单个非正态总体或总体分布未知,求 U 的置信区间

当总体为非正态分布,或不知总体的分布形式时,只要知道总体方差,则根据林德伯格—列维中心极限定理,当 n 很大时,统计量 $\eta=\dfrac{\bar{X}-E(X_1)}{\sqrt{D(X_1)/n}}$ 就近似服从标准正态分布,经验上,$n>30$ 就可以认为是大样本了。

例 6.11 设某金融机构共有 8 042 张应收账款单,根据过去记录,所有应收账款的标准差为 3 033.4 元。现随机抽查了 250 张应收款单,得平均应收款为 3 319 元,求 98% 置信水平的平均应收款。

解:已知 $\bar{x}=3\,319$ 元,$n=250>30$,$1-\alpha=0.98$,$\sigma=3\,033.4$,因为 $\bar{x}$ 近似服从标准正态分布,$U_{\alpha/2}=U_{0.02/2}=2.33$,则总体均值的置信区间为

$$\left[\bar{x}-U_{\alpha/2}\sqrt{\sigma^2/n},\bar{x}+U_{\alpha/2}\sqrt{\sigma^2/n}\right]$$
$$=[3\,319-2.33(3\,033.4/\sqrt{250}),3\,319+2.33(3\,033.4/\sqrt{250})]$$
$$=[2\,871.99,3\,766]$$

根据调查结果,我们有 98% 的把握认为全部账单的平均金额至少为 2 871.99 元,至多为 3 766 元。

以上例题虽然不知总体分布形式,但总体的方差是已知的,而在实际中往往并不知道总体的方差,在实际应用中,只要是大样本,则仍然可以用样本方差代替统计量 η 中的总体方差,并以标准正态分布近似作为统计量 η 的抽样分布。

例 6.12 某地区抽查了 400 户农民家庭的人均化纤布的消费量,得到平均值为 3.3 米,标准差为 0.9 米,试以 95% 的置信水平估计该地区农民家庭人均化纤布的消费量。

解:因为 $n=400$ 是大样本,则有

$$U_{\alpha/2}=U_{0.025}=1.96,\frac{S}{\sqrt{n}}=\frac{0.98}{\sqrt{400}}=0.049$$

$P\{3.3-1.96(0.049)<\mu<3.3+1.96(0.049)\}=P\{3.204<\mu<3.396\}=0.95$
置信区间为 $[3.204,3.396]$。

所以,有 95% 的把握认为该地区农民化纤布的消费量为 3.204～3.396 米。

例 6.13 某无线电广播公司要估计某市 65 岁以上已退休的人中一天时间里收听广播的时间,随机抽取了一个容量为 200 的样本,得到样本平均数为 110 分钟,样本标准差为 30 分钟,试估计总体均值 95% 的置信区间。

解:已知 $\bar{x}=110$ 分钟,$n=200>30$,$S=30$,$1-\alpha=0.95$,$U_{\frac{\alpha}{2}}=U_{0.025}=1.96$,则有置信区间

$$\left[110-1.96\frac{30}{\sqrt{200}},110+1.96\frac{30}{\sqrt{200}}\right]=[105.84,114.16]$$

所以,有 95% 的把握认为该市 65 岁以上已退休的人每天收听无线电广播的时间为 105.84～114.16 分钟。

第五节　样本容量的确定

在参数区间估计的讨论中,估计值 $\hat{\theta}$ 和总体的参数 θ 之间存在着一定的差异,这种差异是由样本的随机性产生的。在样本容量不变的情况下,若要增加估计的可靠度,置信区间就会扩大,估计的精度就降低了。若要在不降低可靠性的前提下,增加估计的精确度,就只有扩大样本容量。当然,增大样本容量要受到人力、物力和时间等条件的限制,所以需要在满足一定精确度的条件下,尽可能恰当地确定样本容量。

一、影响样本容量的因素

(一)总体的变异程度(总体方差 σ^2)

在其他条件相同的情况下,有较大方差的总体,样本的容量应该大一些,反之则应该小一些。例如,在正态总体均值的估计中,抽样平均误差为 $\sigma/\sqrt{n}$,它反映了样本均值相对于总体均值的离散程度。所以,当总体方差较大时,样本的容量也相应要大,这样才会使较 $\sigma/\sqrt{n}$ 小,以保证估计的精确度。

(二)允许误差的大小

允许误差指允许的抽样误差,记为 $|\hat{\theta}-\theta|=\Delta_\theta$ 。例如,样本均值与总体均值之间的允许误差可以表示为 $|\bar{X}-\mu|=\Delta_x$,允许误差以绝对值的形式反映了抽样误差的可能范围,所以又称为误差。

允许误差说明了估计的精度,所以在其他条件不变的情况下,如果要求估计的精度高,允许误差就小,那么样本容量就要大一些;如要求的精确度不高,允许误差可以大些,则样本容量可以小一些。

(三)概率保证度 $1-\alpha$ 的大小

概率保证度说明了估计的可靠程度。所以,在其他条件不变的情况下,如果要求较高的可靠度,就要增大样本容量;反之,可以相应减少样本容量。

(四)抽样方法不同

在相同的条件下,重复抽样的抽样平均误差比不重复抽样的抽样平均误差大,所需要的样本容量也就不同。重复抽样需要更大的样本容量,而不重复抽样的样本容量则可小一些。

此外,必要的抽样数目还要受抽样组织方式的影响,这也是因为不同的抽样组织方式有不同的抽样平均误差。

二、样本容量的确定方法

(一)估计总体均值的样本容量

在总体均值的区间估计里,置信区间是由式(6-32)确定的:

$$\overline{X} \mp U_{\alpha/2} \frac{\sigma}{\sqrt{n}} \tag{6-32}$$

例如,对于正态总体以及非正态总体大样本时,都是以它为置信区间。

从图 6-1 中可以看到,从估计量 x 的取值到点 $U_{\alpha/2} \frac{\sigma}{\sqrt{n}}$ 的距离实际上为置信区间长度的 $\frac{1}{2}$。这段距离表示在一定置信水平 $1-\alpha$ 下,用样本均值估计总体均值时所允许的最大绝对误差即允许误差 Δ。显然,若以 x 的取值为原点,则允许误差 Δ 可以表示为

$$\Delta_x = U_{\alpha/2} \frac{\sigma}{\sqrt{n}} \tag{6-33}$$

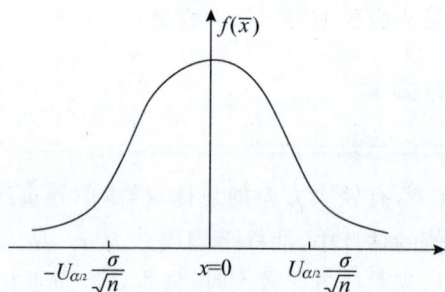

图 6-1　允许误差示意

式(6-33)反映了允许误差 Δ、可靠性系数 $U_{\alpha/2}$、总体标准差 σ 与样本容量之间的相互制约关系。只要这四个因素中的任意三个因素确定后,另一个因素也就确定了。

在重复抽样条件下,把允许误差 Δ 的计算公式 $\Delta = U_{\alpha/2} \frac{\sigma}{\sqrt{n}}$ 变形整理,则得到样本容量的计算公式

$$n = \frac{U_{\alpha/2}^2 \sigma^2}{\Delta_x^2} \tag{6-34}$$

在不重复抽样的条件下,抽样允许误差为 $\Delta_x = |\overline{X} - \mu| = \mu_{\alpha/2} \sqrt{\frac{\sigma^2}{n}(1 - \frac{n}{N})}$,因此变形后得到不重复抽样条件下的样本容量公式为

$$n = \frac{\mu_{\alpha/2}^2 \sigma^2 N}{(\Delta_x)^2 N + \mu_{\alpha/2}^2 \sigma^2} \tag{6-35}$$

例 6.14　某食品厂要检验本月生产的 10 000 袋某产品的重量,根据以往的资料,这种产品每袋重量的标准差为 25 克。如果要求在 95.45% 的置信度下,平均每袋重量的误差不超过 5 克,应抽查多少袋产品?

解:由题意可知 $N = 10\ 000$,$\sigma = 25$ 克,$\Delta_x = 5$ 克,根据置信度 $1-\alpha = 95.45\%$,有 $\mu_{\alpha/2} = 2$。在重复抽样的条件下

$$n = \frac{\mu_{\alpha/2}^2 \sigma^2}{(\Delta_x)^2} = \frac{2^2 \times 25^2}{5^2} = 100 \text{(袋)}$$

在不重复抽样条件下

$$n = \frac{\mu_{a/2}^2 \sigma^2 N}{(\Delta_x)^2 N + \mu_{a/2}^2 \sigma^2} = \frac{2^2 \times 25^2 \times 10\ 000}{5^2 \times 10\ 000 + 2^2 \times 25^2} = 99(袋)$$

由计算结果可知:在其他条件相同的情况下,重复抽样所需的样本容量大于不重复抽样所需的样本容量。

在计算样本容量时,必须知道总体的方差,而在实际抽样调查前,往往总体的方差是未知的。在实际操作时,可以用过去的资料,若过去曾有若干个方差,应该选择最大的,以保证抽样估计的精确度;也可以进行一次小规模的调查,用调查所得的样本方差来替代总体的方差。

(二)估计总体成数时的样本容量

估计总体成数时样本容量的确定方法与估计总体均值是一样的,设 $\Delta_p = |P - p|$ 为允许误差,在 $1-a$ 的置信度下,重复抽样条件下有

$$\Delta_p = |P - p| = \mu_{a/2}\sqrt{\frac{P(1-P)}{n}} \tag{6-36}$$

解上面的方程可得重复抽样条件下样本容量的公式为

$$n = \frac{\mu_{a/2}^2 P(1-P)}{\Delta_p^2} \tag{6-37}$$

同理可得不重复抽样条件下的样本容量公式为

$$n = \frac{\mu_{a/2}^2 P(1-P)}{(\Delta_p)^2 N + \mu_{a/2}^2 P(1-P)} \tag{6-38}$$

在估计成数时,计算样本容量需要总体的成数,但是总体的成数通常是未知的,在实际抽样调查时,可先进行小规模的试调查求得样本的成数来代替。也可用历史的资料,如果有若干个成数可供选择,则应选择最靠近 50% 的成数,使样本成数的方差最大,以保证估计的精确度。

例 6.15 为了检查某企业生产的 10 000 个显像管的合格率,需要确定样本的容量。根据以往经验合格率为 90%,91.7%。如果要求估计的允许误差不超过 $0.027\ 5$,置信水平为 95.45%。求应该取多少只显像管?

解 根据资料,我们应该选择 $P = 0.9$ 计算样本容量,根据置信水平 $0.954\ 5$,有 $\mu_{a/2} = 2$,$\Delta_p = |P - p| = 0.027\ 5$

重复抽样条件下,样本容量为

$$n = \frac{\mu_{a/2}^2 P(1-P)}{\Delta_p^2} = \frac{2^2 \times 0.9 \times (1-0.9)}{0.027\ 5} = 476.03 \approx 477$$

不重复抽样条件下,样本容量为

$$n = \frac{\mu_{a/2}^2 P(1-P) N}{\Delta_p^2 N + \mu_{a/2}^2 P(1-P)} = \frac{2^2 \times 0.9 \times (1-0.9) \times 1\ 000}{0.027\ 5^2 \times 10\ 000 + 2^2 \times 0.9 \times (1-0.9)} = 454.40 \approx 455$$

从计算的结果可以看出,重复抽样应该抽 477 件检验,而不重复抽样应该抽 455 件,可见,在相同条件下,重复抽样需要的样本容量更大。

第六节 假 设 检 验

假设检验是抽样推断的一个重要内容。所谓假设检验,就是事先对总体参数或总体分布形式做出一个假设,然后利用样本信息来判断原假设是否合理,即判断样本信息与原假设是否有显著差异,从而决定应接受或拒绝原假设。例如,对于某机器设备,生产工艺改变后,要检验新工艺对产品的某个主要指标是否有影响时,就需要抽样检验总体的某个参数(如均值、方差等)是否等于改变工艺前的参数值,这类问题就属于假设检验问题。

假设检验可分为两类:一是参数假设检验;二是非参数检验或自由分布检验,主要是总体分布形式的假设检验。本书只讨论几种重要的参数检验。

一、假设检验一般问题

(一)假设检验的基本思想

先通过一个例子来说明假设检验的基本思想。

例 6.16 某企业生产一种零件,过去的大量资料表明,零件的平均长度为 4 厘米,标准差为 0.1 厘米。改革工艺后,抽查了 100 个零件,测得样本平均长度为 3.94 厘米。现问:工艺改革前后零件的长度是否发生了显著的变化?

解:这是关于工艺改革前后零件的平均长度(总体平均数)是否等于 4 的假设检验问题。我们知道,样本平均长度与原平均长度出现差异不外乎两种可能:一是改革后的总体平均长度不变,但抽样的随机性使样本平均数与总体平均数之间存在抽样误差;二是由于工艺条件的变化,总体平均数发生了显著的变化。因此可以这样推断:如果样本平均数与总体平均数之间的差异不大,未超出抽样误差范围,则认为总体平均数不变;反之,如果样本平均数与总体平均数之间的差异超出了抽样误差范围,则认为总体平均数发生了显著的变化。

由上面例子可以看出,假设检验是对调查人员所关心的却又是未知的总体参数先做出假设,然后抽取样本,利用样本提供的信息对假设的正确性进行判断的过程。

(二)假设检验的步骤

1. 提出原假设和备择假设

对每个假设检验问题,一般可同时提出两个相反的假设:原假设和备择假设。原假设又称零假设,是正待检验的假设,记为 H_0;备择假设是拒绝原假设后可供选择的假设,记为 H_1。原假设和备择假设是相互对立的,检验结果二者必取其一。接受 H_0 则必须拒绝 H_1;反之,拒绝 H_0 则必须接受 H_1。

原假设和备择假设不是随意提出的,应根据所检验问题的具体背景而定。常常是采取"不轻易拒绝原假设"的原则,即把没有充分理由不能轻易否定的命题作为原假设,而相应地把没有足够把握就不能轻易肯定的命题作为备择假设。

一般地,假设有三种形式:

（1）$H_0 : \mu = \mu_0 ; H_1 : \mu \neq \mu_0$。这种形式的假设检验称为双侧检验,如例6.16中可提出假设:$H_0 : \mu = 4$ 厘米;$H_1 : \mu \neq 4$ 厘米。

（2）$H_0 : \mu = \mu_0 ; H_1 : \mu < \mu_0$（或 $H_0 : \mu \geq \mu_0 ; H_1 : \mu < \mu_0$）。这种形式的假设检验称为左侧检验。

（3）$H_0 : \mu = \mu_0 ; H_1 : \mu > \mu_0$（或 $H_0 : \mu \leq \mu_0 ; H_1 : \mu > \mu_0$）。这种形式的假设检验称为右侧检验。

左侧检验和右侧检验统称为单侧检验。采用哪种假设,要根据所研究的实际问题而定。如果对所研究问题只需判断有无显著差异或要求同时注意总体参数偏大或偏小的情况,则采用双侧检验。如果所关心的是总体参数是否比某个值偏大（或偏小）,则宜采用单侧检验。在例6.16中,如果我们在乎的是零件长度是否比原来有所缩短,则可采用单侧检验,即 $H_0 : \mu = 4$ 厘米（或 $H_0 : \mu \geq 4$ 厘米;$H_1 : \mu < 4$ 厘米）。

2. 选择适当的统计量,并确定其分布形式

在参数的假设检验中,如同在参数估计中一样,要借助样本统计量进行统计推断。用于假设检验问题的统计量称为检验统计量。在具体问题里,选择什么统计量作为检验统计量,需要考虑的因素与参数估计相同。例如,用于进行检验的样本是大样本还是小样本,总体方差已知还是未知。在不同的条件下应选择不同的检验统计量。

3. 选择显著性水平 α,确定临界值

显著性水平表示 H_0 为真时拒绝 H_1 的概率。假设检验是围绕对水平假设内容的审定而展开的。如果原假设正确我们接受了（同时就拒绝了替换假设）,或原假设错误我们拒绝了（同时也就接受了替换假设）,这表明我们做出了正确的决定。但是,由于假设检验是根据样本提供的信息进行推断的,我们也就有犯错误的可能。有这样一种情况,原假设正确,而却把它当成错误的加以拒绝。犯这种错误的概率用 α 表示,统计上把 α 称为假设检验中的显著性水平（Significant Level）,也就是决策中所面临的风险。所以,显著性水平是指当原假设为正确时人们却把它拒绝了的概率或风险。这个概率是由人们确定的,通常取 $\alpha = 0.05$ 或 $\alpha = 0.01$,这表明,当做出接受原假设的决定时,其正确的可能性（概率）为95%或99%,即拒绝原假设所冒的风险,用 α 表示。假设检验应用小概率事件实际极少发生的原理,这里的小概率就是指 α。给定了显著性水平,就可由有关的概率分布表查得临界值,从而确定 H_0 的接受区域和拒绝区域。临界值就是接受区域和拒绝区域的分界点。

对于不同形式的假设,H_0 的接受区域和拒绝区域也有所不同。双侧检验的拒绝区域位于统计量分布曲线的两侧,左侧检验的拒绝区域位于统计量分布曲线的左侧,右侧检验的拒绝区域位于统计量分布曲线的右侧,如图6-2所示。

4. 做出结论

根据样本资料计算出检验统计量的具体值,并用以与临界值比较,做出接受或拒绝原假设 H_0 的结论。如果检验统计量的值落在拒绝区域内,说明样本所描述的情况与原假设有显著性差异,应拒绝原假设;反之,则接受原假设。

（三）假设检验的小概率原理

假设检验的基本思想是应用小概率的原理。所谓小概率原理,是指发生概率很小的随机事件在一次实验中是几乎不可能发生的。根据这一原理,可以做出是否接受原假设的决

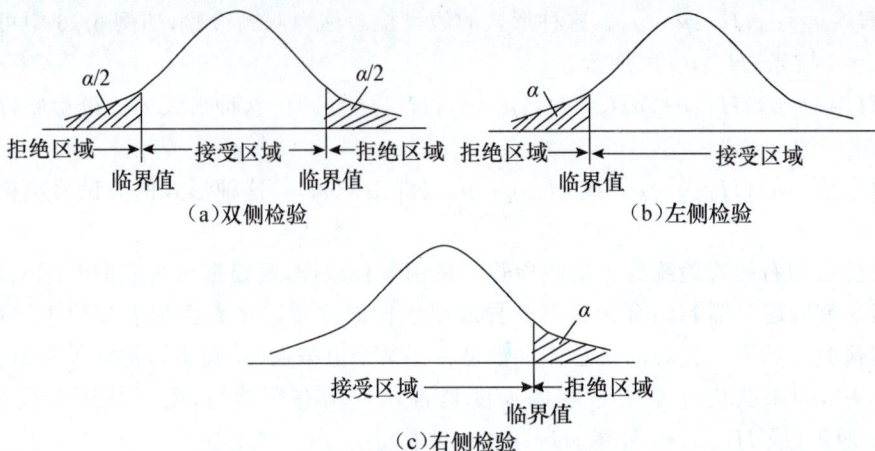

图 6-2　假设检验的接受区域和拒绝区域

定。例如,有一个厂商声称其产品的合格率很高,可以达到 99%,那么从一批产品(如 100 件)中随机抽取 1 件,这一件恰好是次品的概率就非常小,只有 1%。如果厂商的宣称是真的,随机抽取 1 件是次品的情况就几乎是不可能发生的。但如果这种情况确实发生了,我们就有理由怀疑原来的假设,即产品中只有 1% 次品的假设是否成立,这时就可以推翻原来的假设,可以做出厂商的宣称是假的这样一个推断。我们进行推断的依据就是小概率原理。当然,推断也可能会犯错误,即这 100 件产品中确实只有 1 件是次品,而恰好在一次抽取中被抽到了。所以这个例子中犯这种错误的概率是 1%,也就是说我们在冒 1% 的风险做出厂商宣称是假的这样一个推断。由此也可以看出,这里的 1% 正是前面所说的显著性水平。

二、总体均值、比例的假设检验

(一)总体均值的假设检验

1.总体方差已知时对正态总体均值的假设检验

设总体 $X \sim N(\mu, \sigma^2)$,总体方差 σ^2 为已知,$(x_1, x_2, \cdots, x_n)$ 为总体的一个样本,样本均值数为 $\bar{x}$。现在的问题是对总体均值 μ 进行假设检验。$H_0: \mu = \mu_0$(或 $\mu \leqslant \mu_0$、$\mu \geqslant \mu_0$)。

根据抽样分布定理,样本平均数 $\bar{x}$ 服从 $N(\mu, \sigma^2/n)$,所以,如果 H_0 成立时,检验统计量 U 及其分布为

$$U = \frac{\bar{x} - \mu_0}{\sigma / \sqrt{n}} \sim N(0, 1)$$

利用服从正态分布的统计量 U 进行的假设检验称为 U 检验法。根据已知的总体方差、样本容量 n 和样本平均数 $\bar{x}$,计算出检验统计量 U 的值。对于给定的检验水平,查正态分布表可得临界值,将所计算的 U 值与临界值比较,便可做出检验结论。

例 6.17　根据过去大量资料,某厂生产的产品的使用寿命服从正态分布 $N(1\,020, 100^2)$。现从最近生产的一批产品中随机抽取 16 件,测得样本平均寿命为 1\,080 小时。试在 0.05 的显著性水平下判断这批产品的使用寿命是否有显著提高?

解:根据题意,提出假设:$H_0: \mu = 1\,020$;$H_1: \mu > 1\,020$,

检验统计量 $U = \dfrac{\bar{x} - \mu_0}{\sigma / \sqrt{n}} = \dfrac{1080 - 1020}{100 / \sqrt{16}} = 2.4$,

由 $\alpha=0.05$，查表得临界值 $U_{0.05}=1.645$，

由于 $U=2.4>U_\alpha=1.645$，所以应拒绝 H_0 而接受 H_1，即这批产品的使用寿命确有显著提高。

2.总体方差未知时对正态总体均值的假设检验

设总体 $X\sim N(\mu,\sigma^2)$，但总体方差 σ^2 未知，此时对总体均值的检验不能用上述 U 检验法，因为此时的检验统计量 U 中包含了未知参数 σ。为了得到一个不含未知参数的检验统计量，很自然会用总体方差的无偏估计量——样本方差 S^2 来代替 σ^2，于是得到 T 统计量。根据上述内容已知道，检验统计量 T 及其分布为

$$T=\frac{\bar{x}-\mu_0}{S/\sqrt{n}}\sim t(n-1) \tag{6-39}$$

利用服从 t 分布的统计量去检验总体均值的方法称为 T 检验法。其具体做法是，根据题意提出假设（与 U 检验法中的假设形式相同）；构造检验统计量 T 并根据样本信息计算其具体值；对于给定的检验水平 α，由附录二查得临界值；将所计算的 t 值与临界值比较，做出检验结论。

双侧检验时，若 $|T|>t_{\alpha/2}$，则拒绝 H_0，接受 H_1。

左侧检验时，若 $T<-t_\alpha$，则拒绝 H_0，接受 H_1。

右侧检验时，若 $T>t_\alpha$，则拒绝 H_0，接受 H_1。

例 6.18　从长期的资料可知，某厂生产的某种电子元件服从均值为 200 小时、标准差未知的正态分布。通过改变部分生产工艺后，抽得 10 件做样本得数据（小时）：202、209、213、198、206、210、195、208、200、207。试在 0.05 的显著性水平下，判断这批产品的平均值是否有所提高。

解：根据题意，检验目的是考察电子元件的平均值数据是否有所提高。因此，可建立如下假设：

$$H_0:\mu=200;H_1:\mu>200$$

根据已知数据求得 $\bar{x}=204.8$，$S=5.789$。

检验统计量为

$$T=\frac{\bar{x}-\mu_0}{S/\sqrt{n}}=\frac{204.8-200}{5.789/\sqrt{10}}=2.622$$

由 $\alpha=0.05$，查表得临界值 $t_\alpha(n-1)=t_{0.05}(10-1)=1.8331$。

由于 $|T|=2.622>t_\alpha(n-1)=1.8331$，因此拒绝 H_0 接受 H_1，即可以接受"在新工艺下，这种电子元件的平均值有所提高的假设"。

T 检验法适用于小样木情况下总体方差未知时对正态总体均值的假设检验。随着样本容量 n 的增大，t 分布趋近于标准正态分布。所以大样本情况下（$n>30$），总体方差未知时对正态总体均值 μ 的假设检验通常近似采用 U 检验法。同理，大样本情况下非正态总体均值的检验也可用 U 检验法。因为，根据大样本的抽样分布定理，总体分布形式不明或为非正态总体时，样本平均数趋近于正态分布。这时，检验统计量 U 中的总体标准差 σ 用样本标准差 S 来代替。

（二）总体比例的假设检验

由比例的抽样分布定理可知，样本比例服从二项分布，因此可由二项分布来确定对总体比例进行假设检验的临界值，但其计算往往十分烦琐。大样本情况下，二项分布近似服从正

态分布。因此,对总体比例的检验通常是在大样本条件下进行的,根据正态分布来近似确定临界值,即采用 U 检验法。其检验步骤与均值检验时的步骤相同,只是检验统计量不同。

首先,提出待检验的假设

$$H_0:P=P_0;H_1:P \neq P_0(或 P < P_0,P > P_0)$$

检验统计量为

$$U=\frac{p-P_0}{\sqrt{\dfrac{p(1-p)}{n}}} \sim N(0,1) \qquad\qquad (6-40)$$

例 6.19 调查人员在调查某企业的主要生产线时,被告知性能良好、生产稳定,产品合格率可达 99%。调查人员随机抽查了 200 件产品,其中 195 件产品合格,判断厂方的宣称是否可信($\alpha=10\%$)。

解:依题意,可建立如下假设

$$H_0:P=0.99;H_1:P \neq 0.99$$

样本比例 $p=\dfrac{m}{n}=\dfrac{195}{200}=0.975$

由于样本容量相当大,因此可近似采用 U 检验法

$$U=\frac{p-P_0}{\sqrt{\dfrac{p(1-p)}{n}}}=\frac{0.975-0.99}{\sqrt{\dfrac{0.975 \times 0.025}{200}}}=-1.359$$

给定 $\alpha=0.1$,查附录一得 $\mu_{\alpha/2}=\mu_{0.05}=1.645$。

由于 $|U| < \mu_{\alpha/2}$,应接受原假设,即认为厂方的宣称是可信的。

第七节 Excel 区间估计与假设检验

一、CONFIDENCE(置信区间)函数

CONFIDENCE(Alpha,Standard-Dev,Size)即返回总体平均值的置信区间。

Alpha(即 α)是用于计算置信度的显著水平参数。置信度等于($1-\alpha$),亦即,如果 α 为 0.05,则置信度为 0.95。

Standard-dev 是数据区域的总体标准差,假设为已知(实际中,总体标准差未知时通常用样本标准差代替)。

Size 是样本容量(即 n)。

如果假设 α 等于 0.05,则需要计算标准正态分布曲线($1-\alpha=0.95$)之下的临界值,查附录一知其临界值为 ± 1.96。因此置信区间为

$$\overline{x} \pm 1.96(\frac{\sigma}{\sqrt{n}})$$

以某厂对一批产品的质量进行抽样检验为例,抽样数据和要求如下:采用重复抽样抽取

样品 200 只,样本优质品率为 85％,试计算当把握程度为 90％时优质品率的允许误差。我们可以在 Excel 中分别在:

(1)B1 单元格中输入样本容量 200;

(2)B2 单元格中输入样本比率 85％;

(3)在 B3 单元格中输入计算样本比率的标准差公式"＝SQRT(B2 * (1－B))";

(4)在 B4 单元格输入 α 为 10％;

(5)在 B5 单元格中输入表达式:"CONFIDENCE(B4,B3,B1)",即得到 $Z_{\alpha/2}\sqrt{\dfrac{p(1-p)}{n}}$ 等于 4.15％。

CONFIDENCE 函数的应用如图 6-3 和图 6-4 所示。

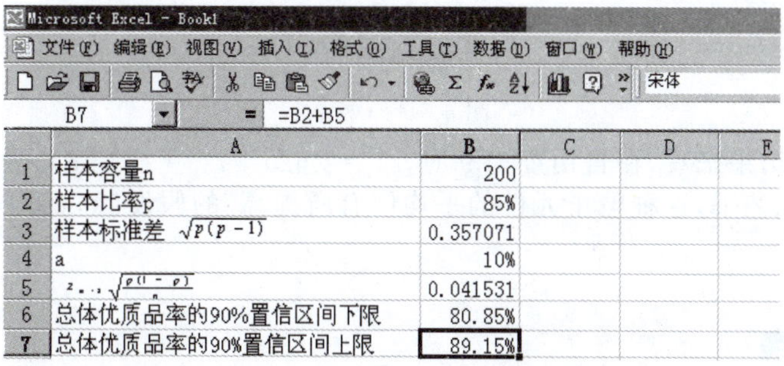

图 6-3　总体优质品率的区间估计

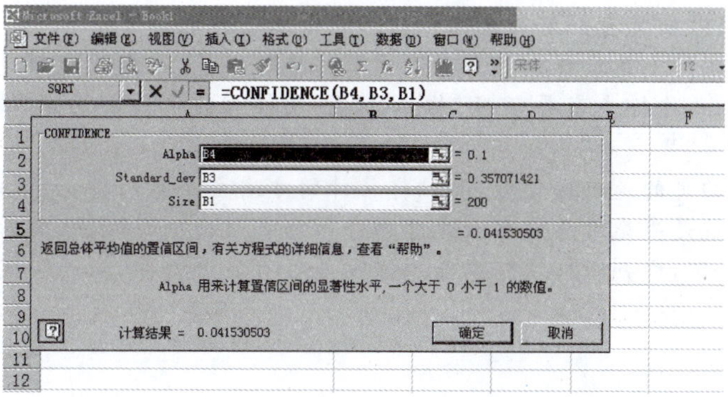

图 6-4　CONFIDENCE 函数

二、方差未知时一个总体均值的 t 检验

按照例 6.18,将 10 个样本资料分别输入 B1:B10 单元格中。

(1)在单元格 B11 中输入公式"＝AVERAGE(B1:B10)"并按 Enter 键回车得到均值;

(2)在单元格 B12 中输入公式"＝STDEV(B1:B10)"并按 Enter 键得到标准差;

(3)在单元格 B13 中输入公式"＝COUNT(B1:B10)"并按 Enter 键得到样本数;

(4)在单元格 B14 中输入公式"＝(B11－200)/(B12/SQRT(B13))"并按 Enter 键得到 t 值,其中"200"是题目中给出的总体均值;

(5)在单元格 B15 中输入公式"＝TINV(0.05,B13－1)"得到 α＝0.05,自由度＝9 的临界值。

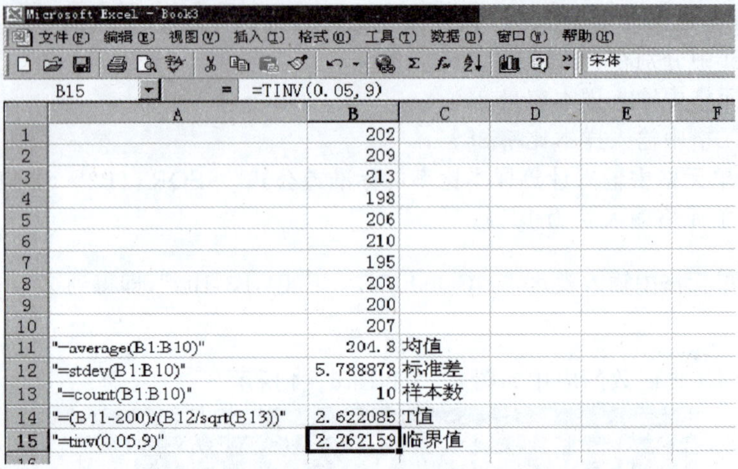

Microsoft Excel - Book3

B15 = =TINV(0.05,9)

	A	B	C	D	E	F
1		202				
2		209				
3		213				
4		198				
5		206				
6		210				
7		195				
8		208				
9		200				
10		207				
11	"=average(B1:B10)"	204.8	均值			
12	"=stdev(B1:B10)"	5.788878	标准差			
13	"=count(B1:B10)"	10	样本数			
14	"=(B11-200)/(B12/sqrt(B13))"	2.622085	T值			
15	"=tinv(0.05,9)"	2.262159	临界值			

图 6－5　t 检验

从图 6－5 的结果来看，在自由度为 9 时，$t(=2.62)>t_{0.05}(=2.26)$，因此，应该拒绝 H_0 假设，接受“在新工艺下，这种电子元件的平均值有所提高”的假设。

本章小结

（1）抽样调查是按照随机原则从总体中抽取部分单位进行调查，用调查所得指标数值对总体相应指标数值做出具有一定可靠性估计和判断的一种调查方法。

（2）抽样误差实际上是抽样调查本身所固有的随机误差，而我们能够计算并加以控制的是抽样平均误差。总体标志变异程度、样本容量、抽样方法和抽样方式都会影响抽样平均误差。

（3）抽样调查的目的是抽样估计，而抽样估计的方法主要有两种：点估计和区间估计。

（4）假设检验就是事先对总体参数或总体分布形式做出一个假设，然后利用样本信息来判断原假设是否合理，即判断样本信息与原假设是否有显著差异，从而决定应接受或拒绝原假设。

复习思考题

一、单项选择题

1. 抽样调查的目的在于（　　）

A. 了解总体的基本情况　　B. 用样本指标推断总体指标

C. 对样本进行全面调查　　D. 了解样本的基本情况

2. 抽样调查所特有的误差是（　　）

A. 由于样本的随机性而产生的误差　　B. 登记误差

C. 系统性误差　　D. ①②③都错

3. 抽样调查和重点调查的主要区别是（　　）

A. 选取调查单位的方式不同　　B. 调查的目的不同

C. 调查的单位不同　　D. 两种调查没有本质区别

4. 当可靠度大于 0.682 7 时,抽样极限误差(　　)
　　A. 大于抽样平均误差
　　B. 小于平均误差
　　C. 等于抽样平均误差
　　D. 与抽样平均误差的大小关系依样本容量而定

5. 有一批灯泡共 1 000 箱,每箱 200 个,现随机抽取 20 箱并检查这些箱中全部灯泡,此种检验属于(　　)
　　A. 纯随机抽样　　　　　　　　B. 类型抽样
　　C. 整群抽样　　　　　　　　　D. 等距抽样

6. 当总体单位不很多且各单位间差异较小时宜采用(　　)
　　A. 类型抽样　　　　　　　　　B. 纯随机抽样
　　C. 整群抽样　　　　　　　　　D. 两阶段抽样

7. 在抽样推断中,抽样误差是(　　)
　　A. 可以避免的　　　　　　　　B. 可避免且可控制
　　C. 不可且无法控制　　　　　　D. 不可避免但可控制

8. 在其他条件不变的情况下,抽样单位数越多,则(　　)
　　A. 系统误差越大　　　　　　　B. 系统误差越小
　　C. 抽样误差越大　　　　　　　D. 抽样误差越小

9. 假定 10 亿人口大国和 100 万人口小国的居民年龄变异程度相同,现在各自用重复抽样方法抽取本国的 1‰人口做调查,则抽样误差(　　)
　　A. 两者相等　　　　　　　　　B. 前者大于后者
　　C. 前者小于后者　　　　　　　D. 不能确定

10. 某地有 2 万亩稻田,根据上年资料得知其中平均亩产的标准差为 50 千克,若以 95.45% 的概率保证平均亩产的误差不超过 10 千克,应抽选(　　)亩地作为样本进行抽样调查。
　　A. 100　　　　　　　　　　　　B. 250
　　C. 500　　　　　　　　　　　　D. 1 000

二、计算题

1. 某地区为了解职工家庭的收入情况,从本地区 3 000 户家庭中,按不重复抽样的方法抽取 300 户职工家庭进行调查,调查结果如表 1 所示。

表 1　某地区职工家庭收入情况调查资料

每户月收入(元)	收入调查户数(户)
400 以下	40
400～600	80
600～800	120
800～1 000	50
1 000 以上	10
合计	300

(1)若用这 300 户家庭的月收入资料推算该地区 3 000 户家庭月收入情况,则抽样平均误差为多少?

(2)若又从抽样资料知,月平均收入在 800 元以上的户数的比例为 20%,故月收入在 800 元以上成数抽样平均误差为多少?

2. 已知某种球体直径服从 $x \sim N(\mu, \sigma^2)$,μ 和 σ^2 未知,某位科学家测量到的一个球体直径的 5 次记录为:6.33 厘米、6.37 厘米、6.36 厘米、6.32 厘米和 6.37 厘米,试估计 μ 和 σ。

3. 对某一选举区内随机抽取的 100 位选民的民意调查表明,他们中的 55% 支持某位候选人,求所求选民中支持这位候选人的比例(a)95%,(b)99%,(c)99.73% 的置信区间。

4. 某农产品进出口公司出口一种名茶,抽样检验结果如表 2 所示。

表 2 100 包茶叶重量资料表

每包重量 x(克)	包数 f(包)	xf
148~149	10	1 485
149~150	20	2 990
150~151	50	7 525
151~152	20	3 030
Σ	100	15 030

又知这种茶叶每包规格重量不低于 150 克,试以 99.73% 的概率:①确定每包重量的极限误差;②估计这批茶叶的重量范围,确定是否达到规格重量要求。

5. 对一批成品按不重复随机抽样方法抽选 200 件,其中废品 8 件,又知道抽样单位数是成品总量的 1/20,当概率为 0.954 5 时,可否认为这批产品的废品率不超过 5%?

6. 某汽车制造厂为了测定某种型号汽车轮胎的使用寿命,随机抽取 16 只作为样本进行寿命测试,计算出轮胎平均寿命为 43 000 千米,标准差为 4 120 千米,试以 95% 的置信度推断该厂这批汽车轮胎的平均使用寿命。

7. 对生产某种规格的灯泡进行使用寿命检验,根据以往正常生产的经验,灯泡使用寿命标准差 $\sigma = 0.4$ 小时,而合格品率 90%,现用重复抽样方式,在 95.45% 的概率保证下,抽样平均使用寿命的极限误差不超过 0.08 小时,抽样合格率的误差不超过 5%,必要的抽样平均数应为多大?

8. 某工厂生产的铁丝抗拉力服从正态分布,且知其平均抗拉力服从正态分布,为 570 千克,标准差为 8 千克。现在由于原材料更换,虽然认为标准差不会有变化,但不知平均抗拉力是否与原来一样,现从生产的铁丝中抽取 10 个样品,得平均抗拉力 $\bar{x} = 575$ 千克,能否认为平均抗拉力无显著变化($\alpha = 0.05$)?

9. 某地区居民月收入服从正态分布,现随机抽取 10 户家庭,测得他们的月收入分别为 3 640 元、2 800 元、500 元、382 元、366 元、350 元、360 元、320 元、290 元、250 元,能否认为该地区居民的月收入为 920 元($\alpha = 0.05$)。

10. 对某电池生产厂家所生产的某种型号电池进行电流强度检验,随机从中抽取 400 只电池,得平均电流强度为 5.46 安,标准差 0.40 安。能否认为这一批的平均电流强度不超过 5.5 安($\alpha = 0.05$)。

第七章

相关与回归分析

内容提要

本章介绍相关与回归分析。第一节介绍相关分析:相关系数的计算及检验。第二节介绍一元线性回归分析:一元线性回归模型的估计及检验。第三节简单介绍了多元线性回归分析。

第一节　相关分析

一、相关分析概述

(一)函数关系和相关关系

现象之间的相互联系和制约是事物发展的普遍规律。客观现象之间的数量联系存在着两种不同的类型:一种是函数关系,另一种是相关关系。

所谓函数关系指的是两个事物之间的一种一一对应的关系,即当一个变量 x 取一定值时,另一个变量 y 可以依确定的函数取唯一确定的值。例如,圆的面积 S 和半径 r 之间的关系表现为 $S = \pi r^2$,对于一个给定的半径 r,圆面积 S 只有一个确定的值与之对应;再如在某种商品的价格已知条件下,该商品的销售收入 y 与销售量 x 之间的关系表现为 $y = Px$,对于一个给定的销售量,销售收入 y 只有一个确定的值与之对应。

在现实中还有不少情况是两个事物之间有着密切的联系,但它们密切的程度还没达到由一个变量可以完全确定另一个变量的程度。例如,广告费用支出与销售量之间的关系,当广告费用支出变动时,销售量也可能会变动,销售量不仅会受广告费用支出的影响,还要受商品价格、消费者收入等多种因素的影响。又如,储蓄额与居民的收入之间密切相关,但居民收入不能完全决定储蓄额,影响储蓄额的因素很多,如通货膨胀、股票价格指数、利率、消费观念。我们称广告费用支出和销售量、储蓄额与居民收入之间的关系为相关关系。相关关系是指现象之间存在着非严格的、不确定的依存关系。这种依存关系的特点是,某一现象在数量上发生变化会影响另一现象数量上的变化,而且这种变化在数量上具有一定的随机性,即当给定某一现象及一个数值时;另一个现象会有若干数值与之对应。

对于具有相关关系的变量之间的联系,如果我们对它们有了深刻的规律性认识,并且能够把影响因变量变动的因素全部纳入方程,这时的相关关系可能转化为函数关系。同时相关关系也具有某种变动规律性,所以,相关关系经常可以用一定的函数形式去近似地描述。客观现象的函数关系可以用数学分析的方法去研究,而研究客观现象的相关关系必须借助统计学中的相关与回归分析方法。

(二)相关关系的种类

相关关系可以从不同的角度分类。

(1)按照相关关系涉及变量的多少分类。

按照相关关系涉及变量(或因素)的多少,相关关系可分为单相关和复相关。单相关又称一元相关,是指两个变量之间的相关关系,如广告费支出与产品销售量之间的相关关系;复相关又称多元相关,是指三个或三个以上变量之间的相关关系,如商品销售额与商品价格、居民收入、替代商品价格之间的相关关系。

(2)按照相关关系涉的表现形式不同分类。

按照相关关系的表现形式不同,相关关系可分为线性相关和非线性相关。当变量之间相关关系的散点图中的点接近一条直线时,称为线性相关,如图 7-1(a)和(b)所示。当变量之间相关关系散点图中的点接近于一条曲线时,称为非线性相关,如图 7-1(c)所示。

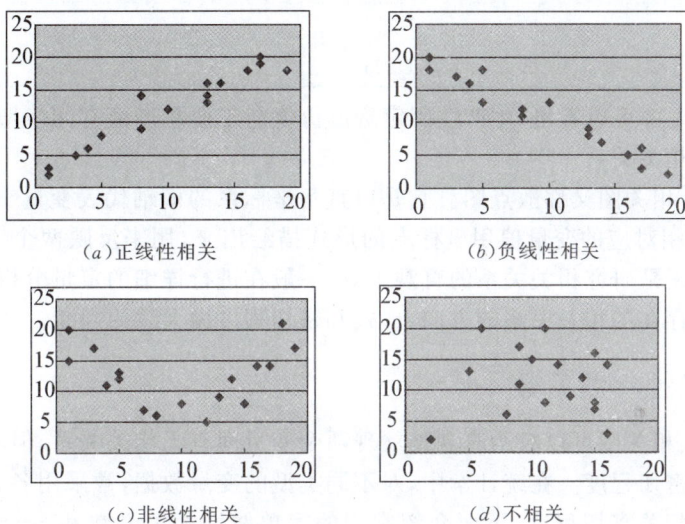

(a)正线性相关　　　　　　　　(b)负线性相关

(c)非线性相关　　　　　　　　(d)不相关

图 7-1　各种相关关系

(3)按照相关现象变化的方向不同分类。

按照相关现象变化的方向不同,相关关系可分为正相关和负相关。正相关是指当一个变量的值增加或减少时,另一个变量的值也随之增加或减少。例如,工人劳动生产率提高,产品产量也随之增加。负相关是指当一个变量的值增加或减少时,另一变量的值反而减少或增加。例如,商品流转额越大,商品流通费用率越低;劳动生产率提高,生产单位产品所耗时间则减少。

(三)相关表和相关图

要判别现象之间有无相关关系,可编制相关表,绘制相关图,以便直观地判断现象之间相关关系的方向、形态及大致的密切程度。

(1)相关表。相关表是一种统计表,是直接根据现象之间的原始数据,将一个变量的若干变量值按从小到大的顺序排列,并将另一变量的值与之对应排列形成的统计表。

例7.1　有 10 个同类企业生产性固定资产年价值和工业总产值资料如表7-1所

示。分析生产性固定资产价值与工业总产值是否相关

表 7-1   10 个企业固定资产和工业总产值(万元)

企业编号	生产性固定资产价值	工业总产值
3	200	638
7	314	605
1	318	524
4	409	815
5	415	913
6	502	928
2	910	1 019
9	1 022	1 219
8	1 210	1 516
10	1 225	1 624

解：从表 7-1 中可以看出,生产性固定资产价值与工业总产值有同步增长趋势,两个变量之间存在着正相关关系。

(2)相关图。相关图又称散点图。它是以直角坐标系的横轴代表变量 x,纵轴代表变量 y,将两个变量间相对应的变量值用坐标点的形式描绘出来,用来反映两个变量之间相关关系的图形。相关图是研究相关关系的直观工具,一般在进行详细的定量分析之前,可以先利用它对现象之间存在的相关关系的方向、形式和密切程度做大致的判断。

二、简单线性相关系数

通过相关表、相关图可以较为直观地展现两个变量间有无相关关系,但不能准确地反映变量之间的关系密切程度。在统计学中,对不同类型的变量数据,常采用各种相关系数来具体度量变量间的相关密切程度,下面介绍常用的简单线性相关系数和 Spearman 等级相关系数。

(一)简单线性相关系数的含义

简单线性相关系数就是测量两个变量之间线性关系密切程度及相关方向度量的指标,也简称相关系数,又称皮尔逊(Pearson)相关系数。根据总体数据所计算出来的相关系数,称为总体相关系数。总体相关系数的计算公式为

$$\rho = \frac{Cov(x,y)}{\sqrt{Var(x)Var(y)}} \tag{7-1}$$

式中,$Cov(x,y)$——变量 x 和变量 y 的协方差;

$ar(x)$——变量 x 的方差;

$Var(y)$——变量 y 的方差。

总体相关系数 ρ 反映了总体两个变量 x 和 y 之间的线性相关程度,对于特定的总体来说,总体相关系数 ρ 是一个常数。

由于总体数据往往是未知的,因此通常是根据样本数据来计算相关系数,依据样本数据计算的相关系数称为样本相关系数,用 r 来表示,样本相关系数的计算公式为

$$r = \frac{\sum (x - \overline{x})(y - \overline{y})/n}{\sqrt{\sum (x - \overline{x})/n}\sqrt{\sum (y - \overline{y})^2/n}} = \frac{\sum (x - \overline{x})(y - \overline{y})}{\sqrt{\sum (x - \overline{x})^2}\sqrt{\sum (y - y TX -)^2}}$$

$$(7 - 2)$$

(二)相关系数的特点

样本相关系数 r 具有如下特点。

(1) r 的取值范围为在 $-1 \sim 1$。

(2)当 $r=0$ 时,表示变量 x 和 y 之间没有线性相关关系。

(3)当 $r=1$ 时,表示变量 x 和 y 完全正相关;$r= -1$ 时,变量 x 和 y 完全负相关。

(4) $r>0$,表示 x 和 y 为正相关;$r<0$,表示 x 和 y 为负相关。

(5) $|r|$ 越接近于 1,说明两个变量 x 和 y 的线性相关程度越密切;$|r|$ 越接近于 0,说明两变量 x 和 y 的线性相关程度越弱。

(6)一般来说,当 $|r|>0.8$,认为 x 和 y 之间高度相关;当 $0.5<|r|<0.8$,认为 x 和 y 之间中度相关;当 $0.3<|r|<0.5$,认为 x 和 y 之间低度相关;当 $|r|<0.3$,认为 x 和 y 之间微弱相关。

需注意的是,简单线性相关系数只反映变量间的线性相关程度,不能说明非线性相关关系,也不能确定变量间的因果关系和说明相关关系具体接近于哪条直线。

(三)相关系数的计算

为了便于手工计算,相关系数常常采用以下的简便公式进行手工计算

$$r = \frac{n\sum xy - \sum x \sum y}{\sqrt{n\sum x^2 - (\sum x)^2} \cdot \sqrt{n\sum y^2 - (\sum y)^2}}$$

$$(7 - 3)$$

例 7.2　某企业为加强管理,提高工作效率,考察工龄和日产量之间的相互关系。现随机抽取调查了 12 名工人的工龄与日产量,数据如表 7-2 所示,试计算工龄和日产量的样本相关系数。

表 7-2　某企业工人工龄与产量相关表

编号	工龄 x(年)	产量 y(件/日)	x^2	y^2	xy
1	4	55	16	3 025	220
2	5	58	25	3 364	290
3	5	60	25	3 600	300
4	6	60	36	3 600	360
5	6	62	36	3 844	372
6	7	66	49	4 356	462
7	7	69	49	4 761	483
8	8	74	64	5 476	592
9	8	74	64	5 476	592
10	9	78	81	6 084	702
11	9	80	81	6 400	720
12	10	80	100	6 400	800
合计	84	816	626	56 386	5 893

解:将表 7-1 中的有关数据代入式(7.3)式,可得

$$r=\frac{12\times5\ 893-84\times816}{\sqrt{12\times626-84^2}\times\sqrt{12\times56\ 386-816^2}}=0.979\ 8$$

本例如果利用 Excel 中计算相关系数的功能,则更加方便。利用 Excel 进行相关分析的方法如下:

(1)在 Excel 工作表中输入工人工龄和日产量的样本数据;

(2)选择"工具"→"数据分析",弹出"数据分析"对话框选择"相关系数"选项,单击"确定"按钮;

(3)在弹出的"描述统计"对话框中,在"输入区域"中输入数据所在单元格区域,如"A2:B13",在"分组方式"中点选"逐列"单选按钮,勾选"标志位于第一行"复选框(如果输入区域为 A2:B13,则取消勾选此复选框),在"输出区域"输入相关系数输出位置,单击"确定"按钮,即可得到 x 和 y 的相关系数为 0.979 825,结果如图 7-2 所示。

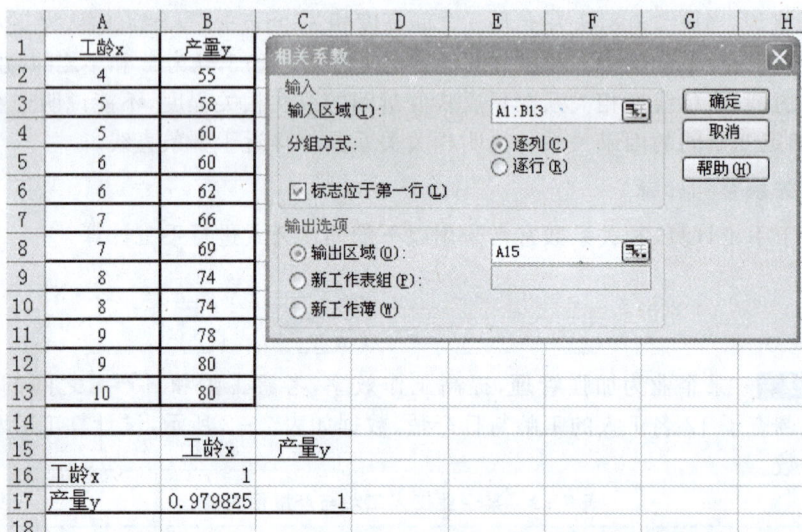

	A	B	C	D	E	F	G	H
1	工龄x	产量y						
2	4	55						
3	5	58						
4	5	60						
5	6	60						
6	6	62						
7	7	66						
8	7	69						
9	8	74						
10	8	74						
11	9	78						
12	9	80						
13	10	80						
14								
15		工龄x	产量y					
16	工龄x	1						
17	产量y	0.979825	1					
18								

图 7-2 某企业工人工龄和产量的相关系数计算结果

(四)相关系数的检验

样本相关系数是根据从总体中抽取的随机样本的观测值 x 和 y 计算出来的,总体相关系数 ρ 一般情况下是未知的,通常用样本相关系数 r 作为 ρ 的近似估计值。但由于抽样的随机性,样本相关系数 r 也具有随机性,即抽取的样本不同,r 的数值也不同。根据样本数据得出样本变量间存在相关关系,是否意味着总体变量间也一定存在相关关系呢? 能否依据样本相关系数来说明总体变量之间的相关程度呢? 因此,计算出样本相关系数后还需要对相关系数进行显著性检验。

对相关系数的显著性检验可分为两类:一类是检验总体相关系数是否等于零,另一类是检验总体相关系数是否等于某个不等于零的特定值。这里只介绍常用的总体相关系数是否为零的显著性检验。检验方法采用费希尔提出的 t 分布检验,检验步骤如下。

(1)提出假设:$H_0:\rho=0$, $H_1:\rho\neq0$;

(2)计算相关系数检验的统计量 t 值

$$t = |r| \sqrt{\frac{n-2}{1-r^2}} \sim t(n-2) \qquad (7-4)$$

（3）根据给定的显著性水平 α，查附录二得临界值 $t_{\alpha/2}(n-2)$；

（4）做出判断。若 $|t| < t_{\alpha/2}$，则接受 H_0，表明 r 在统计上是不显著的，即总体的两个变量之间不存在显著的相关关系；若 $|t| > t_{\alpha/2}$，则拒绝 H_0，表明 r 在统计上是显著的，即总体的两个变量之间存在显著的线性相关关系。当然也可以利用 P 值作决策，若 P 值大于 α，不拒绝 H_0；若 P 值小于 α，则拒绝 H_0。

例 7.3　根据例 7.2 计算出的样本相关系数，检验工龄和产量之间的相关系数是否显著（$\alpha = 0.05$）。

解：（1）提出假设：$H_0 : \rho = 0$，$H_1 : \rho \neq 0$；

（2）计算相关系数检验的 t 统计量值

$$t = |r| \sqrt{\frac{n-2}{1-r^2}} = |0.979\ 8| \times \sqrt{\frac{12-2}{1-0.979\ 8^2}} = 15.493\ 6$$

（3）根据给定的显著性水平 $\alpha = 0.05$，查附录二得临界值 $t_{0.025} = 2.2281$；

（4）做出判断。由于 $|t| = 15.493\ 6 > t_{0.025} = 2.228\ 1$，拒绝 H_0，说明两个变量间的相关系数显著不为 0，即工龄和产量之间确实存在线性相关关系。

三、Spearman 等级相关系数

简单线性相关系数是测定变量之间相关程度的常用指标，它主要是测定数值之间的相关程度，并且要求两个随机变量的联合分布或近似服从二维正态分布。但实际中，很多变量并不满足正态分布要求，而且有些现象是难以用数字确切计量的，如才智高低、艺术水平，要测定这些定序变量间的相关系数，就可以用 Spearman 等级相关系数做相关性分析。Spearman 等级相关系数主要适用于变量值表现为等级的定序变量。

Spearman 等级相关系数的基本原理是以两变量间的序数等级差来反映两个观察序列的一致性程度。

设 (x_i, y_i)，$i = 1, 2, \cdots, n$ 是 (x, y) 的 n 组观测值，将全部观测值 $x_1, x_2, \cdots, x_n$ 按递增顺序排成一列，x_i 在排列中的顺序号为 $s_i(i = 1, 2, \cdots, n)$，称作 x_i 的等级，类似的，用 t_i 表示 y_i 的级差。当若干观测值相等时，则以各观测值顺序号的平均值作为这些观测值的等级。Spearman 等级相关系数的设计思想和简单线性相关系数完全相同，仍然可以依照式 (7-2) 计算，只是在计算时并不直接采用原始数据 (x_i, y_i)，而是利用数据的级差 (s_i, t_i) 代替 (x_i, y_i) 代入式 (7-2) 中。若没有重复观测值时，Spearman 等级相关系数的公式可变为

$$r_s = 1 - \frac{6 \sum d_i^2}{n(n^2-1)} \qquad (7-5)$$

式中，d_i——样本单位属于 x 等级与 y 的等级的级差，即 $d_i = s_i - t_i m$。

样本等级相关系数的取值范围是 $-1 \leqslant r_s \leqslant 1$。$r_s = 1$ 时，说明样本等级完全正相关；当 $r_s = -1$ 时，样本等级完全负相关；当 $r_s = 0$ 时，说明样本等级不相关；当 $0 < r_s < 1$ 时，越接近 1，正相关越高；当 $-1 < r_s < 0$ 时，r_s 越接近 -1，负相关越高。

例 7.4　有 10 名学生跳远和 100 米跑的名次如表 7-3 所示，试计算跳远和 100 米跑的等级相关系数。

表 7 - 3　等级相关系数计算表

编号	跳远名次 s_i	100 米跑名次 t_i	$d_i = s_i - t_i$	d_i^2
1	9	8	1	1
2	10	10	0	0
3	2	2	0	0
4	1	1	0	0
5	7.5	5	2.5	6.25
6	6	6	0	0
7	3	3	0	0
8	5	7	-2	4
9	4	4	0	0
10	7.5	9	-1.5	2.25
合计	—	—	—	13.5

解：依据 Spearman 等级相关系数公式，可得

$$r_s = 1 - \frac{6 \sum d_i^2}{n(n^2-1)} = 1 - \frac{6 \times 13.5}{10 \times (10^2-1)} = 0.918\,2$$

表明学生跳远成绩和 100 米跑成绩等级正相关程度比较高。

第二节　一元线性回归分析

在两个变量间存在线性相关关系的情况下，为了明确二者联系的具体数量依存规律，需要进行回归分析。

一、回归分析概述

(一)回归分析的含义和分类

"回归"一词是英国统计学家高尔顿(Galton)在研究父亲身高和其成年儿子的身高关系时提出的。从大量的父亲身高和其成年儿子身高数据的散点图中，高尔顿发现了一条贯穿其中的直线，它能够描述父亲身高和其成年儿子身高之间的关系，并可用父亲身高预测其成年儿子的平均身高。他发现：如果父亲的身高很高，那么他的成年儿子也会较高，但不会像他父亲那么高；如果父亲的身高很矮，那么他的成年儿子也会较矮，但不会像他父亲那么矮。他们会趋向于子辈身高的平均值。高尔顿将这种现象称为回归，将那条贯穿于数据点中的线称为回归线。后来，人们借用"回归"这个名词，将研究事物之间统计关系的数量分析方法称为回归分析。

回归分析是根据相关关系的形态，选择一个合适的数学模型，来近似地表达变量间的平均变化关系。回归分析是一种应用极为广泛的数量分析方法。它侧重考察变量之间的数量

变化规律,并通过回归方程的形式描述和反映这种关系,帮助人们准确把握变量受其他一个或多个变量影响的程度,进而为预测提供科学依据。

在回归分析中,我们把被预测或被解释的变量称为因变量(Dependent Variable),用 y 表示;把用来预测或用来解释因变量的变量称为自变量(Independent Variable),用 x 表示。例如,在分析收入对消费的影响时,消费的多少在一定程度上能由收入来解释。因此,消费是因变量,又称被解释变量;用来预测或解释消费的收入就是自变量,又称解释变量。

按照不同的分类方法,可以将回归分析划分为多种类型。根据所处理的自变量的个数,可将其划分为一元回归分析和多元回归分析。研究一个自变量的回归分析称为一元回归,或简单回归;研究两个或两个以上自变量的回归分析称为多元回归分析。根据所建立的回归方程的形式,可将其划分为线性回归分析和非线性回归分析,如果回归模型的因变量是自变量的一次函数形式,回归规律在图形上表现为一条直线,称为线性回归;如果回归规律在图形上表现为形态各异的各种曲线,称为非线性回归。线性回归是回归分析最基本的内容,因此本章主要介绍线性回归。

(二)总体回归函数

对于一元线性回归而言,若因变量 y 与自变量 x 之间存在着近似的线性函数关系时,即有

$$y = \beta_0 + \beta_1 x + \varepsilon \tag{7-6}$$

式中,y ——因变量,为随机变量;

x ——自变量,为非随机变量;

ε ——随机误差项,它是无法直接观察的随机变量,反映的是除变量 x 之外的其他各种随机因素对 y 的影响;

β_0、β_1——模型的参数。

式(7-6)被称为总体回归函数,或总体回归模型。

例如,关于消费与收入的关系,许多经济学入门教科书中,都采用凯恩斯(Keynes)消费函数

$$y = \beta_0 + \beta_1 x \tag{7-7}$$

式中,y ——消费支出;

x ——可支配收入;

β_0 ——为自发性消费支出,代表不受可支配收入影响的消费支出;

β_1 ——边际消费倾向,它表示可支配收入每增加一个单位时,消费支出所增加的数量,而且它们之间的关系是线性关系。

这种确定性的消费函数作为理论分析的抽象是允许的。但是在现实经济生活中,这种确定性的消费函数很难成立。试想一下,在全国亿万个家庭中,考察一下具有相同收入的家庭,他们用于消费的部分会完全相同吗? 显而易见,这是不可能的。因为,除了收入外,还有各种影响消费的因素。一些家庭虽然收入相同,但是,其消费习惯、家庭所处的地理位置和气候条件等千差万别,这都是会使他们用于消费的部分产生差异。所以,我们只能说,平均看来,消费支出与可支配收入的关系能够用直线反映。如果用数学形式表示,有

$$E(y) = \beta_0 + \beta_1 x \tag{7-8}$$

式(7-8)表明,在 x 的值给定的条件下,y 的期望值是 x 的线性函数。式(7-8)所反映的直线称为总体回归直线。y 的实际观测值并不一定位于该直线上,只是散布在该直线的周围。

我们把各实际观测点与总体回归直线垂直方向的距离,称为随机误差项,也就是定义

$$\varepsilon = y - E(y) \tag{7-9}$$

(三)样本回归函数

对于现实的问题,通常总体包括的个体数很多,无法掌握所有个体的数值,总体回归函数实际上是未知的,因此,需要利用样本的信息对其估计。

根据样本数据拟合的直线,称为样本回归直线。显然,样本回归线的函数形式应与总体回归线的函数形式一致。一元线性回归模型的样本回归线可表示为

$$\hat{y} = \hat{\beta}_0 + \hat{\beta}_1 x_i \tag{7-10}$$

式(7-10)称为样本回归方程,式中的 $\hat{y}$ 是样本回归直线上与 x 相对应的 y 值,可视为 $E(y)$ 的估计;$\hat{\beta}_0$ 是样本回归函数的截距系数,$\hat{\beta}_1$ 是样本回归函数的回归系数,它们分别是对总体回归系数 β_0 和 β_1 的估计。

实际观测到的因变量 y_i 值,并不完全等于 $\hat{y}_i$(它是与 x 的第 i 个值相对应的估计值),如果用 e_i 表示两者之差($e_i = \hat{y}_i - \hat{y}_i$),则有

$$y_i = \hat{\beta}_0 + \hat{\beta}_1 x_i + e_i (i = 1, 2, \cdots, n) \tag{7-11}$$

式(7-11)称为样本回归函数。式中 e_i 称为残差,在概念上,e_i 与总体误差项 ε 的第 i 个值相对应,n 是样本容量。

样本回归函数与总体回归函数之间的联系显而易见。这里需要特别指出的是它们之间的区别:①总体回归直线是未知的,它只有一条;而样本回归直线则是根据样本数据拟合的,每抽取一组样本,便可以拟合一条样本回归线。②总体回归函数中的 β_0 和 β_1 是未知参数,表现为常数;而样本回归函数中的 $\hat{\beta}_0$ 和 $\hat{\beta}_1$ 是随机变量,其具体数值随所抽取的随机样本不同而变动。③总体回归函数中的 ε_i 是 y_i 与未知的总体回归线之间的纵向距离,它是不可直接观测的;而样本回归函数中的 e_i 是 y_i 与样本回归线之间的纵向距离,当根据样本观测值拟合样本回归线之后,可以计算出 e_i 的具体值。

综上所述,样本回归函数是对总体回归函数的近似反映。回归分析的主要任务是要采用适当的方法,充分利用样本所提供的信息,使样本回归函数尽可能地接近于真实的总体回归函数。

(四)误差项的标准假定

随机误差项 ε_i 是无法直接观测的。为了进行回归分析,通常需要对其概率分布做出一些假定。这些假定如下。

假定1:随机误差项的期望值为0,即对所有的 ε 总有

$$E(\varepsilon_i) = 0 \tag{7-12}$$

假定2:随机误差项的方差为常数,即对所有的 ε 总有

$$Var(\varepsilon_i) = E(\varepsilon_i^2) = \sigma^2 \tag{7-13}$$

假定3:随机误差项之间不存在序列相关关系,其协方差为零,即当 $i \neq j$ 时有

$$Cov(\varepsilon_i, \varepsilon_j) = 0 \tag{7-14}$$

假定4:自变量是给定的变量,与随机误差项线性无关

$$Cov(\varepsilon_i, x_i) = 0 \tag{7-15}$$

假定 5：随机误差项服从正态分布

$$\varepsilon_i \sim N(0,\sigma^2) \tag{7-16}$$

满足以上标准假定的一元线性回归模型，称为标准的一元线性回归模型。

应当指出，在现实生活中，由于各种原因，上述标准假定常常不能得到满足。在上述标准假定满足或近似满足条件下，可以采用本章所讲授的回归分析方法；若不满足，则需要进一步学习《计量经济学》的有关内容，本书在此不做进一步的讨论。

(五)回归分析的一般步骤

(1)确定哪个变量是被解释变量，哪些变量是解释变量。

(2)确定回归模型。如果被解释变量和解释变量之间存在线性关系，则应进行线性回归分析，建立线性回归模型；反之，如果被解释变量和解释变量之间存在非线性关系，则应进行非线性回归分析，建立非线性回归模型。

(3)建立样本回归方程。根据收集到的样本数据以及前步所确定的回归模型，在一定的统计拟合准则下估计出模型中的各个参数，得到一个确定的样本回归方程。

(4)对样本回归方程进行各种检验。前面已经提到，由于回归方程是在样本数据基础上得到的，回归方程是或否真实地反映了变量总体间的统计关系以及回归方程能否用于预测等都需要进行检验。

(5)利用检验后的样本回归方程进行预测和分析。

二、一元线性回归模型的估计

由于总体回归函数中的参数 β_0、β_1 是未知的，因此必须利用样本观测值去估计它们。对模型参数估计的方法有很多种，对于满足基本假定的线性回归模型的估计，最简便、最常用的是普通最小二乘法（Ordinary Least Square，OLS）。

普通最小二乘法的基本思想是，根据散点图找到一条直线，使各个观测点距离直线的距离平方和为最小，即

$$\sum_{i=1}^{n}(y_i-\hat{y}_i)^2 = \sum_{i=1}^{n}e_i^2 = \min \tag{7-17}$$

将样本回归方程 $\hat{y}=\hat{\beta}_0+\hat{\beta}_1 x$ 代入式(7-17)中，得

$$\sum_{i=1}^{n}(y_i-\hat{y}_i)^2 = \sum_{i=1}^{n}(y_i-\hat{\beta}_0-\hat{\beta}_1 x)^2 = \min \tag{7-18}$$

很明显，$\sum_{i=1}^{n}e_i^2$ 的大小依赖于 $\hat{\beta}_0$ 和 $\hat{\beta}_1$ 的取值，根据微分中求极值的原理，为使 $\sum_{i=1}^{n}e_i^2$ 达到最小，待定系数 $\hat{\beta}_0$ 和 $\hat{\beta}_1$ 应满足

$$\begin{cases} \dfrac{\partial(\sum_{i=1}^{n}e_i^2)}{\partial\hat{\beta}_0}\Bigg|_{\beta_0=\hat{\beta}_0} = -2\sum_{i=1}^{n}(y_i-\hat{\beta}_0-\hat{\beta}_1 x_i)^2 = 0 \\[4mm] \dfrac{\partial(\sum_{i=1}^{n}e_i^2)}{\partial\hat{\beta}_1}\Bigg|_{\beta_1=\hat{\beta}_1} = -2\sum_{i=1}^{n}x_i(y_i-\hat{\beta}_0-\hat{\beta}_1 x_i)^2 = 0 \end{cases} \tag{7-19}$$

经化简得到标准方程组如下

$$\begin{cases} \sum_{i=1}^{n} y_i = n\hat{\beta}_0 + \hat{\beta}_1 \sum_{i=1}^{n} x_i \\ \sum_{i=1}^{n} x_i y_i = \hat{\beta}_0 \sum_{i=1}^{n} x_i + \hat{\beta}_1 \sum_{i=1}^{n} x_i^2 \end{cases} \qquad (7-20)$$

解上述方程组,可得

$$\begin{cases} \hat{\beta}_1 = \dfrac{n \sum_{i=1}^{n} x_i y_i - \sum_{i=1}^{n} x_i \sum_{i=1}^{n} y_i}{n \sum_{i=1}^{n} x_i^2 - (\sum_{i=1}^{n} x_i)^2} \\ \\ \hat{\beta}_0 = \dfrac{\sum_{i=1}^{n} x_i^2 \sum_{i=1}^{n} y_i - \sum_{i=1}^{n} x_i \sum_{i=1}^{n} x_i y_i}{n \sum_{i=1}^{n} x_i^2 - (\sum_{i=1}^{n} x_i)^2} = \overline{y} - \hat{\beta}_1 \overline{x} \end{cases} \qquad (7-21)$$

可以证明,在前述基本假定下,用普通最小二乘法得到的参数估计量 $\hat{\beta}_0$ 和 $\hat{\beta}_1$ 是总体参数 β_0 和 β_1 的最佳线性无偏估计量,这个结论又称为高斯-马尔柯夫最小二乘定理。

例 7.5 根据例 7.2 的数据资料,建立一元线性回归方程。

解:将表 7-2 中合计栏的有关数据代入式(7-21)中,可得

$$\hat{\beta}_1 = \frac{12 \times 5\ 893 - 84 \times 816}{12 \times 626 - 84^2} = 4.763\ 2$$

$$\hat{\beta} = \frac{816}{12} - 4.763\ 2 \times \frac{84}{12} = 34.657\ 9$$

因此,样本回归方程为

$$\hat{y} = 34.657\ 9 + 4.763\ 2x$$

上式表明,工人工龄每增加一年,日产量平均增加 4.763 2 件。

例 7.6 表 7-4 是 1992—2003 年某省城镇居民可支配收入和人均消费性支出的有关资料,试建立一元线性回归方程来估计我国城镇居民的自发性消费支出与边际消费倾向。

表 7-4 某省城镇居民人均年消费支出和收入情况(千元)

年份	人均可支配收入 x	人均消费性支出 y	x^2	y^2	xy
1992	2.027	1.672	4.108 7	2.795 6	3.389 1
1993	2.577	2.111	6.640 9	4.456 3	5.440 0
1994	3.496	2.851	12.222	8.128 2	9.967 1
1995	4.283	3.538	18.344 1	12.517 4	15.153 3
1996	4.839	3.919	23.415 9	15.358 6	18.964 0
1997	5.16	4.186	26.625 6	17.522 6	21.599 8
1998	5.425	4.332	29.430 6	18.766 2	23.501 1
1999	5.854	4.616	34.269 3	21.307 5	27.022 1
2000	6.28	4.998	39.438 4	24.980 0	31.387 4
2001	6.86	5.309	47.059 6	28.185 5	36.419 7
2001	7.703	6.030	59.336 2	36.360 0	46.449 1
2003	8.472	6.511	71.774 8	42.393 1	55.161 2
合计	62.976	50.073	372.666 1	232.771 9	294.453 9

解： 将表 7-4 中合计栏的有关数据代入公式可得

$$\hat{\beta}_1 = \frac{12 \times 294.453\,9 - 62.976 \times 50.073}{12 \times 372.666\,1 - 62.976^2} = 0.751\,06$$

$$\hat{\beta} = 50.073 / 12 - 0.751\,06 \times 62.976 \div 12 = 0.231\,18$$

得样本回归方程为

$$\hat{y}_i = 0.231\,18 + 0.751\,06 x_i$$

式中，0.751 1——边际消费倾向，表示人均可支配收入每增加 1 千元，人均消费支出平均增加 0.751 1 千元；

0.231 0——自发性消费支出，即与收入无关最基本的人均消费为 0.231 0 千元。

运用 Excel 做回归分析更为方便，利用 Excel 进行回归分析的步骤如下：

(1)在工作表中输入样本数据，如在(A1:C13)区域输入变量名和数据；

(2)选择"工具"→"数据分析"选项，弹出"数据分析"对话框，选择"回归"选项，单击"确定"按钮，弹出"回归"对话框；

(3)在"回归"对话框的"y 值输入区域"输入"C1:C13"，在"x 值输入区域"输入"B1：B13"，勾选"标志"复选框，在"输出区域"中输入一选定的空白单元格，如"D1"，单击"确定"，按钮就得到回归估计结果。

由 Excel 得到的回归估计结果主要包括"回归统计""方差分析""回归系数估计"三个部分，具体如表 7-5 所示。从输出的"回归系数估计"部分的"Coefficients"可以得到，估计的截距系数 $\hat{\beta}_0$(Intercept)为 0.231 18，估计的回归系数 $\hat{\beta}_1$(人均可支配收入 x)为 0.751 06，和前面所得结果一致。

表 7-5　由 Excel 得到的回归估计结果

	A	B	C	D	E	F	G	H	I	J	K	L
1	年份	人均可支配收入x	人均消费性支出y	SUMMARY OUTPUT								
2	1992	2.027	1.672									
3	1993	2.577	2.111	回归统计								
4	1994	3.496	2.851	Multiple R	0.99909664							
5	1995	4.283	3.538	R Square	0.99819409							
6	1996	4.839	3.919	Adjusted R Square	0.9980135							
7	1997	5.16	4.186	标准误差	0.06560062							
8	1998	5.425	4.332	观测值	12							
9	1999	5.854	4.616									
10	2000	6.28	4.998	方差分析								
11	2001	6.86	5.309		df	SS	MS	F	Significance F			
12	2001	7.703	6.03	回归分析	1	23.78675	23.787	5527.4	4.7305E-15			
13	2003	8.472	6.511	残差	10	0.043034	0.0043					
14				总计	11	23.82978						
15												
16					Coefficients	标准误差	t Stat	P-value	Lower 95%	Upper 95%	下限 95.0%	上限 95.0%
17				Intercept	0.23118236	0.056297	4.1065	0.0021	0.105744913	0.35662	0.1057449	0.35662
18				人均可支配收入x	0.75106091	0.010102	74.346	5E-15	0.728551823	0.77357	0.7285518	0.77357

三、一元线性回归模型的检验

(一)回归模型检验的种类

回归分析的主要目的是根据所建立的估计方程，用自变量 x 的值来预测因变量 y 的取值。回归方程估计出来后一般不能立即用于对实际问题的分析和预测，因为估计的回归方程是根据样本数据得出的，它对样本观测点的代表性如何，是否真实地反映了变量 x 和变量

y 之间的关系,还需要通过各种检验予以证实。如果通过检验发现模型有缺陷,则必须回到模型的设定阶段或参数估计阶段,重新选择因变量和自变量及其函数形式,或者对其数据进行加工整理之后再次估计参数。

回归模型的检验包括理论意义检验、一级检验和二级检验。理论意义检验主要涉及参数估计值的符号和取值区间,如果它们与实质性科学的理论以及人们的实践经验不相符,就说明模型不能很好地解释现实的现象。例如,在前面所举的消费函数中,β_1 的取值区间应为 $0\sim1$。如果根据样本数据估计的 $\hat{\beta}_1$ 大于 1 或小于 0,则不能通过经济意义检验。在对实际的社会经济现象进行回归分析时,常常会遇到经济意义检验不能通过的情况。造成这一结果的主要原因是,社会经济的统计数据无法像自然科学中的统计数据那样通过有控制的实验去取得,因而所观测的样本容量有可能偏小,不具有足够的代表性,或者是标准线性回归分析所要求的假定条件不能满足。

一级检验又称统计学检验,它是利用统计学中的抽样理论来检验样本回归方程的可靠性,具体包括回归方程的拟合优度检验、回归方程的显著性检验、回归系数的显著性检验。统计学检验是对所有现象进行回归分析时都必须通过的检验。

二级检验又称经济计量学检验,它是对标准线性回归模型的假定条件能否得到满足进行检验,具体包括序列相关检验、异方差性检验、多重共线性检验等。二级检验对于社会经济现象的定量分析具有特别重要的意义。关于二级检验的问题在计量经济学教科书中有详细介绍,本书只讨论统计学检验。

(二)拟合优度的度量

回归方程的拟合优度检验是检验样本数据点聚集在回归线周围的密集程度,从而评价回归方程对样本数据的代表程度。判断回归模型拟合优度优劣常用的指标是判定系数 R^2(又称可决系数),它从相对数的角度度量样本回归线对样本观测点的拟合程度;R^2 的取值范围为 $[0,1]$,R^2 越大,说明回归方程的拟合程度越好,R^2 越小,说明回归方程的拟合程度越差。估计标准误差 S_y 也可以用来衡量回归方程的拟合优度好坏,它是从绝对数上反映回归线对观测点代表性大小的指标。

(1)判定系数 R^2。拟合优度检验是从对因变量 y 取值变化的原因分解开始的。正如式(7.6)表明的那样,因变量 y 的取值不同主要由两方面的原因造成:一是由自变量 x 取值不同造成的;二是由其他随机因素造成的。例如,在研究消费和可支配收入的关系时发现,消费的差异会受两个因素的影响:第一,可支配收入的影响;第二,即使可支配收入相同,消费也不尽相同,还会受到其他随机因素的影响。

因变量 y 取值的这种波动称为变差。对一个具体的观测值来说,变差的大小可以用实际观测值 y_i 与其均值 $\bar{y}$ 之差 $(y_i-\bar{y})$ 来表示。n 次观测值的总变差可由这些变差的平方和来表示,称为总平方和(Total Sum of Squares,SST),即

$$SST=\sum_{i=1}^{n}(y_i-\bar{y})^2 \qquad(7-22)$$

每个观测点的变差可以分解为

$$y_i-\bar{y}=(y_i-\hat{y})+(\hat{y}_i-\bar{y}) \qquad(7-23)$$

可以证明

$$\sum_{i=1}^{n}(y_i-\overline{y})^2=\sum_{i=1}^{n}(y_i-\hat{y}_i)^2+\sum_{i=1}^{n}(\hat{y}_i-\overline{y})^2 \qquad (7-24)$$

式 $(7-24)$ 表明，SST 可以分解为两部分：一部分是回归值 $\hat{y}_i$ 与其均值 $\overline{y}$ 的变差平方和 $\sum_{i=1}^{n}(\hat{y}_i-\overline{y})^2$，称为回归平方和(Sum of Squares for Regression，SSR)。根据估计的回归方程，估计值 $\hat{y}_i=\hat{\beta}_0+\hat{\beta}_1 x_i$，因此可以把 $(\hat{y}_i-\overline{y})$ 看成由自变量 x 的变化引起 y 的变化，其平方和则反映了 y 的总变差中，由于 x 与 y 之间的线性关系引起的 y 的变化部分，它是能够由回归直线解释的变差部分。另一部分是各实际观测值与回归值的残差平方和 $\sum_{i=1}^{n}(y_i-\hat{y}_i)^2$，称为残差平方和或误差平方和(sum of squares of error，SSE)。它是除了 x 对 y 的线性影响之外的其他因素对 y 变化的作用，是不能由回归直线加以解释的 y_i 的变差部分。用公式表示这三个平方和的关系即为

$$SST=SSR+SSE \qquad (7-25)$$

式 $(7-25)$ 两边同除以 SST，得

$$1=SSR/SST+SSE/SST \qquad (7-26)$$

显而易见，各个样本观测点与样本回归直线靠得越紧，SSR 在 SST 中所占的比例就越大。因此，可定义这一比例为判断系数，即有

$$R^2=SSR/SST=1-SSE/SST \qquad (7-27)$$

判定系数 R^2 是对回归直线拟合程度的综合度量，其具有如下特征。

① R^2 的取值范围是 $[0,1]$。R^2 越接近于 1，表明回归平方和占总平方和的比例越大，回归直线与各观测点越接近，可用 x 的变化来解释 y 值变差的部分就越多，回归直线的拟合程度就越高。反之，R^2 越接近于 0，则回归直线的拟合程度越差。

② 判定系数是样本观测值的函数，它也是一个统计量。

③ 在一元线性回归模型中，判定系数 R^2 是自变量与因变量相关系数 r 的平方。

例 7.7　根据例 7.6 中得出的某省城镇居民可支配收入和人均消费性支出的线性回归方程，试计算样本回归方程的拟合程度。

解：在表 $7-5$ 中 Excel 回归的输出结果中"回归统计"部分可以看出，在估计参数的同时，已经计算出的判定系数(R Square)为 0.998 194 09，说明回归方程对样本观测点的拟合程度很高。

(2)估计标准误差 S_y。判定系数 R^2 从相对数的角度来衡量回归直线对观测点的拟合程度，估计标准误差则是从绝对数角度来反映回归直线代表性大小的分析指标，也是对随机误差项 ε 的方差 σ^2 的一个估计值。估计标准误差和标准差的性质相同，都是说明离散程度的指标。估计标准误差 (S_y) 的计算公式如下

$$S_y=\sqrt{\frac{\sum_{i=1}^{n}(y_i-\hat{y}_i)^2}{n-2}}=\sqrt{\frac{\sum_{i=1}^{n}y_i^2-\hat{\beta}_0\sum_{i=1}^{n}y_i-\hat{\beta}_1\sum_{i=1}^{n}x_iy_i}{n-2}} \qquad (7-28)$$

式 $(7-28)$ 中 $n-2$ 是自由度。从定义上看，它是观察值 y 与估计值 $\hat{y}$ 的平均离差。估计标准误差 S_y 能够反映利用线性回归模型进行估计或预测的准确程度，说明回归直线代表

性的大小。估计标准误差越小,回归直线的代表性越好;估计标准误差越大,回归直线的代表性愈小。

例 7.8 例 7.6 某省城镇居民可支配收入和人均消费性支出的线性回归模型中,在表 7-5 中 Excel 回归的输出结果中"回归统计"部分可以看出,估计标准误差的值为 0.065 600 62,说明根据自变量 x 来预测因变量 y 时的平均预测误差 0.065 600 62。

(三)回归系数的显著性检验

对回归模型的显著性检验,包括各个回归系数的显著性检验和对回归方程的总显著性检验。

回归系数的显著性检验的主要目的是研究回归方程中的每个解释变量与被解释变量之间是否存在显著的线性关系,也就是研究每个解释变量能否有效解释被解释变量的线性变化,它们能否保留在线性回归方程中。在一元线性回归中,由于只有一个自变量,对各回归系数的显著性检验与对回归方程的总显著性检验事实上是等价的,所以本节只讨论对回归系数的显著性检验。

在一元线性回归模型中,两个变量之间是否存在线性关系的一个主要标志是 y 是否随着 x 的变动而变动,它可以由回归系数 β_1 来反映,若因变量 y 随自变量 x 变动,则 $\beta_1 \neq 0$;当它们不存在线性关系时,则 $\beta_1 = 0$。因此,通过检验回归系数 β_1 是否等于 0 来确定两个变量之间是否存在线性关系。回归系数显著性检验的基本步骤如下。

(1)提出假设。对回归系数进行显著性检验,所提出的假设的一般形式是

$$H_0 : \beta_1 = 0 \quad H_1 : \beta_1 \neq 0 \tag{7-29}$$

β_1 是否为 0,可以表明 x 对 y 是否有线性关系,即 x 对 y 的线性影响是否显著。

(2)计算检验的统计量 t。

$$t_{\hat{\beta}_1} = \frac{\hat{\beta}_1}{S_{\hat{\beta}_1}} \sim t(n-2) \tag{7-30}$$

其中,$S_{\hat{\beta}_1}$ 是回归系数 $\hat{\beta}_1$ 估计的标准差,其计算公式为

$$S_{\hat{\beta}_1} = \frac{S_y}{\sqrt{\sum_{i=1}^{n}(x_i - \overline{x})^2}}$$

(3)做出决策。确定显著性水平 α,并根据自由度 $df = n-2$ 查附录二,找到相应的临界值 $t_{\alpha/2}$。若根据上一步骤计算出的 $|t_{\hat{\beta}_1}| > t_{\alpha/2}$,则拒绝 H_0,表明自变量 x 对因变量 y 的影响是显著的,两个变量之间存在显著的线性关系;若 $|t_{\hat{\beta}_1}| < t_{\alpha/2}$,则不拒绝 H_0,没有证据表明自变量 x 对因变量 y 的影响显著,两个变量之间不存在显著的线性关系。

回归系数的显著性检验还可以采用 P 检验。其前两步与 t 检验相同,但 t 值计算出来之后,并不与 t 分布的临界值进行对比,而是直接计算自由度为 $n-2$ 的 t 统计量大于或小于根据样本观测值计算的 $t_{\hat{\beta}_1}$ 的概率,即 P 值。然后将其与给定的显著水平 α 对比,如果 P 小于 α,则拒绝原假设,反之则接受原假设。利用 Excel 进行回归分析时,计算机将直接给出回归系数估计的 P 值。

例 7.9 根据例 7.6 得出的回归分析结果,对回归系数进行显著性检验($\alpha = 0.05$)。

解:建立原假设:$H_0 : \beta_1 = 0$。

在表 7-5 中 Excel 回归的输出结果中,我们找到人均可支配收入 x 对应的 P 值为 $5E$ -15,即 5×10^{-15},小于显著性水平 $\alpha=0.05$,拒绝原假设 H_0,回归系数 β_1 显著不为 0,表明自变量人均可支配收入对因变量人均消费性支出的影响是显著的。

本例也可采用临界值法进行检验,根据表 7-5 中 Excel 回归的输出结果,我们可以得到回归系数检验的 t 检验统计量为 74.346,并查附录二可得临界值 $t_{0.025}=2.201<74.346$,拒绝 H_0,结论和 P 值检验一致。

四、利用回归方程进行预测

回归分析的目的之一是对因变量进行合理的预测。如果所建立的回归方程通过了各项检验,则就可以根据估计的回归方程对因变量进行预测。预测的基本方法包括点预测和区间预测,点预测就是将给定的自变量值 x_f 代入估计的回归方程计算出因变量的点预测值 $\hat{y}_f$

$$\hat{y}_f = \hat{\beta}_0 + \hat{\beta}_1 x_f \qquad (7-31)$$

由样本回归函数的意义不难理解,用式(7-31)计算的 $\hat{y}_f$ 只是对 y_f 的平均值做的点估计。$\hat{y}_f$ 是由样本回归方程计算的,因为 $\hat{\beta}_0$ 和 $\hat{\beta}_1$ 是随样本而变化的随机变量,$\hat{y}_f$ 也是一个随机变量。对平均值的点预测值 $\hat{y}_f$ 不一定等于因变量预测期的真实个别值 y_f,还需要对 y_f 可能的置信区间做出预测,也就是说,要对 y_f 进行区间预测。对于给定的 x_f、y_f,在 $1-\alpha$ 置信水平下的置信区间为

$$\left[\hat{y}_f - t_{\alpha/2} S_y \sqrt{1 + \frac{1}{n} + \frac{(x_f - \bar{x})^2}{\sum_{i=1}^{n}(x_i - \bar{x})^2}} ; \hat{y}_f + t_{\alpha/2} S_y \sqrt{1 + \frac{1}{n} + \frac{(x_f - \bar{x})^2}{\sum_{i=1}^{n}(x_i - \bar{x})^2}} \right]$$

$$(7-32)$$

例 7.10 例 7.6 中如果已知通过其他方法预测出该省 2004 年的人均可支配收入为 9 千元,利用建立的回归模型对 2004 年该省的人均消费支出做出预测。

解: 首先将 2004 年的人均可支配收入 $x_f=9$ 代入估计的回归方程中,可得点预测值

$$\hat{y}_f = 0.231\,18 + 0.751\,06 x_f = 0.231\,18 + 0.751\,06 \times 9 = 6.990\,72(千元)$$

根据式(7.29)对人均消费性支出做区间预测的 Excel 方法是:

(1)计算 $\bar{x}$:选择一空白单元格如 C20 作输入"=AVERAGE(B2:B13)",其中(B2:B13)为自变量 x 的数据区域,按 Enter 键后即得出 $\bar{x}$ 为 5.248。

(2)计算 $\sum_{i=1}^{n}(x_i - \bar{x})^2$。在存放 x 方差的单元格(如 C22)输入"=VAR(B2:B13)",按 Enter 键得 x 方差为 3.833 47;在存放 $\sum_{i=1}^{n}(x_i - \bar{x})^2$ 的单元格(如 C24)中输入"=C22*(12-1)",击 Enter 键得 $\sum_{i=1}^{n}(x_i - \bar{x})^2$ 的值为 42.168 17。

(3)由 $\alpha=0.05$ 查附录二得 $t_{0.025}=2.201$,并且根据表 7-5 中回归结果的"回归统计"部分已得到估计标准误差为 0.065 600 62。

(4)在存放置信区间下限的单元格(C26)中输入"=6.990 72-2.201*0.065 600 62*SQRT (1+(1/12)+(9-5.248)^2/42.168 17)",按 Enter 键即得 6.818 83;在存放置信区间

上限的单元格(C28)中输入"＝6.990 72＋2.201 * 0.065 600 62 * SQRT (1＋(1/12)＋(9－5.248)^2/42.168 17)",按 Enter 键即得 7.162 61。因此,当人均支配收入为 9 千元时,人均消费性支出的置信水平为 95％的预测区间为(6.818 83 千元,7.162 61 千元)。

第三节　多元线性回归分析

在许多现实问题中,还会遇到一个因变量和多个自变量的线性相关问题,这需要用多元线性回归分析的方法来解决。多元线性回归模型是一元线性回归模型的扩展,其基本原理与一元线性回归分析类似。因此,本节对于二者相类似的内容,仅给出结论,不做进一步的论证,而对于某些不同之处做比较详细的说明。

一、多元线性回归模型

(一)多元线性回归模型的形式

多元线性回归模型总体回归函数的一般形式如下

$$y=\beta_0+\beta_1 x_1+\beta_2 x_2+\cdots+\beta_k x_k+\varepsilon \tag{7-33}$$

式中,$x_1,x_2,\cdots,x_k$——k 个自变量;

$\beta_0,\beta_1,\beta_2,\cdots,\beta_k$——模型参数;

ε——随机误差项。

该模型可以理解为两部分:前部分为 $y=\beta_0+\beta_1 x_1+\beta_2 x_2+\cdots+\beta_k x_k$,即 y 是 $x_1,x_2,\cdots,x_k$ 的线性函数,反映了由于自变量 x 的变化而引起的 y 的线性变化;后部分为随机误差项 ε,反映的是除了 $x_1,x_2,\cdots,x_k$ 对 y 的线性关系之外的随机因素对 y 的影响,是不能由 $x_1,x_2,\cdots,x_k$ 与 y 的线性关系所解释的变异性。

(二)多元线性回归模型的假定

在多元回归分析中,为了有效地估计模型中的参数及对模型进行统计检验,也需要对模型做一些假定。对多元线性回归模型的假定条件,除了一元线性回归中的零均值、同方差、无自相关、随机扰动项与自变量不相关以及正态性假定以外,还要增加各自变量之间不存在线性关系的假定,即无多重共线性假定。

(三)多元线性回归方程

多元线性回归方程是描述因变量 y 的平均值或期望值如何依赖于自变量 x_j($j=1,2,\cdots,k$)的方程。在随机误差项均值为零的假定下,可以得到多元线性回归方程

$$E(y)=\beta_0+\beta_1 x_1+\beta_2 x_2+\cdots+\beta_k x_k \tag{7-34}$$

式中,β_j($j=1,2,\cdots,k$)表示在其他自变量保持不变的情况下,自变量 x_j 每变动一个单位所引起的因变量 y 平均变动量,因而又叫作偏回归系数。由于式(7-34)中 $\beta_0,\beta_1,\cdots,\beta_k$ 是未知的,必须利用有关的样本观测值来进行估计,因而得出估计的多元线性回归方程

$$\hat{y} = \hat{\beta}_0 + \hat{\beta}_1 x_1 + \hat{\beta}_2 x_2 + \cdots + \hat{\beta}_k x_k \qquad (7-35)$$

(四)多元线性回归模型的估计

回归方程中的 $\hat{\beta}_0, \hat{\beta}_1, \hat{\beta}_2, \cdots, \hat{\beta}_k$ 仍然可根据最小二乘法求得。在此将再次叙述最小二乘法原理,即求 $\hat{\beta}_0, \hat{\beta}_1, \hat{\beta}_2, \cdots, \hat{\beta}_k$,使得

$$Q = \sum_{i=1}^{k}(y_i - \hat{y}_i)^2 = \sum_{i=1}^{k}(y_i - \hat{\beta}_0 - \hat{\beta}_1 x_1 - \cdots - \hat{\beta}_k x_k)^2 = \min \qquad (7-36)$$

由此可得求解 $\hat{\beta}_0, \hat{\beta}_1, \hat{\beta}_2, \cdots, \hat{\beta}_k$ 的标准方程组为

$$\begin{cases} \left.\dfrac{\partial Q}{\partial \hat{\beta}_0}\right|_{\beta_0 = \hat{\beta}_0} = 0 \\[2mm] \left.\dfrac{\partial Q}{\partial \hat{\beta}_i}\right|_{\beta_i = \hat{\beta}_i} = 0 \quad i = 1, 2, \cdots, k \end{cases} \qquad (7-37)$$

求解上述方程组即可得到 $\hat{\beta}_0, \hat{\beta}_1, \hat{\beta}_2, \cdots, \hat{\beta}_k$。由于计算量很大,需要借助计算机求解上述方程组,在此我们仅给出由 Excel 输出的回归结果。并且重点将是如何解释计算机输出的结果,而不是如何进行多元回归计算。

例 7.11　一家房地产评估公司想对某城市的房地产销售价格(y)与地产的评估价值(x_1)、房产的评估价值(x_2)和使用面积(x_3)建立一个模型,以便对销售价格做出合理预测。为此,收集了 20 栋住宅的房地产评估数据如表 7-6 所示,试写出估计的多元线性回归方程。

表 7-6　某城市房地产评估数据

	A	B	C	D	E
1	房地产编号	销售价格y	地产估价x₁	房产估价x₂	使用面积x₃
2	1	6890	596	4497	18730
3	2	4850	900	2780	9280
4	3	5550	950	3144	11260
5	4	6200	1000	3959	12650
6	5	11650	1800	7283	22140
7	6	4500	850	2732	9120
8	7	3800	800	2986	8990
9	8	8300	2300	4775	18030
10	9	5900	810	3912	12040
11	10	4750	900	2935	17250
12	11	4050	730	4012	10800
13	12	4000	800	3168	15290
14	13	9700	2000	5851	24550
15	14	4550	800	2345	11510
16	15	4090	800	2089	11730
17	16	8000	1050	5625	19600
18	17	5600	400	2086	13440
19	18	3700	450	2261	9880
20	19	5000	340	3595	10760
21	20	2240	150	578	9620

解：运用 Excel 做多元回归的估计和检验的步骤如下。

(1) 在 Excel 工作表中输入数据，如本例中在(B1：B21)中输入"销售价格 y"变量名及数据；在(C1：C21)中输入"地产估计 x_1"变量名及数据；在(D1：D21)中输入"房产估价 x_2"变量名及数据；(E1：E21)中输入"使用面积 x_3"变量名及数据。

(2) 选择"工具"→"数据分析"选项，弹出"数据分析"对话框，选择"回归"选项，单击"确定"按钮，弹出"回归"对话框。

(3) 在"回归"对话框的"y 值输入区域"输入"B1：B21"，在"x 值输入区域"输入"C1：E21"，勾选"标志"复选框，在"输出区域"中输入一选定的空白单元格，如"A23"，单击"确定"按钮，就得到回归估计结果，如表 7-7 所示。

表 7-7　多元回归估计结果

23	SUMMARY OUTPUT							
24								
25	回归统计							
26	Multiple R	0.9473625						
27	R Square	0.8974956						
28	Adjusted R	0.8782761						
29	标准误差	791.68233						
30	观测值	20						
31								
32	方差分析							
33		df	SS	MS	F	Significance F		
34	回归分析	3	87803505	29267835	46.69697	3.87913E-08		
35	残差	16	10028175	626760.91				
36	总计	19	97831680					
37								
38		Coefficient	标准误差	t Stat	P-value	Lower 95%	Upper 95%	下限 95.0%	上限 95.0%
39	Intercept	148.70045	574.4213	0.25887	0.7990364	-1069.018347	1366.4193	-1069.02	1366.419
40	地产估价x1	0.8147382	0.511989	1.5913212	0.131099	-0.270628958	1.9001053	-0.27063	1.900105
41	房产估价x2	0.8209795	0.211177	3.8876463	0.0013074	0.373305358	1.2686537	0.373305	1.268654
42	使用面积x3	0.135041	0.065863	2.0503222	0.057088	-0.004582972	0.274665	-0.00458	0.274665

因此，得估计的多元回归方程为

$$\hat{y}_i = 148.700\,45 + 0.8147\,382x_1 + 0.820\,979\,5x_2 + 0.135\,041x_3$$

对每个回归系数的解释如下，$\hat{\beta}_1 = 0.814\,738\,2$ 表示在其他自变量不变条件下，自变量地产估价 x_1 每变动一个单位，房产销售价格变动 0.814 738 2 个单位。类似的 $\hat{\beta}_2 = 0.820\,979\,5$ 表示在其他自变量不变条件下，自变量房产估价 x_2 每变动一个单位，房产销售价格变动 0.820 979 5 个单位；$\hat{\beta}_3 = 0.135\,041$ 表示在其他自变量不变条件下，自变量使用面积 x_3 每变动一个单位，房产销售价格变动 0.135 041 个单位。

二、多元线性回归模型的检验

(一)拟合优度检验

(1)多重判定系数。类似于一元回归，对于多元线性回归方程，用多重判定系数对其进行拟合优度优劣的评价。同样，多重判定系数也是建立在对总变差平方和进行分解的基础之上的。

一元回归中因变量变差平方和的分解同样适用于多元回归。即

总平方和(SST)＝回归平方和(SSR)＋残差平方和(SSE)

其中

$$\text{SST} = \sum_{i=1}^{k}(y_i - \overline{y})^2; \text{SSR} = \sum_{i=1}^{k}(\hat{y}_i - \overline{y})^2; \text{SSE} = \sum_{i=1}^{k}(y_i - \hat{y}_i)^2$$

用公式表示这三个平方和的关系为

$$\sum_{i=1}^{k}(y_i - \overline{y})^2 = \sum_{i=1}^{k}(\hat{y}_i - \overline{y})^2 + \sum_{i=1}^{k}(y_i - \hat{y}_i)^2 \qquad (7-38)$$

由于这三个平方和的计算非常困难,因此可直接利用 Excel 的输出结果得到三个平方和。

一元回归中,利用判定系数度量估计的回归方程的拟合优度。而在多元回归中,衡量其拟合优度的指标为多重判定系数,其计算公式是

$$R^2 = \text{SSR}/\text{SST} = 1 - \text{SSE}/\text{SST} \qquad (7-39)$$

多重判定系数 R^2 反映了因变量 y 的变差中可以被估计的多元回归方程解释的比例。

对于多重判定系数,人们发现自变量个数的增加将增加因变量中可由估计回归方程解释的变差数量。因此如果模型中增加了一个自变量,即使这个自变量在统计上并不显著,R^2 也会变大。为了避免因自变量而高估 R^2,统计学家提出以样本量 n 和自变量的个数去修正 R^2,从而得到了修正的多重判定系数。在多元线性回归分析中,修正的判定系数 $\overline{R^2}$ 比判定系数 R^2 更能准确地反映回归方程对实际观测值的拟合程度,其含义与 R^2 类似。

修正的多重判定系数 $\overline{R^2}$ 与 R^2 的关系是

$$\overline{R^2} = 1 - (1 - R^2) \times \frac{n-1}{n-k-1} \qquad (7-40)$$

例 7.12　求上例多元回归方程的拟合优度指标判定系数和修正的判断系数。

解:表 7-7 多元回归结果"回归统计"中的"R Square"表示判定系数,即 $R^2 = 0.897\,495\,6$;

"Adjusted R Square"表示修正的多重判定系数,即 $\overline{R^2} = 0.878\,576\,1$。

(2)估计标准误差。类似于一元线性回归,多元回归中的估计标准误差 S_y 表示根据自变量 $x_1, x_2, \cdots, x_k$ 来预测因变量 y 时的平均预测误差,是从绝对数角度来反映多元线性回归方程拟合优度的指标。实际上,S_y 是对随机误差项 ε 的方差 σ^2 的一个估计值。其计算公式为

$$S_y = \sqrt{\frac{\text{SSE}}{n-k-1}} = \sqrt{\frac{\sum_{i=1}^{k}(y_i - \hat{y}_i)^2}{n-k-1}} = \sqrt{\text{MSE}}$$

式中,k——自变量的个数。

例 7.13　求例 7.11 多元回归方程的估计标准误差。

解:表 7-7 多元回归结果"回归统计"部分中的"标准误差"即为估计标准误差 $S_y = 791.682\,33$。

(二)回归方程的显著性检验

线性回归方程能够较好地反映被解释变量和解释变量之间统计关系的前提应是,被解释变量和解释变量之间确实存在显著的线性关系。回归方程的显著性检验正是要检验被解释变量与所有解释变量之间的线性关系是否显著,用线性模型来描述它们之间的关系是否恰当,也称回归方程的总体显著性检验。该检验的具体步骤如下:

(1)提出假设。

$$H_0 : \beta_1 = \beta_2 = \cdots = \beta_p = 0 \qquad (7-41)$$
$$H_1 : \beta_1 , \beta_2 , \cdots , \beta_k \text{ 不全为 } 0 \qquad (7-42)$$

若原假设 H_0 成立,即各个偏回归系数同时与零无显著差异,则意味着无论各个自变量 x_i 取值如何变化都不会引起 y 的线性变化,所有自变量 x 无法解释 y 的线性变化,即因变量 y 与自变量 x 的全体不存在显著的线性关系。反之,若备择假设 H_1 成立,则意味着因变量 y 能够由自变量 x 的线性变化表示,即因变量 y 与自变量 x 的全体存在显著的线性关系。

(2)计算检验统计量。多元回归方程的显著性检验采用 F 统计量,其数学定义为

$$F = \frac{\sum_{i=1}^{k} (\hat{y} - \overline{y})^2 / (n-1)}{\sum_{i=1}^{k} (y_i - \hat{y}_2)^2 / (n-k)} \sim F(k-1, n-k) \qquad (7-43)$$

式中,k——多元线性回归方程中解释变量的个数。

F 统计量服从自由度为 $(k, n-k-1)$ 的 F 分布。

(3)做出决策。给定显著性水平 α,并根据分子自由度 $df_1 = k$ 和分母自由度 $df_2 = n-k-1$ 查附录三,查出相应的临界值 F_α,若 $F > F_\alpha$,则拒绝 H_0,表明回归方程因变量 y 与所有自变量 x 之间的线性关系显著,可以用线性模型描述和反映它们之间的关系;若 $F < F_\alpha$,则不拒绝 H_0,表明回归方程因变量 y 与所有自变量 x 之间的线性关系不显著,用线性模型描述和反映它们之间的关系不是恰当的。也可根据计算机输出的 P 值直接做出决策:若 P 值 $< \alpha$,拒绝 H_0;若 P 值 $> \alpha$,则不拒绝 H_0。

需要指出的是,在一元线性回归中,由于解释变量只有一个,也就不用进行 F 检验。事实上,在一元回归情形下容易证明 $F = t^2$,F 检验与 t 检验是等价的。

例 7.14 根据例 7.11,对多元回归方程线性关系的显著性进行检验($\alpha = 0.05$)。

解:(1)提出假设。

$$H_0 : \beta_1 = \beta_2 = \beta_3 = 0$$
$$H_1 : \beta_1 , \beta_2 , \beta_3 \text{ 不全为 } 0$$

(2)计算检验统计量 F。根据 Excel 输出的回归分析表 7-7 中的"方差分析"表可知检验统计量 $F = 46.69697$。

(3)做出决策。根据自由度 $df_1 = 3$ 和 $df_2 = 16$,查 F 分布表得出临界值 $F_\alpha = 3.24$,由于 $F > F_\alpha$,拒绝 H_0,说明销售价格和地产估计、房产估计、使用面积之间的线性关系时显著的。

也可以利用 P 值做决策,Excel 输出的回归分析结果中"方差分析"表,可知"Significance F"为 $3.87913E-08(3.87913 \times 10^{-8}) < 0.05$,拒绝 H_0。

Excel 输出的回归分析结果中的方差分析表含义如表 7-8 所示。

表 7-8　方差分析表

类别	自由度 df	误差平方和 SS	均方 MS	检验统计量 F	Significance F
回归分析	k	SSR	MSR = SSR/k	F = MSR/MSE	P 值
残差	$n-k-1$	SSE	MSE = SSE/$n-k-1$		
总计	$n-1$	SST			

(三)回归系数的显著性检验

多元回归分析中对各个回归系数的检验,目的在于检验当其他自变量不变时,该回归系数对应的自变量是否对因变量有显著影响。检验方法与一元线性回归的检验基本相同。

用 t 统计量进行回归系数显著性检验的具体过程如下。

(1)提出假设。

$$H_0:\beta_j=0 \quad H_1:\beta_j\neq0 \quad j=1,2,\cdots,k \tag{7-44}$$

(2)计算检验统计量 t。

$$t=\frac{\hat{\beta}_j}{S_{\hat{\beta}_j}}\sim t(n-k-1) \tag{7-45}$$

(3)做出决策。给定显著性水平 α,查自由度为 $(n-k-1)$ 的附录二,得临界值 $t_{\alpha/2}$。若$|t|>t_{\alpha/2}(n-k-1)$,则拒绝 H_0,说明在其他自变量不变的情况下,自变量 x_j 对因变量 y 的影响是显著的。若 $|t|<t_{\alpha/2}(n-k-1)$,就不拒绝 H_0,说明在其他自变量不变的情况下,自变量 x_j 对因变量 y 的影响不显著。

例 7.15　根据例 7.11 的回归分析结果,对回归方程中的回归系数进行显著性检验($\alpha=0.05$)。

解:(1)提出假设。

$$H_0:\beta_j=0 \quad H_1:\beta_j\neq0(j=1,2,3)$$

(2)计算检验统计量 t。根据 Excel 输出的回归分析结果"t Stat"列可知:$t_1=1.591\ 321\ 2$;$t_2=3.887\ 646\ 3$;$t_3=2.050\ 322\ 2$。

(3)做出决策。给定显著性水平 α,查自由度为 $n-k-1=19$ 的附录,得临界值 $t_{0.025}(19)>2.093$。因为 $t_2>2.093$,拒绝 $H_0:\beta_2=0$,说明自变量房产估价 x_2 对销售价格 y 的影响是显著的;而 t_1 和 t_3 都小于 2.093,因此不拒绝 $H_0:\beta_1=0$ 和 $H_0:\beta_3=0$,说明自变量地产估计 x_1 和使用面积 x_3 对销售价格 y 的影响是不显著的。

三、多元回归方程的预测

如果拟合的多元线性回归方程经过检验,被认为具有实际意义,同时被证明有较高的拟合程度,就可以利用其来进行预测。即将 x 的值代入回归方程之后得出一个 y 值。预测的方法、预测的对象与一元线性回归模型均相同,只是计算过程更加复杂而已,此处不再叙述。

本章小结

(1)相关关系是指现象之间存在着非严格的、不确定的依存关系。要判别现象之间有无相关关系,可编制相关表,绘制相关图,以便直观地判断现象之间相关关系的方向、形态及大致的密切程度。

(2)回归分析是根据相关关系的形态,选择一个合适的数学模型,来近似地表达变量间的平均变化关系。它侧重考察变量之间的数量变化规律,并通过回归方程的形式描述和反映这种关系,帮助人们准确把握变量受其他一个或多个变量影响的程度,进而为预测提供科学依据。

❓ 复习思考题

一、思考题

1. 什么是相关关系？相关关系与函数关系有何区别和联系？

2. 相关分析与回归分析的联系与区别是什么？

3. 线性回归模型的统计学检验包括哪些？各种检验的作用是什么？

二、单项选择题

1. 下面现象间的关系属于相关关系的是（　　　）

    A. 圆的周长和它的半径之间的关系

    B. 价格不变条件下，商品销售额与销售量之间的关系

    C. 家庭收入愈多，其消费支出也有增长的趋势

    D. 正方形面积和它的边长之间的关系

2. 研究小麦的收获量和施肥量之间相关关系，则（　　　）

    A. 施肥量只能是因变量　　　　　　B. 施肥量只能是自变量

    C. 收获量只能是自变量　　　　　　D. 施肥量和收获量可以随意确定为自变量

3. 在简单回归直线 $\hat{y} = \hat{\beta}_0 + \hat{\beta}_1 x$ 中，$\hat{\beta}_1$ 表示（　　　）

    A. 当 x 增加一个单位时，y 增加的数值

    B. 当 y 增加一个单位时，x 增加的数值

    C. 当 x 增加一个单位时，y 平均增加的数值

    D. 当 y 增加一个单位时，x 平均增加的数值

4. 简单线性相关系数（　　　）

    A. 只适用于曲线相关

    B. 只适用于直线相关

    C. 可用于直线相关，也可用于曲线相关

    D. 不适用于直线相关，也不适用于曲线相关

5. 对居民收入与消费支出的几组数据配合得出以下回归方程，可能正确的是（　　　）

    A. $\hat{y} = 120 - 0.5x$　　　　　　　　B. $\hat{y} = 125 + 0.7x$

    C. $\hat{y} = -120 - 0.5x$　　　　　　　D. $\hat{y} = 125 + 1.8x$

6. 根据最小二乘法原理所配合的一元线性回归方程，是使（　　　）

    A. $\sum(y - \hat{y})^2$ 最小　　　　　　B. $\sum(y - \hat{y})^2$ 最大

    C. $\sum(y - \hat{y})^2 = 0$　　　　　　D. $\sum(y - \hat{y}) = 0$

7. 下列指标用来评价回归直线方程的拟合程度的是（　　　）

    A. 回归系数 β_2　　　　　　　　B. 直线截距 β_0

    C. 判定系数 R^2　　　　　　　　D. 相关系数 r

8. 如果所有观察值 y 都落在回归直线 $\hat{y} = 100 + 6.8x$ 上，则 x 与 y 之间的相关系数（　　　）

A. $r=1$　　　　　　　　　　B. $-1<r<0$

C. $r=1$ 或 $r=-1$　　　　　D. $0<r<1$

9. 在回归模型 $y=\beta_0+\beta_1 x+\epsilon$ 中，ϵ 反映的是（　　）

   A. 由于 x 的变化引起的 y 的线性变化部分

   B. 由于 y 的变化引起的 x 的线性变化部分

   C. 除 x 和 y 的线性关系之外的随机因素对 y 的影响

   D. 由于 x 和 y 的线性关系对 y 的影响

10. 下列相关系数中表示两个变量间的相关程度最低的是（　　）

   A. 0.90　　　　　　　　　　B. 0.10

   C. -0.40　　　　　　　　　D. -0.70

三、多项选择题

1. 判断现象之间有无相关关系的方法有（　　）

   A. 对客观现象作定性分析　　　B. 编制相关表

   C. 绘制相关图　　　　　　　　D. 计算估计标准误差

   E. 计算相关系数

2. 估计标准误差是反映（　　）

   A. 回归方程代表性的指标　　　B. 自变量离散程度的指标

   C. 因变量离散程度的指标　　　D. 因变量估计值可靠程度的指标

   E. 因变量围绕回归直线离散程度的指标

3. 若散点图中所有的点分布在同一条直线（不平行于 X 轴，也不平行于 Y 轴）上，则两个变量（　　）

   A. 是函数关系　　　　　　　　B. 相关系数等于零

   C. 相关系数的绝对值等于1　　D. 属于完全相关

   E. 相关系数等于回归系数

4. 下列对一元线性回归分析中的回归系数的叙述正确的是（　　）

   A. 能反映两个变量之间相关关系的密切程度

   B. 能反映两个变量之间相关关系的方向

   C. 当自变量增减一个单位时，因变量平均增减的量

   D. 当因变量增减一个单位时，自变量平均增减的量

   E. 能够用来评价回归方程拟合的优度

5. 判别系数为 0.8 的含义有（　　）

   A. 判定系数反映的是自变量与因变量之间的相关关系的密切程度

   B. 因变量的总变差中有 80% 可以由回归方程来解释和说明

   C. 总变差中有 80% 可以由回归变差来解释

   D. 相关系数一定为 0.64

   E. 判别系数与相关系数无关

6. 在二元线性回归的假设检验中，以下说法正确的有（　　）

   A. 可用 t 检验

B. 可用 F 检验

C. t 检验与 F 检验的结论是等价的

D. t 检验是检验每个自变量对因变量的影响是否显著

E. F 检验是检验整个回归关系的显著性

四、计算题

1. 两个变量 x 和 y 的五个观察值如表 1 所示。

表 1 　x 和 y 的五个观察值

2	3	5	1	8	—
—	25	25	20	30	16

要求：

(1)根据这些数据绘制散点图,并根据散点图说明两个变量之间是什么关系；

(2)计算两变量间的相关系数；

(3)建立样本回归方程；

(4)用样本回归方程预测当 $x=6$ 时,y 的值。

2. 某种产品的产量与单位成本的资料如表 2 所示。

表 2 　某种产品的产量与单位成本的资料

产量 x（千件）	单位成本 y（元/件）
2	73
3	72
4	71
3	73
4	69
5	68

要求：

(1)计算相关系数,判别其相关程度。

(2)建立直线回归方程。

(3)指出产量每增加 1 000 件时,单位成本平均下降多少元。

3. 某地高校教育经费与在校学生连续 6 年的统计资料如表 3 所示。

表 3 　某地高校教育经费与在校学生连续 6 年的统计资料

编号	教育经费(万元)	在校学生数(万人)
1	316	11
2	343	16
3	373	18
4	393	20
5	418	22
6	455	25

要求：

(1)建立直线回归方程,估计教育经费为 500 万元时的在校学生数。

(2)计算估计标准误差。

4. 表 4 是关于获得工商管理学士学位的学生的平均绩点 x 和月薪 y。

表 4 获得工商管理学士学位的学生的平均绩点 x 和月薪 y

平均绩点	月薪(元)	平均绩点	月薪(元)
2.6	3 300	3.2	3 500
3.4	3 600	3.5	3 900
3.6	4 000	2.9	3 600

要求：

(1)建立平均绩点与月薪的样本回归方程;

(2)计算 SST、SSR 和 SSE 的值;

(3)计算判定系数 R^2,试评价拟合优度;

(4)样本相关系数的值是多少?

5. 考虑表 5 中,x_1 和 x_2 为两个自变量,y 为因变量。

表 5 自变量和因变量数据

x_1	x_2	y
30	12	94
47	10	108
25	17	112
51	16	178
40	5	94
51	19	175
74	7	170
36	12	117
59	13	142
76	16	211

要求：

(1)建立一个关于 y 和 x_1 的样本回归方程,估计当 $x_1=45$ 时的 y 值;

(2)建立一个关于 y 和 x_2 的样本回归方程,估计当 $x_2=15$ 时的 y 值;

(3)建立一个关于 y 和 x_1、x_2 的样本回归方程,估计当 $x_1=45$,$x_2=15$ 时的 y 值。

6. 某剧院公司的所有者想要将每周总收入作为广告支出的函数估计出来,表 6 是 8 周的历史数据(单位:万元)。

表6　8周的历史数据

每周总收入	电视广告支出	报纸广告支出
96	5.0	1.5
90	2.0	2.0
95	4.0	1.5
92	2.5	2.5
95	3.0	3.3
94	3.5	2.3
94	2.5	4.2
94	3.0	2.5

要求：

(1)建立一个将电视广告作为自变量的估计回归方程；

(2)建立一个将电视广告和报纸广告都作为自变量的估计回归方程；

(3)上两问中的估计回归方程中的电视广告支出前的系数相同吗？分别解释两种情况下的系数；

(4)当电视广告支出为3.5万元、报纸广告支出为1.8万元时，一周总收入的估计值是多少？

7. 为研究不良贷款与贷款余额、固定资产投资额之间的关系，随机抽取部分地区分行数据，运用 Excel 软件进行回归分析得到下面的有关结果（$\alpha=0.05$）：

回归统计	
Multiple R	0.8724
R Square	0.7610
Adjusted R Square	0.7393
标准误差	1.8428
观测值	25

方差分析

	df	SS	MS	F	Significance F
回归分析	2	237.94143	118.9707	35.03402	1.45028E−07
残差	22	74.708968	3.395862		
总计	24	312.6504			

	Coefficients	标准误差	t Stat	P-value
Intercept	−0.4434	0.6968	−0.6363	0.5311
各项贷款余额	0.0503	0.0075	6.7316	9.14E−07
固定资产投资额	−0.0319	0.0149	−2.1334	0.0443

要求：

(1)写出判定系数、修正的判定系数，并解释判定系数的含义；

(2)写出多元线性回归方程；

(3)检验回归方程的线性关系是否显著,并指出检验依据;

(4)检验各回归系数是否显著,并指出检验依据。

8. 设销售收入 x 为自变量,销售成本 y 为因变量。现已根据某百货公司某年 12 个月的有关资料计算出以下数据(单位:万元)

$$\sum (x_i - \overline{x})^2 = 425\ 053.73 \qquad \sum (y_i - \overline{y})^2 = 262\ 855.25$$

$$\overline{x} = 647.88 \qquad \overline{y} = 549.8 \qquad \sum (x_i - \overline{x})(y_i - \overline{y}) = 334\ 229.09$$

要求:

(1)拟合简单线性回归方程,并对方程中回归系数的经济意义做出解释;

(2)计算可决系数和回归估计的标准误差;

(3)假定下年 1 月销售收入为 800 万元,利用拟合的回归方程预测其销售成本,并给出置信度为 95% 的预测区间。

第八章

时间序列分析

内容提要

本章介绍时间序列数据。第一节介绍时间序列的基本概念以及分类。第二节介绍时间序列的描述性分析。第三节介绍平稳序列的分析与预测:移动平均法和指数平滑法。第四节介绍趋势型序列的分析与预测:线性趋势拟合法和非线性趋势拟合法。第五节介绍复合型序列的分析与预测:季节指数的计算。

在社会经济生活中,人们经常会接触到按时间顺序记录的数据,如过去某年 12 个月的 CPI 数据、某一段时期的股票价格数据。诸如此类按时间先后顺序记录的一组数据称为时间序列数据。时间序列数据刻画了现象发展变动的过程,包含了丰富的信息。科学地分析这些信息有利于人们正确认识事物变化发展的规律。这需要有专门研究时间序列数据的分析方法,即统计学中的时间序列分析。

许多社会经济现象总是随着时间的推移不断发展变化的。为了探索事物随时间变化发展的规律性,可以对时间序列进行描述性分析和时间序列构成要素分析。描述性分析从时间序列图形入手,通过图形观察数据随时间变化的模式及变化趋势,分析其增长和发展特征。时间序列构成要素分析是将影响时间序列变动的众多因素划分为若干种时间序列的构成要素,然后对这几类要素分别进行分析,以揭示时间序列变动的规律性。

第一节　时间序列概述

一、时间序列的概念

时间序列又称动态数列,是指同一现象在不同时间上的相继观察值排列而成的数列,如 2002—2008 年我国 GDP 数据系列,如表 8-1 所示。

表 8-1　2002—2008 年我国 GDP 时间序列(亿元)

年份	2002	2003	2004	2005	2006	2007	2008
GDP	120 332.7	135 822.8	159 878.3	183 217.4	211 923.5	257 305.6	300 670.0

资料来源:中华人民共和国国家统计局.中国统计年鉴[M].北京:中国统计出版社,2009.

从表 8-1 可以看出,时间序列形式上包含两部分:一是现象所属的时间,二是现象在不同时间上的观察值。这两部分是任何一个时间数列所应具备的两个基本要素。现象所属的时间可以是年份、季度、月份或其他任何时间形式。

时间序列分析是从时间发展变化的角度来研究客观事物在不同时间的发展状况,探索其随时间推移的演变趋势和规律,揭示其数量变化和时间的关系,预测客观事物在未来时间上可能达到的数量和规模。

二、时间序列的编制

为了反映社会经济现象的发展过程及其规律性,通常需要把现象的观察值编制成时间序列。保证数列中各项观察值具有可比性,是编制时间数列的基本原则。所谓可比性,是要求各观察值所属时间、总体范围、经济内容、计算方法、计算价格、计量单位等可比。具体含义如下。

(一)时间长短统一

时间序列的时间构成要素可区分为时期和时点,对应的观察值属性为流量和存量。由于各个观察值的大小与时期长短或时间间隔有关,因此在编制时间序列时应保证观察值所属的时间长短或时间间隔是统一的。

(二)总体范围一致

这是就所属空间范围而言的,如地区范围、隶属范围、分组范围。例如,研究某省人口发展状况,必须注意该省的行政区划有无变动。若有变动,则资料前后期数据就没有可比性,需要适当调整,使得前后期对应的范围一致。

(三)观察值的经济内容相同

观察值的经济内容是由其理论内涵所决定的,随着社会经济条件的变化,有些指标的经济内容发生了变化。对于名称相同而经济内涵不一致的指标,尤其要注意这一点,务必使各时间上的观察值内涵一致,否则也不具备可比性。例如,我国的工业总产值指标,有的年份包括了乡村企业的工业产值,有的年份则不包括。

(四)计算口径统一

计算口径包括计算方法、计量单位等。若观察值总体范围和经济内容都相同,但计算方法不同也会导致数值差异,有时甚至是极大的差异。例如,GDP按照生产法、支出法、分配法计算的结果就有差异。因此,同一时间序列中,各个时期(时点)指标值的计算方法要统一。如果从某一时期,计算方法做了重大改变,那么发布资料必须注明,以便动态比较时进行调整。对于经济现象数据大多有现行价格和不变价格之分。不变价格为了适应客观经济条件的变化也在不断调整,形成了多个时期的不变价格,编制时间序列遇到前后时期所用的计算价格不同,就需要进行调整,使其统一。对于实物指标的时间序列,则要求计量单位保持一致,否则也要调整。

三、时间序列的分类

依据时间序列随着时间变化发展的趋势类型,可以把时间序列分为平稳序列和非平稳序列。平稳序列是指基本上不存在趋势的序列,各观察值基本上在某个固定的水平上波动或虽有波动,但不存在某种规律,而其波动可以看成随机的。非平稳序列是指观察值有明显波动的序列,并且这种波动是系统的、有一定规律的,并非随机的。引起非平稳序列波动的因素有很多,总的来说,可以分为以下几种。

长期趋势(Trend,简写为 T)是指现象在较长时期内受某种根本性因素作用而形成的总的变动趋势,可以是线性趋势,也可以是非线性趋势。

季节变动(Seasonal Fluctuation,简写为 S)是指现象在一年内随着季节的变化而发生的有规律的周期性变动。在商业场合,经常提到"销售淡季"、"销售旺季",这意味着商业活动会受到季节的影响,随季节的变化而变化。例如,啤酒的销售量受季节的影响很大,带有明显的季节性。当然,现在所理解的"季节"应该是一个广义的概念,它不仅仅指一年四季的更替,还包括节假日的影响。例如,"十一黄金周"对经济的影响,也可作为季节变动来理解。

循环变动(Cyclical Fluctuation,简写为 C)也称周期变动,它是指现象以若干年为周期所呈现的波浪起伏形态的有规律的变动。循环变动通常由社会规律或自然规律引起的涨落相间的交替波动。它不同于季节变动,季节变动有比较固定的规律,变动周期大多为一年,而循环变动无固定规律,变动周期多在一年以上,周期长短不一。经济现象的循环变动主要是由于经济周期引起的,短则两三年,长则十几年。

不规则变动(Irregular Variations,简写为 I)又称随机变动,是一种无规律可循的变动,由偶然性因素或突发性事件引起。

长期趋势、季节变动、循环变动、不规则变动是时间序列的构成要素,时间序列可能包含四种要素的某几种。平稳序列主要包含不规则变动,非平稳序列则要复杂得多,主要包含长期趋势的非平稳序列称为趋势型序列,而包含了长期趋势、季节变动、循环变动的非平稳序列称为复合型序列。

四、时间序列的分析方法

时间序列分析常用的方法有两种:一是描述分析法,二是构成要素分解法。

(一)描述分析法

描述分析法是指通过计算一系列时间序列分析指标,包括发展水平、增长量、发展速度、平均发展速度、增长速度、平均增长速度、年度化增长率、增长 1% 绝对值等来揭示现象的发展状况和发展变化程度。

(二)构成要素分解法

构成要素分解法是将时间序列看作由长期趋势、季节变动、循环变动和不规则变动几种因素所构成,通过对这些因素的分解分析,揭示现象随时间变化而演变的规律,并在揭示这些规律的基础上,假定事物今后的发展趋势遵循这些规律,从而对事物的未来发展做出预测。

第二节 时间序列描述性分析

一、图形描述

绘图是观察时间序列的一种有效方法。对时间序列进行分析时,最好是先绘制一个图形,通过图形展示时间序列的变化发展趋势,然后进一步的分析时间序列变化趋势。

例 8.1 表 8-2 给出了我国人口自然增长率、居民消费价格指数、能源生产总量、人均 GDP 时间序列,结合图形分析。

表 8-2 人口自然增长率等时间序列数据

年份	人口自然增长率(‰)	居民消费价格指数(上年=100)	能源生产总量(万吨标准煤)	人均 GDP(元)
1990	14.39	103.1	103 922	1 644.0
1991	12.98	103.4	104 844	1 892.8
1992	11.60	106.4	107 256	2 311.1
1993	11.45	114.7	111 059	2 998.4
1994	11.21	124.1	118 729	4 044.0
1995	10.55	117.1	129 034	5 045.7
1996	10.42	108.3	132 616	5 845.9
1997	10.06	102.8	132 410	6 420.2
1998	9.14	99.2	124 250	6 796.0
1999	8.18	98.6	125 935	7 158.5
2000	7.58	100.4	128 978	7 857.7
2001	6.95	100.7	137 445	8 621.7
2002	6.45	99.2	143 810	9 398.1
2003	6.01	101.2	163 842	10 542.0
2004	5.87	103.9	187 341	12 335.6
2005	5.89	101.8	205 876	14 053.0
2006	5.28	101.5	221 056	16 165.0
2007	5.17	104.8	235 415	19 524.1
2008	5.08	105.9	260 000	22 698.0

注:数据来源于国家统计局网站。

解:为判断这几个时间序列变化趋势,下面分别制作四个时间序列线图。图 8-1 显示人口自然增长率有明显的线性下降趋势;图 8-2 反映的居民消费价格指数波动幅度不大,基本上是平稳的;图 8-3 表明能源生产总量先以缓慢的速度上升,2000 年之后增速明显加快;图8-4显示人均GDP有长期增长趋势,增速先慢后快。通过这些时间序列,我们可以大致了解时间序列的变化发展规律,为更进一步的分析做铺垫。

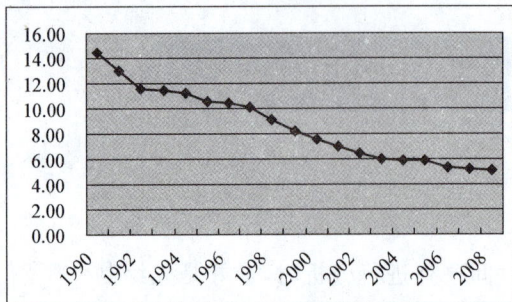

图8-1　人口自然增长率时间序列

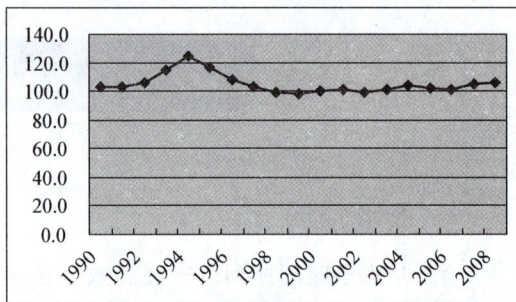

图8-2　居民消费价格指数时间序列

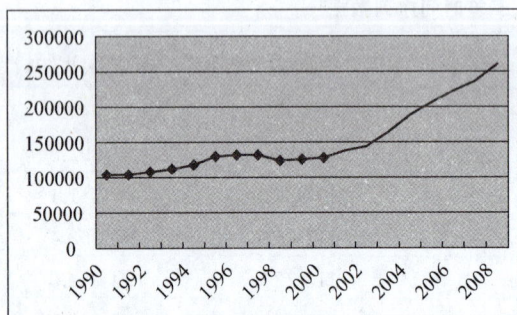

图8-3　能源生产总量时间序列

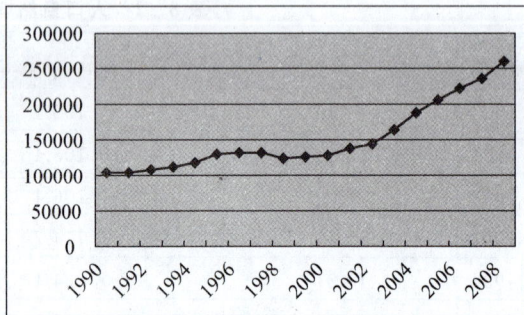

图8-4　人均GDP时间序列

二、时间序列指标分析

时间序列指标分析有发展水平、增长量、发展速度、增长速度、平均发展速度、平均增长速度、年度化增长率、增长1‰的绝对值。

(一)发展水平

时间序列由时间要素和观察值两部分组成,通常用 $t_i(i=0,1,\cdots,n)$ 表示现象所属的时间, a_i 表示现象在不同时间上的观察值。 $a_i(i=0,1,\cdots,n)$ 也称为现象在时间 t_i 上的发展水平,它表示现象在某一时间上所达到的一种数量状态。在时间序列 $a_0,a_1,a_2,\cdots,a_n$ 中, a_0 称为最初发展水平, a_n 称为最末发展水平。若将整个观察时期内的各观察值与某个特定时期 a_0 做比较,这种分析方法称为定基分析。在定基分析中, a_0 作为比较的参照期数据,称为基期水平; a_n 作为当前分析的数据,称为报告期水平。若在时间序列 $a_0,a_1,a_2,\cdots,a_n$ 中分别比较前后期数据,称为逐期分析。

(二)增长量

增长量是报告期水平与基期水平之差,用以说明现象在一定时期内增长的绝对数量。由于所选择分析方法不同,增长量可分为逐期增长量和累积增长量。

逐期增长量是指在逐期分析中,前后两期水平之差,说明本期较上期增减的绝对数量,

用公式表示为

$$逐期增长量 = a_i - a_{i-1}(i=1,2,\cdots,n) \tag{8-1}$$

累积增长量是指在定基分析中,报告期水平与某一固定基期水平之差,说明报告期与某一固定时期相比增减的绝对数量。用公式表示为

$$累积增长量 = a_i - a_0(i=1,2,\cdots,n) \tag{8-2}$$

逐期增长量与累积增长量之间存在一定的关系:各逐期增长量的和等于相应时期的累积增长量,两个相邻时期累积增长量之差等于相应时期的逐期增长量。用公式分别表示为

$$\sum_{i=1}^{n}(a_i - a_{i-1}) = a_n - a_0 \tag{8-3}$$

$$a_i - a_0 - (a_{i-1} - a_0) = a_i - a_{i-1}(i=1,2,\cdots,n) \tag{8-4}$$

平均增长量是时间序列各逐期增减量的平均数,用于描述现象在观察期内平均每期增减的数量。它可以根据逐期增长量求得,也可以根据累积增长量求得。计算公式为

$$平均增减量 = \frac{\sum_{i=1}^{n}(a_i - a_{i-1})}{n} = \frac{a_n - a_0}{n} \tag{8-5}$$

式中,n——逐期增减量个数。

例 8.2　表 8-3 给出了我国连续若干年的 GDP 数据,计算逐期增长量、累增长量、平均增长量。

表 8-3　我国 2000—2006 年 GDP 数据(亿元)

年份	2000	2001	2002	2003	2004	2005	2006
GDP	99 214.6	109 655.2	120 332.7	135 822.8	159 878.3	183 217.4	211 923.5
逐期增长量	—	10 440.6	10 677.5	15 490.1	24 055.6	23 339.1	28 706.1
累积增长量	—	10 440.6	21 118.1	36 608.2	60 663.8	84 002.8	112 708.9

平均增长量=112 708.9/6=18 784.824 28

(三)发展速度

发展速度是报告期发展水平与基期发展水平之比,用于描述现象在观察期内相对的发展变化程度。在逐期分析中,发展速度为环比发展速度;在定基分析中,发展速度为定基发展速度。环比发展速度是前后水平之比,说明现象逐期发展变化的程度;定基发展速度是报告期水平与某一固定时期水平之比,说明现象在整个观察期内总的发展变化程度。

在时间序列 $a_0,a_1,a_2,\cdots,a_n$ 中,设发展速度为 R,环比发展速度和定基发展速度的一般形式可以写为

环比发展速度
$$R_i = \frac{a_i}{a_{i-1}}(i=1,\cdots,n) \tag{8-6}$$

定基发展速度
$$R_i = \frac{a_i}{a_0}(i=1,\cdots,n) \tag{8-7}$$

环比发展速度与定基发展速度之间存在着重要的数量关系:观察期内各个环比发展速度的连乘积等于相应时期的定基发展速度;两个相邻的定基发展速度,用后者除以前者,等

于相应时期的环比发展速度。即

$$\prod_{i=1}^{n}\frac{a_i}{a_{i-1}}=\frac{a_n}{a_0}(\prod 为连乘符号)$$

$$\frac{a_i}{a_0}\Big/\frac{a_{i-1}}{a_0}=\frac{a_i}{a_{i-1}}$$

利用上述关系,可以根据一种发展速度去推算另一种发展速度。

(四)增长速度

增长速度也称增长率,是增长量与基期水平之比,用于说明报告期水平较基期水平的相对增减程度。它可以根据增长量求得,也可以根据发展速度求得。其基本计算公式为

$$增长速度=\frac{增长量}{基期水平}=\frac{报告期水平-基期水平}{基期水平}=发展速度-1 \qquad (8-8)$$

从式(8-8)可以看出,增长速度等于发展速度减1,但各自说明的问题是不同的。发展速度说明报告期水平较基期发展多少,而增长速度说明报告期水平较基期增减多少(扣除了基数)。当发展速度大于1时,增长速度为正值,表示现象的增长程度;当发展速度小于1时,增长速度为负值,表示现象的下降程度。

增长速度也分为环比增长速度和定基增长速度。前者是逐期增长量与前一时期水平之比,用于描述现象逐期增减的程度;后者是累积增长量与某一固定时期水平之比,用于描述现象在观察期内总的增长程度。

设增长速度为G,环比增长速度和定基增长速度的公式可写为

环比增长速度 $\qquad G_i=\frac{a_i-a_{i-1}}{a_{i-1}}=\frac{a_i}{a_{i-1}}-1(i=1,\cdots,n) \qquad (8-9)$

定基增长速度 $\qquad G_i=\frac{a_i-a_0}{a_0}=\frac{a_i}{a_0}-1(i=1,\cdots,n) \qquad (8-10)$

需要指出,环比增长速度与定基增长速度之间没有直接的换算关系。在由环比增长速度推算定基增长速度时,可先将各环比增长速度加1后连乘,再将结果减1,即得定基增长速度。

例8.3 根据表8-4中的数据计算相应的发展速度和增长速度。

表8-4 2002—2008年GDP数据

年份		2002	2003	2004	2005	2006	2007	2008
国内生产总值(亿元)		120 332.7	135 822.80	159 878.3	183 217.4	211 923.5	257 305.6	300 670
发展速度(%)	环比	—	1.13	1.18	1.15	1.16	1.21	1.17
	定基	—	1.13	1.33	1.52	1.76	2.14	2.50
增长速度(%)	环比	—	0.13	0.18	0.15	0.16	0.21	0.17
	定基	—	0.13	0.33	0.52	0.76	1.14	1.50

(五)平均发展速度

平均发展速度是各个时期环比发展速度的平均数,用于描述现象在整个观察期内平均发展变化的程度。

计算平均发展速度的常用方法是水平法。水平法又称几何平均法,它是根据各期的环比发展速度采用几何平均法计算出来的。计算公式为

$$\overline{R} = \sqrt[n]{\frac{a_1}{a_0} \times \frac{a_2}{a_1} \times \cdots \times \frac{a_n}{a_{n-1}}} = \sqrt[n]{\frac{a_n}{a_0}} \qquad (8-11)$$

式中，$\overline{R}$——平均发展速度；

　　n——环比发展速度的个数，它等于观察数据的个数减1。

例 8.4　根据表 8-4 中的数据，利用 Excel 计算平均发展速度。

GDP 平均发展速度＝GEOMEAN(1.13，1.18，1.15，1.16，1.21，1.17)＝1.164 889

从平均发展速度的公式中可以看出，实际上它只与序列的最初观察值 a_0 和最末观察值 a_n 有关，而与其他各观察值无关。

(六)平均增长速度

平均增长速度说明现象逐期增减的平均程度。平均增长速度($\overline{G}$)与平均发展速度仅相差一个基数，即

$$\overline{G} = \overline{R} - 1 \qquad (8-12)$$

平均增长速度为正值，表明现象在某段时期内逐期平均递增的程度，也称为平均递增率；若为负值，表明现象在某段时间内逐期平均递减的程度，也称为平均递减率。

(七)年度化增长率

年度化增长率是把增长率换为以年为单位来衡量增长速度，可将月度增长率或季度增长率转换为年度增长率。

年度化增长率计算公式为

$$G = \left(\frac{a_i}{a_{i-1}}\right)^{\frac{m}{n}} - 1 \qquad (8-13)$$

式中，m——一年中的时期个数；

　　n——所跨的时期总数。

当季度增长率被年度化时，$m=4$；月增长率被年度化时，$m=12$；当 $m=n$ 时，上述公式就是年增长率。

例 8.5　某地区 2007 年 3 月份财政收入总额为 240 亿元，2009 年 6 月份的财政收入总额为 300 亿元，计算年度化增长率。

解：$m=12, n=27$，年度化增长率为

$$G = \left(\frac{300}{240}\right)^{\frac{12}{27}} - 1 = 10.43\%$$

例 8.6　某地区 2009 年第 1 季度完成的 GDP 为 500 亿元，第 2 季度完成的 GDP 为 510 亿元，计算年度化增长率。

解：$m=4, n=1$，年度化增长率为

$$G = \left(\frac{510}{500}\right)^{\frac{4}{1}} - 1 = 8.24\%$$

(八)增长 1% 的绝对值

对于大多数时间序列，特别是有关社会经济现象的时间序列，我们经常利用速度来描述其发展的数量特征。尽管速度在计算与分析上都比较简单，但实际应用中，有时也会出现误用乃至滥用速度的现象。因此，在应用速度分析实际问题时，应注意以下几方面的问题。

(1)当时间序列中的观察值出现 0 或负数时,不宜计算速度。例如,假如某企业连续五年的利润额分别为 5 万元、2 万元、0 万元、-3 万元、2 万元,对于这一序列计算速度,要么不符合数学公理,要么无法解释其实际意义。在这种情况下,适宜直接用绝对数进行分析。

(2)在有些情况下,不能单纯就速度论速度,要注意速度与基期绝对水平的结合分析。我们先看一个例子。

例 8.7 假定有两个生产条件基本相同的企业,各年的利润额及有关的速度值如表 8-5 所示。

表 8-5 甲、乙两个企业的有关资料

年份	甲企业		乙企业	
	利润额(万元)	增长率(%)	利润额(万元)	增长率(%)
2008	500	—	60	—
2009	600	20	84	40

如果不看利润额的绝对值,仅就速度对甲、乙两个企业进行分析评价,可以看出乙企业的利润增长速度比甲企业高出 1 倍。如果就此得出乙企业的生产经营业绩比甲企业要好得多,这样的结论就是不切实际的。因为速度是一个相对值,它与对比的基期值的大小有很大关系。大的速度背后,其隐含的增长绝对值可能很小;小的速度背后,其隐含的增长绝对值可能很大。这就是说,由于对比的基点不同,可能会造成速度数值上较大的差异,进而造成速度上的虚假现象。上述例子表明,由于两个企业的生产起点不同,基期的利润额不同,才造成了二者速度上的较大差异。从利润的绝对额来看,两个企业的速度每增长 1% 所增加的利润绝对额是不同的。在这种情况下,我们需要将速度与绝对水平结合起来进行分析,通常要计算增长 1% 的绝对值来弥补速度分析中的局限性。

增长 1% 绝对值表示速度每增长 1% 而增加的绝对数量,其计算公式为

$$增长\ 1\%绝对值 = \frac{逐期增长量}{环比增长速度 \times 100} = \frac{前期水平}{100} \qquad (8-14)$$

根据表 8-5 的资料计算,甲企业速度每增长 1%,增加的利润额为 5 万元,而乙企业则为 0.6 万元,甲企业远高于乙企业。这说明甲企业的生产经营业绩不比乙企业差,而是更好。

第三节 平稳序列的分析与预测

平稳序列各观察值基本上在某个固定的水平上有轻微波动,并不存在某种规律,因此其波动可以看成随机的。之所以呈现这种特点,是因为平稳序列只包含不规则变动。对平稳序列分析与预测的方法主要有移动平均法和指数平滑法,这些方法主要是通过对时间序列进行平滑以消除其随机波动。移动平均法和指数平滑法既可以用于对平稳序列的预测,也可以用于对时间序列进行修匀并描述序列的趋势。

一、移动平均法

移动平均法是平稳序列预测与分析的一种较简单的常用方法。移动平均法的基本原理是通过拉长原时间序列的时间间隔抹平数据的短期波动,并按相等的间隔长度逐期移动,分别计算出一系列移动平均数,这些平均数形成的新的时间序列对原时间序列的波动起到一定的修匀作用,削弱了原序列中短期偶然因素的影响,从而呈现现象稳定的发展变动趋势。该方法操作简单,对平稳序列的预测较为可靠,在某些场合还可以测定时间序列的长期趋势。

(一)移动平均法的分类

1.简单移动平均法

简单移动平均法。是直接用简单算术平均数作为移动平均趋势值的一种方法。

设时间序列为 Y_i,移动间隔长度为 K,则移动平均数序列可以写为

$$\overline{Y}_i = \frac{Y_i + Y_{i+1} + \cdots Y_{i+k-1}}{k} \qquad (8-15)$$

式中,$\overline{Y}_i$——移动平均趋势值;

k——大于 1 小于 n 的正整数。

例 8.8 某公司 2008 年各月的销售额资料如表 8-6 所示,分别计算 3 个月(三项移动)、5 个月(五项移动)的移动平均趋势值,并进行比较。

表 8-6 某公司 2008 年各月销售额(万元)

月份	实际销售额	趋势值($k=3$)	趋势值($k=5$)
1	28	—	—
2	30	31	—
3	35	34	34.4
4	37	38	37.6
5	42	41	41.4
6	44	45	44.0
7	49	47	46.6
8	48	49	48.6
9	50	50	52.4
10	52	55	58.0
11	63	64	—
12	77	—	—

解:根据简单移动平均公式,当 $k=3$ 时,移动平均趋势值 $Y_1=31$;$k=5$ 时,$Y_1=34.4$,其余各期同理,结果如表 8-6 所示。

移动平均法趋势值与实际值关系如图 8-5 所示。

2.加权移动平均法

对于预测期的数据而言,近期数据对加权移动平均法的影响要大于远期数据对它的影响。加权移动平均法这是在简单移动平均法的基础上给近期数据以较大的权数,给远期的数据以较小的权数,计算加权移动平均数作为下一期的移动平均趋势值的一种方法。公式为

$$\overline{Y}_i = \frac{Y_i f_i + Y_{i+1} f_{i+1} + \cdots + Y_{i+k-1} f_{i+k-1}}{f_i + f_{i+1} + \cdots + f_{i+k-1}} \qquad (8-16)$$

仍以表 8 - 6 中的数据为例,设 $k = 3$,则 2008 年 4 月份的预测值为 $Y_1 = \dfrac{28 \times 1 + 30 \times 2 + 35 \times 3}{6} = 32.17$,其余类推。

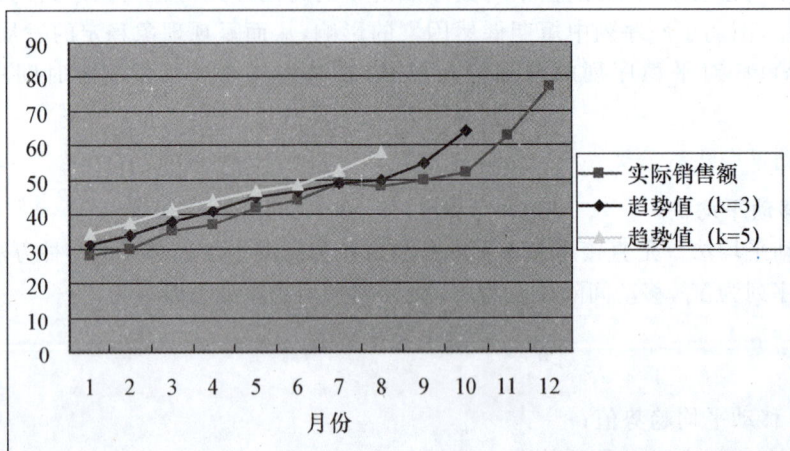

图 8 - 5　移动平均法趋势值与实际值比较

(二)利用移动平均法分析趋势变动时应注意的问题

利用移动平均法分析趋势变动时,注意以下几个问题:

(1)移动间隔的长度应长短适中。通过图 8 - 5 不难看出,通过移动平均所得到的移动平均数数列,要比原始数据序列匀滑,并且五项移动平均数数列又比三项移动平均数数列匀滑,因此,为了更好地消除不规则波动,达到修匀的目的,可以适当增加移动的步长。移动的步长越大,所得趋势值越少,个别观察值影响作用就越弱,移动平均序列所表现的趋势越明显,但移动间隔过长,有时会脱离现象发展的真实趋势;若移动间隔越短,个别观察值的影响作用就越大,有时又不能完全消除序列中短期偶然因素的影响,从而看不出现象发展的变动趋势。一般来说,如果现象的发展具有一定的周期性,应以长度为移动间隔的长度;若时间序列是季度资料,应采用四项移动平均;若为月份数据,采用十二项移动平均。

(2)在利用移动平均法分析趋势变动时,要注意应把移动平均后的趋势值放在各移动项的中间位置。例如,3 项移动平均的趋势值应放在第 2 项对应的位置上,5 项移动平均的趋势值应放在第 3 项对应的位置上,其余类推。因此,若移动间隔长度 k 为奇数时,一次移动即得趋势值;若 k 为偶数时,需将第一次得到的移动平均值再做一次 2 项移动平均,才能得到最后的趋势值,因此,该趋势值也可以叫移正趋势值。

例如,若 $k = 4$ 时

$$\overline{Y}_1 = \frac{28 + 30 + 35 + 37}{4} = 32.5$$

$$\overline{Y}_2 = \frac{30 + 35 + 37 + 42}{4} = 36$$

故

$$\overline{Y} = \frac{32.5 + 36}{2} = 34.25$$

需要说明的是,对于只包含趋势和不规则变动的数列,如果移动平均的目的只是得到数列的趋势估计值,也可以将移动平均值直接对准第 N 期的后一期。例如,三项移动平均时,第一个移动平均值对准第三期,第二个移动平均值对准第四期,以此类推;四项移动平均时,第一个移动平均值对准第四期,第二个移动平均值对准第五期,以此类推。Excel 中移动平均法程序即是这样处理的,本节稍后会做详细说明。

二、指数平滑法

指数平滑法是将过去时间数列值的加权平均数作为趋势值,它是加权移动平均法的一种特殊情形。其基本形式是根据本期的实际值 Y_t 和本期的趋势值 $\hat{Y}_t$,分别给以不同权数 α 和 $1-\alpha$,计算加权平均数作为下期的趋势值 $\hat{Y}_{t+1}$。基本指数平滑法模型如下

$$\hat{Y}_{t+1} = \alpha Y_t + (1-\alpha)\hat{Y}_t \tag{8-17}$$

式中,$\hat{Y}_{t+1}$——时间数列 $t+1$ 期趋势值;

Y_t——时间数列 t 期的实际值;

$\hat{Y}_t$——时间数列 t 期的趋势值;

α——平滑常数($0<\alpha<1$)。

若利用指数平滑法模型进行预测,从基本模型中可以看出,只需一个 t 期的实际值 Y_t、一个 t 期的趋势值 $\hat{Y}_t$ 和一个 α 值,所用数据量和计算量都很少,这是移动平均法所不能及的。

例 8.9 某公司 2009 年前 8 个月销售额资料如表 8-7 所示,用指数平滑法进行长期趋势分析。已知 1 月份预测值为 150.8 万元,α 分别取 0.2 和 0.8。

表 8-7 某公司 2009 年各月销售额预测表(万元)

月份	实际销售额	一次指数平滑预测数	
		$\alpha=0.2$	$\alpha=0.8$
1	154	150.80	150.80
2	148	$0.2\times154+(1-0.2)\times150.8=151.44$	153.36
3	142	150.75	149.07
4	151	149.00	143.41
5	145	149.40	149.48
6	154	148.52	145.90
7	157	149.62	152.38
8	151	151.10	156.08
9	—	151.08	152.02

若 1 月份预测值未知,则从 2 月份开始预测时,使用 1 月份实际值作为预测值。

一次指数平滑法比较简单,但存在问题,从例 8-9 中也可看出,α 值和初始值的确定是关键,它们直接影响着趋势值误差的大小。通常对于 α 和初始值的确定可按以下方法。

(一)α 值的确定

选择 α 总的原则是使预测值与实际观察值之间的误差最小。从理论上讲,α 取 0~1 的

任意数据均可以。具体如何选择,要视时间序列的变化趋势来定。

(1)当时间序列呈较稳定的水平趋势时,应取小一些,一般取值为 0.1～0.3,以减少修正幅度,同时各期观察值的权数差别不大,预测模型能包含更长时间序列的信息。

(2)当时间序列波动较大时,宜选择居中的 α 值,一般取值为 0.3～0.5。

(3)当时间序列波动很大,呈现明显且迅速的上升或下降趋势时,α 应取大些,一般取值为 0.6～0.8,以使预测模型灵敏度高些,能迅速跟上数据的变化。

(4)在实际预测中,可取几个 α 值进行试算,比较预测误差,选择误差小的那个 α 值。

(二)初始值的确定

如果资料总项数 N 大于 50,则经过长期平滑链的推算,初始值的影响变得很小了,为了简便起见,可用第一期水平作为初始值。但是如果 N 小到 15 或 20,则初始值的影响较大,可以选用最初几期的平均数作为初始值。

指数平滑法适用于预测呈长期趋势变动和季节变动的评估对象。指数平滑法可分为一次指数平滑法和多次指数平滑法。本节中介绍的是一次指数平滑法的应用。

三、移动平均法与指数平滑法的 Excel 操作

(一)移动平均法的 Excel 操作

例 8.10 有如下 t 期汽车销售量数据,进行三项移动平均,求汽车销售量的长期趋势。

表 8-8　汽车销售量数据

时间 t	销售量
1	17.56
2	19.63
3	23.98
4	31.64
5	43.72
6	36.98
7	47.18
8	64.47
9	58.35
10	51.4
11	71.42
12	106.67
13	129.85
14	136.69
15	145.27
16	147.52
17	158.25
18	163

Excel操作如下：选择"工具"→"数据分析"选项，弹出"数据分析"对话框，选择"移动平均"选项，在弹出的"移动平均"对话框中进行相应设置，如图8-6和图8-7所示。

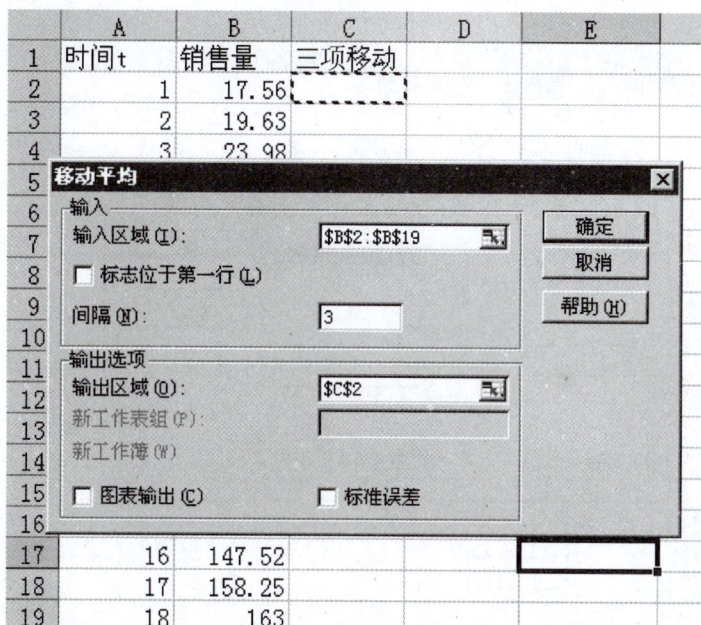

	A	B	C	D	E
1	时间t	销售量	三项移动		
2	1	17.56			
3	2	19.63			
4	3	23.98			

移动平均

输入

输入区域(I)：$B$2:$B$19

☐ 标志位于第一行(L)

间隔(N)：3

输出选项

输出区域(O)：$C$2

新工作表组(P)：

新工作簿(W)

☐ 图表输出(C)　　☐ 标准误差

确定　取消　帮助(H)

17	16	147.52			
18	17	158.25			
19	18	163			

图8-6　"移动平均"对话框

	A	B	C
1	时间t	销售量	三项移动
2	1	17.56	
3	2	19.63	
4	3	23.98	20.39
5	4	31.64	25.08333
6	5	43.72	33.11333
7	6	36.98	37.44667
8	7	47.18	42.62667
9	8	64.47	49.54333
10	9	58.35	56.66667
11	10	51.4	58.07333
12	11	71.42	60.39
13	12	106.67	76.49667
14	13	129.85	102.6467
15	14	136.69	124.4033
16	15	145.27	137.27
17	16	147.52	143.16
18	17	158.25	150.3467
19	18	163	156.2567

图8-7　移动平均结果

(二)指数平滑法的Excel操作

例8.11　对表8-8中汽车销售量数据采用指数平滑法测定趋势(α取0.3)。

Excel操作如下:选择"工具"→"数据分析"选项,弹出"数据分析"对话框,选择"指数平滑"选项,在弹出的"指数平滑"对话框中进行相应设置(阻尼系数＝1－平滑系数),如图8－8和图8－9所示。

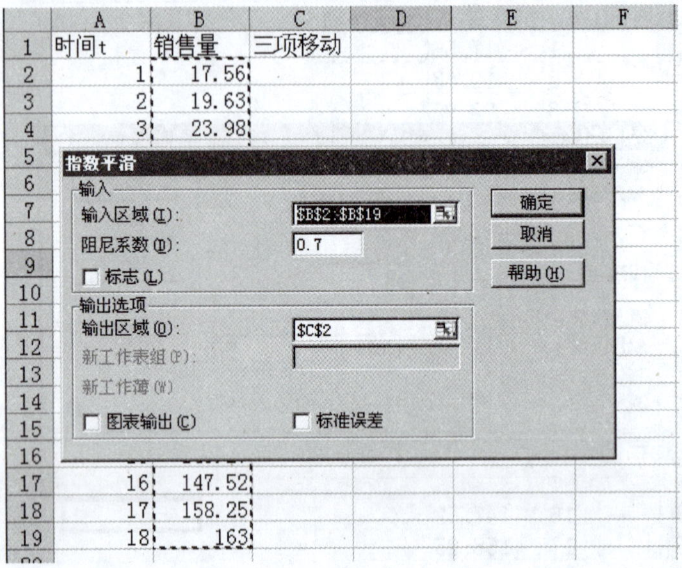

	A	B	C	D	E	F
1	时间t	销售量	三项移动			
2	1	17.56				
3	2	19.63				
4	3	23.98				

指数平滑

输入
输入区域(I): $B$2:$B$19
阻尼系数(D): 0.7
□ 标志(L)

输出选项
输出区域(O): $C$2
新工作表组(P):
新工作簿(W):
□ 图表输出(C) □ 标准误差

确定
取消
帮助(H)

16						
17	16	147.52				
18	17	158.25				
19	18	163				

图8－8 指数平滑过程

	A	B	C	D
1	时间t	销售量	三项移动	
2	1	17.56		
3	2	19.63	17.56	
4	3	23.98	18.181	
5	4	31.64	19.9207	
6	5	43.72	23.43649	
7	6	36.98	29.52154	
8	7	47.18	31.75908	
9	8	64.47	36.38536	
10	9	58.35	44.81075	
11	10	51.4	48.87252	
12	11	71.42	49.63077	
13	12	106.67	56.16754	
14	13	129.85	71.31828	
15	14	136.69	88.87779	
16	15	145.27	103.2215	
17	16	147.52	115.836	
18	17	158.25	125.3412	
19	18	163	135.2138	

图8－9 指数平滑结果

第四节 趋势型序列的分析与预测

上节介绍的移动平均法与指数平滑法可以用于描述时间序列的长期趋势，但它们只适用平稳序列。当时间序列具有明显的长期趋势时，需要采用拟合方法来测定长期趋势。

从时间序列长期趋势的表现形态划分，拟合方法有线性趋势和非线性趋势两种。在分析前，首先对时间序列做出线图或散点图，观察长期趋势形态，结合数学函数图像，判断趋势走向是直线还是曲线，从而选择合适的拟合方法。

一、线性趋势拟合法

如果现象随着时间推移呈现稳定增长或下降的线性变化规律，则可考虑对时间序列数据拟合一条直线。有两种方法可以简单判断出线性趋势。其一是做出时间序列图，观察图形；其二是分析时间序列数据特征，如果序列中相邻两年数据的一阶差近似为一常数，就可以配合一直线。

设直线方程为 $y_c = a + bt$，y_c 为趋势值，t 代表时间，y 为实际值。用最小二乘法可求得参数 a、b。具体思路如下：

为使拟合效果达到最佳，$\sum (y - y_c)^2 = \sum (y - a - bt)^2$ 应取最小值。

令 $Q = \sum (y - a - bt)^2$，为使其最小，则对 a 和 b 的偏导数应等于 0，

整理得

$$\begin{cases} \sum y = na + b \sum x \\ \sum xy = a \sum x + b \sum x^2 \end{cases} \tag{8-18}$$

解得

$$\begin{bmatrix} b = \dfrac{n \sum xy - \sum x \sum y}{n \sum x^2 - (\sum x)^2} \\ a = \overline{y} - b\overline{x} \end{bmatrix} \tag{8-19}$$

式中，n——序列观察值个数，$\overline{y} = \sum y / n$，$\overline{x} = \sum x / n$。

在对时间数列按最小二乘法进行趋势配合的运算时，为使计算更简便些，将各年份（或其他时间单位）简记为 $1, 2, 3, 4, \cdots$，并用坐标移位方法将原点 O 移到时间数列的中间项，使 $\sum t = 0$。当项数 n 为奇数时，中间项为 0，当为偶数时，中间的两项分别设 $-1, 1$，这样间隔便为 2，各项依次设成：$\cdots -5, -3, -1; 1, 3, 5, \cdots$。这样求解公式便可简化为

$$\begin{bmatrix} \sum y = na \\ \sum xy = b \sum x^2 \end{bmatrix} \to \begin{bmatrix} a = \sum y / n = \overline{y} \\ b = \sum xy / \sum x^2 \end{bmatrix} \tag{8-20}$$

例 8.12 某游览点历年观光游客资料如表 8-9 所示，用最小二乘法进行长期趋势分析。

表 8-9　某游览点历年观光游客的最小二乘法计算表

年份	时间 t	游客 y（百人）	t^2	Ty	y_c
2001	1	100	1	100	99.08
2002	2	112	4	224	112.72
2003	3	125	9	375	126.36
2004	4	140	16	560	140.00
2005	5	155	25	775	153.64
2006	6	168	36	1 008	167.28
2007	7	180	49	1 260	180.92
合计	28	980	140	4 302	980.00

解：由表 8-9 得，$\sum t=28$，$\sum y=980$，$\sum t^2=140$，$\sum ty=4\ 302$，代入公式得

$$\begin{cases} b=\dfrac{7\times 4\ 302-28\times 980}{7\times 140-28\times 28}=\dfrac{2\ 674}{196}=13.64 \\ a=980/7-13.64\times 4=140-54.56=85.44 \end{cases}$$

从而求得直线趋势方程

$$y_c=85.44+13.64t$$

把各 t 值代入上式，便求得相对应的趋势值 y_c，如表 8-9 所示的右栏。这里需要指出的是：对表 8-9 的游客历年数用直线趋势配合，是因为各年的逐期增长量大体相当，具备了直线型时间数列的特征。

表 8-10　某游览点历年观光游客的最小二乘法计算表

年份	时间 t	游客 y（百人）	t^2	ty	y_c
2001	−3	100	9	−300	99.08
2002	−2	112	4	−224	112.72
2003	−1	125	1	−125	126.36
2004	0	140	0	0	140.00
2005	1	155	1	155	153.64
2006	2	168	4	336	167.28
2007	3	180	9	540	180.92
合计	0	980	28	382	980.00

表 8-10 是同一资料按简捷公式的计算。

由简捷公式得

$$\begin{cases} a=\dfrac{980}{7}=140 \\ b=\dfrac{382}{28}=13.64 \end{cases}$$

即

$$y_c=140+13.64t$$

将各 t 值代入上式，便求得各年的趋势值 y_c，如表 8-10 所示。

最小二乘法在对原数列做长期趋势的测定时，通过趋势值 y_c 来修匀原数列，得到比较接近原值的趋势值。利用所求的直线趋势方程还能对近期的数列做出预测，例如，根据表

8－9求出直线趋势方程,代入 $t=8$,便能预测 2008 年的游客人数,即
$$y_c=85.44+13.64\times 8=194.56(百人)$$

特别要注意的是,这里的直线方程 $y=a+bt$,不涉及变量 t 与变量 y 之间的任何因果关系,也没有考虑误差的任何性质,因此它仅仅是一个直线拟合公式,并不是回归模型。还需要指出的是,作为较长期的一种趋势,利用所拟合的数学方程式进行预测时,必须假定趋势变化的因素到预测年份仍然起作用。注意,由于例题只是为了说明分析计算的方法,因此为简便起见,一般选用的数据都比较少,实际应用时,数据应丰富些方能更好地反映长期趋势。

也可以通过 Excel 操作,很快得到线性方程。以例 8.12 数据为例,具体操作步骤如下:

以表 8－9 中时间 t 作为横轴,游客数 y 作为纵轴,画出时间序列线图,如图 8－10 所示。

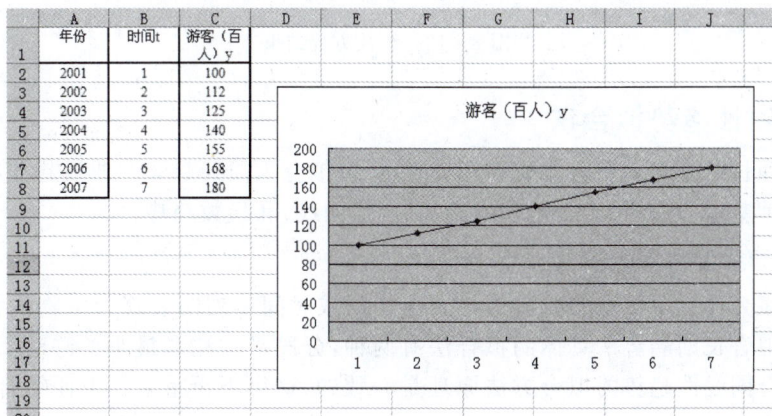

图 8－10 时间序列线图

给时间序列图添加趋势线,如图 8－11 和图 8－12 所示,选择"线性"选项,并选择显示"公式"和显示"R^2 值",得到相应的线性方程。
$$y=13.643x+85.429$$
$$R^2=0.9988$$

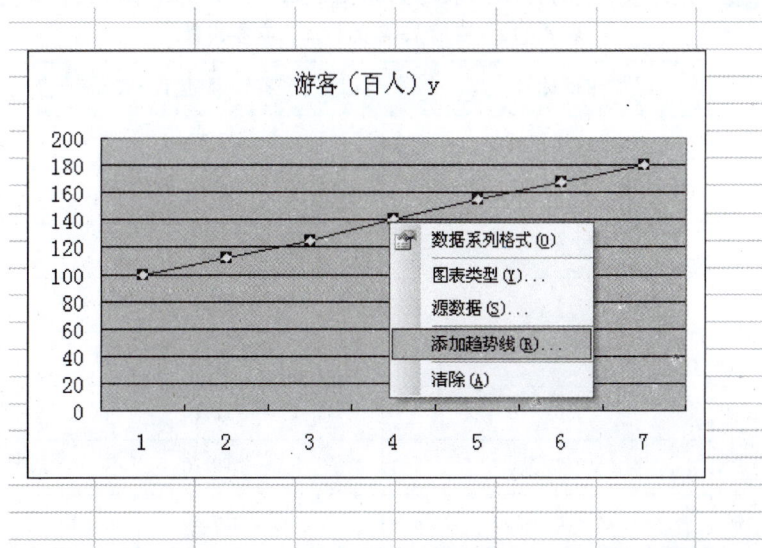

图 8－11 添加趋势线

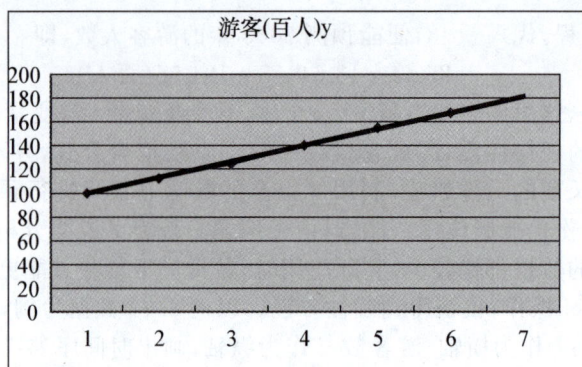

游客(百人)y

图 8-12 线性方程结果

二、非线性趋势拟合法

时间序列长期趋势表现为非线性趋势时,可以拟合为曲线趋势。曲线趋势有多种形式,本节介绍两种基本的曲线类型:抛物线趋势(二次曲线)和指数趋势。

(一)抛物线趋势拟合法

当时间序列前后期数据的二次差分大体相同或时间序列图表现为抛物线特征,可以采用抛物线来拟合长期趋势。具体的拟合法有两种:分段平均法和最小二乘法。抛物线最小二乘法的拟合同线性趋势的拟合方法原理是一致的,这里不再重复。下面结合一个例子介绍用分段平均法拟合抛物线。

分段平均法是一种进行曲线拟合的简单方法,其做法是将时间数列的各项数值平均分为几部分,分别求各部分的平均数,然后将各个平均数标在图上,由此确定两个点或者三个点,根据这些点确定对应的曲线。分段平均法一般只限于在线性趋势或者抛物线形趋势的数列中使用。它的应用原理是两个点可确定一条直线,三个点可以确定一条抛物线。

例8.13 连续15年的针织内衣零售量如表8-11所示,分析其长期趋势。

表 8-11 连续 15 年的针织内衣零售量

年份标号	零售量(亿件)
1	7.00
2	9.10
3	9.70
4	10.80
5	11.70
6	12.10
7	13.10
8	14.30
9	14.40

年份标号	零售量（亿件）
10	14.80
11	15.00
12	12.30
13	11.20
14	9.40
15	8.90

解：画出零售量的时间序列图，发现其呈现抛物线特点，采用分段平均法求出抛物线方程，如图 8 - 13 所示。

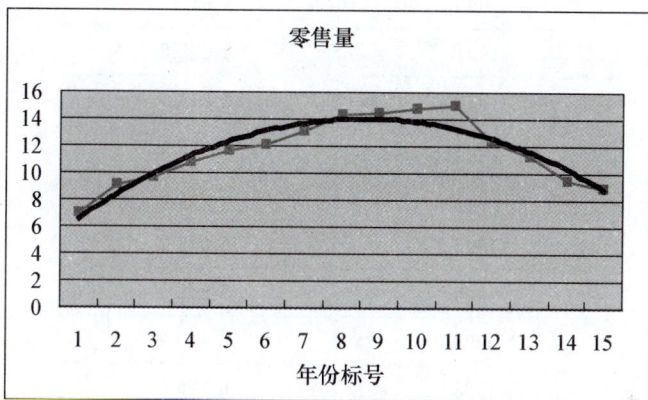

图 8 - 13　抛物线拟合图

抛物线拟合形式为

$$y = cx^2 + bx + a \qquad (8-21)$$

将数据等分成三段，每五年为一段，分别计算每一段的 X 和 Y 坐标的平均值，获得三个平均值点为 $(3,9.66)$、$(8,13.74)$、$(13,11.36)$，将三个平均值点的坐标代入式（8 - 21），得下列方程组

$$\begin{cases} 9.66 = 9c + 3b + a \\ 13.74 = 64c + 8b + a \\ 11.36 = 169c + 13b + a \end{cases}$$

解上述方程组，得

$$\begin{cases} c = -0.129\ 2 \\ b = 2.237\ 2 \\ a = 4.111\ 2 \end{cases}$$

即拟合抛物线方程为

$$y = -0.129\ 2x^2 + 2.237\ 2x + 4.111\ 2$$

使用最小二乘方法拟合出来的结果为

$$y = -0.128\ 9x^2 + 2.223\ 5x + 4.452\ 7$$

我们可以看到，在本题中，使用分段平均法所获得的结果，与使用更为精确的方法获得

的结果差异是很小的,说明分段平均法可以作为其他方法的一种替代形式。由于分段平均法的计算过程比较简单,适合于在社会生产实践中,进行精度要求不太高的曲线拟合分析。

(二)指数趋势拟合法

当时间序列数据的对数的一次差分大体相同时,可配合指数曲线拟合。指数曲线也有多种形式,下面介绍其一般形式。指数曲线的一般形式为 $y=ab^t$,a,b 为参数。指数曲线主要用于描述以几何级数递增或递减的现象:若 $b>1$,表明 y 的增长率随着时间 t 的增加而增加;若 $b<1$,y 的增长率随着时间 t 的增加而降低;若 $a>0$,$b<1$,y 的趋势值逐渐降低到以 0 为极限。

例 8.14 表 8-12 给出了我国 1990—2008 年人均 GDP 数据,分析其长期趋势。

表 8-12　1990—2008 年人均 GDP

年份	人均 GDP(元)
1990	1 644.0
1991	1 892.8
1992	2 311.1
1993	2 998.4
1994	4 044.0
1995	5 045.7
1996	5 845.9
1997	6 420.2
1998	6 796.0
1999	7 158.5
2000	7 857.7
2001	8 621.7
2002	9 398.1
2003	10 542.0
2004	12 335.6
2005	14 053.0
2006	16 165.0
2007	19 524.1
2008	22 698.0

解:为观察人均 GDP 序列趋势特征,作出时间序列图 8-14。

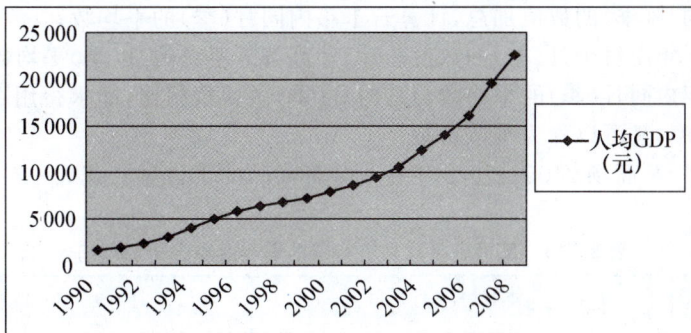

图 8-14　人均 GDP 序列趋势图

图形有指数曲线特征,设为 $y=ab^t$,采用最小二乘法可估计出 a、b 的值。具体思路为

(1)采取线性化手段将其化为对数直线形式

$$\ln y=\ln a+t\ln b$$

(2)根据最小二乘法,得到求解 $\lg a$、$\lg b$ 的标准方程。

(3)求出 $\lg a$ 和 $\lg b$ 后,再取其反对数,即解得 a 和 b。

最终得到方程为

$$y=1\ 798.125\ 478\times1.142\ 364\ 229^t$$

同样可以用 Excel 求出指数方程,操作步骤与上文求线性方程的步骤一样,不再重复。

第五节　复合型序列的分析与预测

一、季节变动分析

　　季节变动是指一些现象由于受自然规律或社会规律的影响在一个年度内随着季节的更替而发生比较有规律的变动。例如,农产品的生产量、某些商品的销售量,都会因时间的变化而分为农忙农闲、淡季旺季。季节变动往往会给社会生产和人们的经济生活带来一定影响。研究季节变动,就是为了认识这些变动的规律性,以便更好地安排、组织社会生产与生活。

　　测定季节变动的方法从是否排除长期趋势的影响看,可分为两种:一是不排除长期趋势的影响,直接根据原时间数列来测定;二是依据消除长期趋势后的时间数列来测定。前者常用简单平均法,后者常用移动平均趋势剔除法。但是,不管采用哪种方法,都需具备连续多年的各月(季)资料,以保证所求的季节比率具有代表性,从而能比较客观地描述现象的季节变动。现将两种测定方法介绍如下。

(一)简单平均法

　　根据月(季)的时间数列,用简单平均法测定季节变动的计算步骤如下。

(1)分别就每年各月(季)的数值加总后,计算各年的月(季)的平均数;

(2)将各年同月(季)的数值加总,计算若干年内同月(季)的平均数;

(3)根据若干年内每个月(季)的数值总计,计算若干年总的月(季)平均数;

(4)将若干年内同月(季)的平均数与总的月(季)平均数相比,即求得用百分数表示的各月(季)的季节比率,又可以称为季节指数。

例 8.15 某商场 2005—2008 年各月某种商品的销售量如表 8-13 所示,计算季节指数。

表 8-13 某商店某商品销售量的季节变动分析(百件)

年份	1月	2月	3月	4月	5月	6月	7月	8月	9月	10月	11月	12月	平均
2005	40	34	36	34	35	32	28	34	34	37	38	40	35.17
2006	38	32	40	32	32	30	30	33	36	36	36	42	34.75
2007	32	36	37	31	31	29	31	33	32	35	37	52	34.67
2008	30	26	35	29	30	28	28	33	32	32	35	36	31.17
合计	140	128	128	126	128	119	119	133	134	140	146	170	1 629
月平均	35	32	37	31.5	32	29.75	29.75	33.25	33.5	35	36.5	42.5	33.937 5
季节比率(%)	103.13	94.29	109.02	92.82	94.29	87.66	86.19	97.97	98.71	103.13	107.55	125.23	100.00

解:由表 8-13 的资料可知,某商店某商品销售的季节指数率以 12 月份的 125.23% 为最高,2 月份的 109.02% 为其次;而以 7 月份的 86.19% 为最低,6 月份的 87.66% 为次低。

$$月份季节指数 = \frac{一月份某商品销售平均数}{各月平均商品销售平均数} = \frac{35}{33.937\ 5} \times 100\% = 103.13\%$$

其余各月的季节比率依此类推。至于表 8-13 右下角的 100% 是将各月的季节比率加总后除一年的 12 个月份数求得的。

求出季节指数后,与 100% 比较:若季节指数大于 100%,表明本月(季)受季节变动影响,在数量上是增加的,增幅为季节指数与 100% 的差;若季节指数小于 100%,表明本月(季)受季节变动影响,在数量上是减少的,减幅为季节指数与 100% 的差。如例 8.15 中 7 月份季节指数 86.19%,说明受到季节变动影响,本月商品销售量平均下降 13.81%。

(二)移动平均趋势剔除法

移动平均趋势剔除法利用移动平均法消除原时间数列中的长期趋势的影响,然后测定它的季节变动,计算步骤及方法如下。

(1)根据时间数列中各年按月(季)的数值,计算其 12 个月的(若是季资料则为四个季的)移动平均数。

由于是偶数项移动平均,趋势值 y_c 要分两步求得。

(2)用时间数列中各月(季)的数值(y)与其相对应的趋势值(y_c)对比,计算 y/y_c 的百分比数值。

(3)把 y/y_c 的百分比数值按月(季)排列,计算出各年同月(季)的总平均数,这个平均数就是各月(季)的季节比率。

(4)把各月(季)的季节比率加起来,其总计数应等于 1 200%(若为季资料其总计数应等于 400%),如果不符,还应把 1 200% 与实际加总的各月季节比率相比求出校正系数,把校正系数分别乘上各月的季节比率。这样求得的季节指数就是一个剔除了长期趋势影响后的季节指数。

显然,季节变动分析中的两种方法各有特点,前者计算简便,但所求出的季节指数包含长期趋势的影响。后者计算较繁,但得到了一个反映现象发展过程中的季节变动的缩影——剔除长期趋势后的季节指数。

例 8.16 表 8-14 是一家啤酒生产企业 2005—2007 年各季度的啤酒销售额数据。试计算各季的季节指数。

表 8-14 各季度的啤酒销售额及季节指数计算过程

年份/季节	销售额	四项移动平均	二项移正平均	季节比率
2005/1	5 123	—	—	—
2005/2	6 051	7 277	—	—
2005/3	9 592	7 232	7 254	1.322 3
2005/4	8 341	7 425	7 328	1.138 2
2006/1	4 942	7 252	7 339	0.673 4
2006/2	6 825	7 348	7 300	0.935 0
2006/3	8 900	7 364	7 356	1.209 9
2006/4	8 723	7 222	7 293	1.196 0
2007/1	5 009	7 001	7 112	0.704 3
2007/2	6 257	6 787	6 894	0.907 6
2007/3	8 016	—	—	—
2007/4	7 865	—	—	—

对表 8-14 最后一列整理得表 8-15。

表 8-15 同一季节的平均数

年份/季节	第一季度	第二季度	第三季度	第四季度
2005	—	—	1.322 3	1.138 2
2006	0.673 4	0.935 0	1.209 9	1.196 0
2007	0.704 3	0.907 6	—	—
平均	0.688 9	0.921 3	1.266 1	1.167 1
季节指数	0.681 5	0.911 4	1.252 5	1.154 6

二、循环变动测定

循环变动的原因比较复杂,变动的周期也不固定,短则几年,长则几十年。因此对循环变动测定没有对应的方法,通常使用剩余法测定循环变动的程度。基本思想是,对各期时间数列资料用长期趋势和季节比率消除趋势变动和季节变动,而得反映循环变动与不规则变动的数列,然后采用移动平均法消除不规则变动,便可得出反映循环变动程度的各期循环变动系数。

$$Y = T \cdot X \cdot C \cdot I \tag{8-22}$$

$$\frac{Y}{T \cdot S} = \frac{T \cdot S \cdot C \cdot I}{T \cdot S} = C \cdot I \tag{8-23}$$

将 $C \cdot I$ 数列进行移动平均修匀,则修匀后的数列即为各期循环变动的系数。

测定循环变动的程度,认识经济波动的某些规律,预测下一个循环变动可能产生的各种影响,以便充分利用有利因素,避免不利因素。但是循环变动预测和长期趋势预测不同,循环变动主要属于景气预测,在很大程度上要依靠经济分析,仅仅对历史资料的统计处理是不够的。

本章小结

(1)时间序列分析是从时间发展变化的角度来研究客观事物在不同时间的发展状况,探索其随时间推移的演变趋势和规律,揭示其数量变化和时间的关系,预测客观事物在未来时间上可能达到的数量和规模。

(2)时间序列描述分析法是指通过计算一系列时间序列分析指标,包括发展水平、增长量、发展速度、平均发展速度、增长速度、平均增长速度、年度化增长率、增长1‰绝对值等来揭示现象的发展状况和发展变化程度。

(3)时间序列构成要素分析将时间序列看作由长期趋势、季节变动、循环变动和不规则变动几种因素所构成,通过对这些因素的分解分析,揭示现象随时间变化而演变的规律,并在揭示这些规律的基础上,假定事物今后的发展趋势遵循这些规律,从而对事物的未来发展做出预测。

复习思考题

一、单项选择题

1. 已知环比增长速度为 9.2‰,8.6‰,7.1‰,7.5‰,则定基增长速度为( )
   A.2‰×8.6‰×7.1‰×7.5‰
   B.(9.2‰×8.6‰×7.1‰×7.5‰)−100‰
   C.109.2‰×108.6‰×107.1‰×107.5‰
   D.(109.2‰×108.6‰×107.1‰×107.5‰)−100‰

2. 下列等式中,不正确的是( )
   A.发展速度=增长速度+1
   B.定基发展速度=相应各环比发展速度的连乘积
   C.定基增长速度=相应各环比增长速度的连乘积
   D.平均增长速度=平均发展速度−1

3. 累计增长量与其相应的各个逐期增长量的关系表现为( )
   A.累计增长量等于相应的各个逐期增长量之积
   B.累计增长量等于相应的各个逐期增长量之和
   C.累计增长量等于相应的各个逐期增长量之差
   D.以上都不对

4. 编制动态数列的基本原则是要使动态数列中各项指标数值具有( )
   A.可加性　　　　　　　B.可比性
   C.一致性　　　　　　　D.同质性

5. 某地区 1990—1996 年排列的每年年终人口数动态数列是( )
   A.绝对数动态数列　　　B.绝对数时点数列
   C.相对数动态数列　　　D.平均数动态数列

二、多项选择题

1. 长期趋势的测定方法有（　　）
   A.季节比率法　　　　B.移动平均法　　　　C.分段平均法
   D.最小平方法　　　　E.时距扩大法
2. 构成动态数列的两个基本要素是（　　）
   A.指标名称　　　　B.指标数值　　　　C.指标单位
   D.现象所属的时间　　E.现象的处理地点
3. 根据动态数列中不同时期的发展水平所求的平均数称为（　　）
   A.序时平均数　　　B.算术平均数　　　C.几何平均数
   D.平均发展水平　　E.平均发展速度
4. 动态数列中的发展水平具体包括（　　）
   A.期初水平和期末水平　　　　　　B.报告期水平和基期水平
   C.平均发展水平　　　　　　　　　D.中间水平
   E.增长量
5. 动态数列中的派生数列是（　　）
   A.时期数列　　　　　　　　　　　B.时点数列
   C.绝对数动态数列　　　　　　　　D.相对数动态数列
   E.平均数动态数列

三、简答题

1. 简述时间数列的概念和种类。
2. 时期数列和时点数列有什么区别？
3. 什么是发展水平、增减量、平均增减量、发展速度和增减速度？定基发展速度和环比发展速度、发展速度与增减速度的关系如何？
4. 什么是平均发展水平？它的计算可以分成几种情况？
5. 时间序列可以分解为哪几种因素？各种因素的基本概念是什么？

四、计算题

1. 某种股票2000年各统计时点的收盘价如表1所示，计算该股票2000年的年平均价格。

表1　某股票价格资料表

统计时点	1月1日	3月1日	7月1日	10月1日	12月31日
收盘价（元）	15.2	14.2	17.6	16.3	15.8

2. 某企业2001年9月至12月月末职工人数资料如表2所示。

表2　某企业职工人数资料表

日期	9月30日	10月31日	11月30日	12月31日
月末人数（人数）	1 400	1 510	1 460	1 420

计算该企业第四季度的平均职工人数。

3. 1996—2001年各年年底某企业职工人数和工程技术人员数资料如表3所示。

表3　某企业人员资料表

年份	1996	1997	1998	1999	2000	2001
职工人数	1 000	1 020	1 085	1 120	1 218	1 425
工程技术人员	50	50	52	60	78	82

试计算工程技术人员占全部职工人数的平均比例。

4. 某机械厂 2001 年第四季度各月产值和职工人数资料如表 4 所示,试计算该季度平均劳动生产率。

表 4 某机械厂四季度生产情况表

月份	10 月	11 月	12 月
产值(元)	400 000	46 200	494 500
平均职工人数(人)	400	420	430
月平均劳动生产率(元)	1 000	1 100	1 150

5. 某化工企业 1996—2000 年的化肥产量资料如表 5 所示。

表 5 某化工企业化肥产量资料表

年份	1996	1997	1998	1999	2000
化肥产量(万吨)	400			484	
环比增长速度(%)	—	5			12.5
定基发展速度(%)	—		111.3		

利用指标间关系将表 5 中所缺数字补充。

6. 某地区粮食总产量如表 6 所示。

表 6 某地区粮食总产量资料表

年份	1991	1992	1993	1994	1995	1996	1997	1998	1999	2000
产量(万吨)	230	236	241	246	252	257	262	276	281	286

要求:

(1)试检查该地区粮食生产发展趋势是否接近于直线型;

(2)如果是直线型,用最小二乘法配合直线趋势方程。

(3)预测 2001 年的粮食产量。

7. 某产品专卖店 1998—2000 年各季度销售额资料如表 7 所示。

表 7 某产品专卖店销售额资料表

年份	第一季度	第二季度	第三季度	第四季度
1998	51	75	87	54
1999	65	67	82	62
2000	76	77	89	73

要求:

(1)采用按季平均法和移动平均趋势剔除法计算季节指数;

(2)计算 2000 年无季节变动情况下的销售额。

第九章

方差分析

内容提要

本章介绍方差分析。第一节介绍方差分析的基本概念及原理,第二节介绍单因素方差分析,第三节介绍双因素方差分析。

第一节　方差分析引论

一、方差分析问题的提出

在第六章中,我们讲述了假设检验的统计方法。在本章中,我们将进一步介绍方差分析(Analysis of Variance,ANOVA),并演示如何用它来检验三个及三个以上总体的均值是否相等的假设。我们先从一个例子出发,来讨论方差分析方法。

例 9.1　某公司在三个地区的三个分工厂都生产打印机和传真机。为了检测这些工厂中有多少工人对全面质量管理有所了解,从每个工厂中随机抽取 6 个工人作为一个样本,并对每个被抽到的工人进行质量意识测试。这 18 个工人的测试得分如表 9－1 所示,表中同时也给出了每组样本的均值、方差和标准差。管理人员希望用这些得分数据来检验如下假设:这三个工厂的工人测试的平均得分是相同的。

表 9－1　某随机抽取三个分厂中 6 个人的样本

观察值	工厂 A	工厂 B	工厂 C
1	85	71	59
2	75	75	64
3	82	73	62
4	76	74	69
5	71	69	75
6	85	82	67
样本均值	79	74	66
样本方差	34	20	32
样本标准差	5.83	4.47	5.66

我们定义:工厂 A 的所有工人作为总体 1,工厂 B 的所有工人作为总体 2,工厂 C 的所有工人作为总体 3。

μ_1 表示总体 1 的平均测试分数

μ_2 表示总体 2 的平均测试分数

μ_3 表示总体 3 的平均测试分数

虽然我们永远不知道 μ_1、μ_2 和 μ_3 的实际值是多少,但我们想利用样本结果来检验下面的假设：

$$H_0 : \mu_1 = \mu_2 = \mu_3$$
$$H_1 : \mu_1, \mu_2, \mu_3 \text{ 不全相等}$$

如果拒绝 H_0，说明不同工厂间的平均测试分数存在显著差异，即工厂的位置对质量意识测试得分存在显著影响。如果不拒绝 H_0，说明不同工厂间的平均测试分数不存在显著差异，即工厂的位置对质量意识测试得分无显著影响。

方差分析是检验多个总体均值是否相等的统计方法。它是通过检验各总体的均值是否相等来判断分类型自变量对数值型因变量是否有显著影响。表面上看，方差分析是检验多个总体的均值是否相同，但本质上它所研究的是分类型自变量对数值型因变量的影响。在研究一个（或多个）分类型自变量与一个数值型因变量之间的关系时，方差分析就是其中的主要方法之一。

在商业、社会学、经济学、农学等诸多领域的数量分析研究中，方差分析已经发挥了极为重要的作用。

例如，每个企业都要向员工支付工资，企业向员工支付报酬的方式主要有三种：固定工资、效率工资、较低的固定工资加提成。如何通过工资的支付方式提高企业的生产效率，是企业关心的永恒话题。为此，企业将新招聘的员工随机分成了三个组，以不同的方式支付工资，观察他们的生产效率。如何判断报酬方式不同的三类员工的生产效率之间是否有差别呢？这个问题实际上就是需要比较三种报酬类型对应的月生产量均值之间是否存在差别，这就需要用方差分析来解决。

再如，在制定某商品广告宣传策略时，广告效果可能受到广告的形式、地区规模等因素的影响。这些因素是否对广告效果有影响，哪些因素是主要的，哪些因素的搭配是最合理的等问题，也可以用方差分析来解决。

二、方差分析中的术语

（一）观测变量

在方差分析中，将上述测试得分、生产效率、广告效果等称为观测变量。观测变量是试验的结果，即数值型因变量，又称响应变量。

（二）因子

因子又称因素或控制变量，是在试验中或在抽样时发生变化的"量"，也即分类型自变量。像上述例子中的工厂位置、报酬支付方式、广告形式、地区规模等称为因子。方差分析的目的就是分析因子对试验或抽样的结果有无显著影响。如果在实验中的因子只有一个，这时的方差分析称为单因素方差分析；在实验中的因子不止一个时，就称为多因素方差分析。

（三）水平

我们将因子的不同类别称为因子的不同水平。例如，工厂位置因子有三个水平：工厂A、工厂B、工厂C；报酬支付方式因子有三个水平：固定工资、效率工资、较低的固定工资加提成。如果因子有 k 个不同表现，就称它有 k 个水平。因子的每一个水平就是一个总体，因此,因子有多少水平就意味着有多少个总体。由于总体往往是未知的,从各个总体中随机抽取的样本数据(各样本数据个数可以相等,也可以不相等)为观测变量在因子不同水平下的观测值。

(四)交互影响

当方差分析过程中的影响因子不唯一时,这些因子间是否独立,是否存在互相影响,是有必要注意的问题。如果因子间存在相互作用,我们称之为存在交互影响,它是对实验结果产生作用的一个新因素,分析过程中,有必要将它的影响作用单独分离开来。如果因子间是互相独立的,则称为无交互影响。

三、方差分析的基本思想

(一)方差的分解

方差分析认为观测变量值的变化受两类因素的影响:第一类是因子(控制变量)不同水平所产生的影响;第二类是随机因素所产生的影响,这里随机因素是指那些人为很难控制的因素,主要指试验过程中的抽样误差。

方差分析认为:如果因子的不同水平对观测变量产生了显著影响,那么,它和随机因素共同作用必然使得观测变量值有显著变动;反之,如果因子的不同水平没有对观测变量产生显著影响,那么,观测变量值的变动就不会明显地表现出来,其变动可以归结为随机因素影响造成的。换句话说,如果观测变量值在因子的各个水平中出现了明显波动,则认为该因子是影响观测变量的主要因素;反之,如果观测变量值在因子的各个水平中没有出现明显波动,则认为该因子对观测变量没有产生重要影响,观测变量的数据波动是抽样误差造成的。

在例 9.1 中,如果工厂位置对测试得分没有影响,则从工厂 A、B、C 三个总体中随机抽出的工人测试得分样本数据的波动,是由随机因素引起的;如果工厂位置对测试得分有显著影响,则观测变量样本数据波动就有两个来源:一个是随机因素引起的波动,另一个是因工厂位置不同而产生的波动。

观测变量样本数据的波动,可通过总离差平方和来反映,这个离差平方和可分解为组间离差平方和与组内离差平方和两部分。

组间离差平方和反映出因子的不同水平对样本数据波动的影响。例如,三个地区工厂的工人测试得分之间的误差反映了不同样本之间数据的离散程度。组间离差平方和既包含了随机因素导致的观测变量值的波动,又包含了因子不同水平产生的观测变量值的波动。

组内离差平方和反映的是由抽样误差即随机因素所产生的样本数据波动,它衡量的是因子的同一水平(即同一总体)下的样本数据的波动。如从工厂 A 的总体中所抽取的 6 个工人测试得分之间的误差,它反映了一个样本内部数据的离散程度。显然,组内离差平方和反映的是随机因素所导致的观测变量值的波动。

离差平和的分解是方差分析的切入点,这种离差平方和的构成形式为我们分析现象变化提高了重要的信息。如果组间离差平方和明显高于组内离差平方和,说明观测变量样本数据波动的主要来源是组间离差平方和,可以认为因子对观测变量存在显著影响;反之,如果波动的主要部分来自组内离差平方和,则因子的影响就不明显,没有充足理由认为因子对观测变量有显著影响。

（二）检验统计量

方差分析采用的检验统计量为 F 统计量。因子或因子间交互作用对观测变量的影响是否显著,关键要看组间离差平方和与组内离差平方和的比较结果。当然,离差平方和的大小还会受到样本容量、水平个数的影响。样本容量越大、水平个数越多,离差平方和就可能越大;样本容量越小、水平个数越少,离差平方和就可能越小。为了消除样本容量、水平个数对离差平方和大小的影响,我们用均方差(Mean Square)作为不同来源离差平方和比较的基础。均方差是用离差平方和除以其对应的自由度。因此,我们得到检验因子影响是否显著的 F 检验统计量

$$F = \frac{\text{组间均方差}}{\text{组内均方差}} \tag{9-1}$$

F 统计量越大,越说明组间方差是主要来源方差,因子对观测变量的影响是显著的;F 越小,越说明随机因素是导致观测变量变动的主要来源,因子对观测变量的影响是不显著。

四、方差分析中的基本假定

方差分析中有三个基本假定。

(1)对于每个总体来说,因变量都应服从正态分布。这意味着,在例 9.1 中,每个工厂的测试得分都必须服从正态分布。

(2)对于每个总体,用 σ 表示的因变量的方差都是相等的。也就是说,对于各组观察变量值,是从具有相同方差的正态总体中抽取的。这意味着,在例 9.1 中,三个工厂的测试得分的方差都必须是相等的。

(3)观测变量值是独立的。这意味着,例 9.1 中,每个工人的测试得分必须独立于其他工人的测试得分。

五、方差分析问题的一般方法

设因子有 k 个水平,每个水平的均值分别用 $\mu_1, \mu_2, \cdots, \mu_k$,要检验 k 个水平(总体)的均值是否相等,需要提出如下假设

$$H_0: \mu_1 = \mu_2 = \cdots = \mu_k \quad \text{自变量对因变量没有显著影响} \tag{9-2}$$

$$H_1: \mu_1, \mu_2, \cdots, \mu_k \quad \text{不全相等} \quad \text{自变量对因变量有显著影响} \tag{9-3}$$

第二节　单因素方差分析

单因素方差分析用来研究一个因子的不同水平是否对观测变量产生了显著影响。这里,由于仅研究单个因子对观测变量的影响,因此成为单因素方差分析。

例如,分析不同施肥量是否给农作物产量带来显著影响,考察地区差异是否会影响销售

利润率,研究学历对工资收入的影响等。这些问题都可以通过单因素方差分析得到答案。

一、单因素方差分析的离差平方和的分解

我们假定分别从 k 个总体或处理中随机抽取容量为 n_j 的个体作为一个简单随机样本。对所得的样本数据,令

x_{ij} 表示第 j 个水平的第 i 个观测值;

n_j 表示第 j 个水平中的观测值的个数;

$\overline{x}_j$ 表示第 j 个水平的样本均值;

s_j^2 表示第 j 个水平的样本方差;

s_j 表示第 j 个水平的样本标准差;

$\overline{\overline{x}}$ 表示总的样本均值,它是所有的样本观测值的总和除以观测值个数得到的。

对于第 j 个水平,其样本均值和样本方差的计算公式如下

$$\overline{x}_j = \frac{\sum_{i=1}^{n_j} x_{ij}}{n_j}, j = 1, 2, \cdots, k, \tag{9-4}$$

$$s_j^2 = \frac{\sum_{i=1}^{n_j} (x_{ij} - \overline{x}_j)^2}{n_j - 1} \tag{9-5}$$

总的样本均值 $\overline{\overline{x}}$ 的计算公式如下

$$\overline{\overline{x}} = \frac{\sum_{j=1}^{k} \sum_{i=1}^{n_j} x_{ij}}{n_T} = \frac{\sum_{j=1}^{k} n_j \overline{x}_j}{n_T} \tag{9-6}$$

其中,$n_T = n_1 + n_2 + \cdots + n_j$。

方差分析认为,观测变量值的变动会受控制变量和随机变量两个方面的影响。据此,单因素方差分析将观测变量总的离差平方和分解为组间离差平方和与组内离差平方和两个部分,用数学形式表述为

$$SST = SSA + SSE \tag{9-7}$$

式(9-7)中,SST 为观测变量总离差平方和;SSA 为组间离差平方和;SSE 为组内离差平方和。

SST 的数学定义为

$$SST = \sum_{j=1}^{k} \sum_{i=1}^{n_j} (x_{ij} - \overline{\overline{x}})^2 \tag{9-8}$$

SSA 的数学定义为

$$SSA = \sum_{j=1}^{k} n_j (\overline{x}_j - \overline{\overline{x}})^2 \tag{9-9}$$

可见,组间离差平方和SSA是各水平组均值与总均值离差的平方和,反映了因子不同水平对观测变量的影响。

SSE 的数学定义为

$$SSE = \sum_{j=1}^{k} \sum_{i=1}^{n_j} (x_{ij} - \overline{x}_j)^2 = \sum_{j=1}^{k} (n_j - 1)s_j^2 \qquad (9-10)$$

可见,组内离差平方和 SSE 是每个样本数据与其所在的水平组均值离差平方和,反映了抽样误差的程度。

二、单因素方差分析的基本步骤

(一)提出方差分析的原假设和备择假设

设因子有 k 个水平,每个水平的均值分别用 $\mu_1, \mu_2, \cdots, \mu_k$,要检验 k 个水平(总体)的均值是否相等,需要提出如下假设:

$H_0: \mu_1 = \mu_2 = \cdots = \mu_k$ 　自变量对因变量没有显著影响

$H_1: \mu_1, \mu_2, \cdots, \mu_k$ 　不全相等　自变量对因变量有显著影响

在例 9.1 中,建立的原假设和备择假设如下:

$H_0: \mu_1 = \mu_2 = \mu_3$ 　工厂位置对测试评分没有显著影响

$H_1: \mu_1, \mu_2, \mu_3$ 不全相等　工厂位置对测试评分有显著影响

(二)建立方差分析的 F 检验统计量

F 检验统计量的计算方法为

$$F = \frac{MSA}{MSE} = \frac{SSA/(k-1)}{SSE/(n_T - k)} \qquad (9-11)$$

式中,T——总样本容量数;

k——因子的水平个数;

$k-1$ 和 $n_T - k$——分别为 SSA 和 SSE 的自由度;

MSA——组间均方;

MSE——组内均方。

F——统计量服从分子自由度、分母自由度为的 F 分布。

在例 9.1 中,F 检验统计量的计算如下:

首先,计算各水平下的样本均值 $\overline{x}_j$、样本方差 s_j^2 以及样本总均值 $\overline{\overline{x}}$

$$\overline{x}_1 = \frac{85+75+82+76+71+85}{6} = 76$$

$$\overline{x}_2 = \frac{71+75+73+74+69+82}{6} = 74$$

$$\overline{x}_3 = \frac{59+64+62+69+75+67}{6} = 66$$

$$s_1^2 = \frac{(85-79)^2+(75-79)^2+(82-79)^2+(76-79)^2+(71-79)^2+(85-79)^2}{6-1} = 34$$

$$s_2^2 = \frac{(71-74)^2+(75-74)^2+(73-74)^2+(74-74)^2+(69-74)^2+(82-74)^2}{6-1} = 20$$

$$s_3^2 = \frac{(59-66)^2+(64-66)^2+(62-66)^2+(69-66)^2+(75-66)^2+(67-66)^2}{6-1} = 32$$

$$\overline{\overline{x}} = \frac{85+75+\cdots+67}{18} = 73$$

其次,计算组间离差平方和 SSA 与组内离差平方和 SSE

$$SSA = \sum_{j=1}^{k} n_j (\overline{x}_j - \overline{\overline{x}})^2 = 6 \times (79-73)^2 + 6 \times (74-73)^2 + 6 \times (66-73)^2 = 516$$

$$SSE = \sum_{j=1}^{k} (n_j - 1) s_j^2 = (6-1) \times 34 + (6-1) \times 20 + (6-1) \times 32 = 430$$

最后,计算检验统计量 F 统计量

$$F = \frac{MSA}{MSE} = \frac{SSA/(k-1)}{SSE/(n_T-k)} = \frac{516/(3-1)}{430/(18-3)} = \frac{258}{28.666\ 7} = 9$$

(三)统计决策

根据给定的显著性水平 α,在附录三中查分子自由度 $df_1 = k-1$,分母自由度为 $df_2 = n_T - k$ 相应的临界值 $F_\alpha(k-1, n_T-k)$。

如果检验统计量 $F > F_\alpha$,则拒绝原假设 H_0,即 $\mu_1 = \mu_2 = \cdots = \mu_k$ 不成立,表明 $\mu_j(j=1, 2, \cdots, k)$ 之间的差异是显著的。也就是说,因子对因变量的影响是显著的。

如果检验统计量 $F < F_\alpha$,则不拒绝原假设 H_0,没有证据表明 $\mu_j(j=1,2,\cdots,k)$ 之间的差异是显著的,也就是说,不能认为因子对因变量有显著影响。

在例 9.1 中,给定显著性水平 $\alpha = 0.05$,查附录三可得 $F_{0.05}(2,15) = 3.68$。由于前面所计算得出的检验统计量 $F = 9$,大于 3.68,因此拒绝 H_0,说明三个总体的均值存在显著差异,即不同地区工厂的工人在质量管理意识上存在显著差异。

除了上述临界值法外,还可以采用 P 值法做决策。若 P 值小于 α,则拒绝 H_0;若 P 值大于 α,则不拒绝 H_0。

在例 9.1 中,通过 Excel 在方差分析的标准输出结果中,可知检验统计量 $F = 9$ 所对应的 P 值为 0.002 7 $< \alpha$,因此,拒绝 H_0。

三、利用 Excel 进行方差分析

(一)方差分析表

运用 Excel 进行方差分析输出的方差分析表的一般形式如表 9-2 所示。

表 9-2　方差分析表的一般形式

误差来源	误差平方和 SS	自由度 df	均方 MS	F 值	P 值	F 临界值
组间(因子影响)	SSA		MSA	MSA/MSE		
组内(误差)	SSE		MSE			
总计	SST					

(二)Excel 进行方差分析

从前面介绍方差分析的基本步骤可以看到,进行方差分析需要大量的计算工作,手工计算十分烦琐。只要理解了方差分析的基本思想,就可以对计算机输出结果进行合理的解释和分析。通过 Excel 进行方差分析的基本步骤如下。

(1)选择"工具"→"数据分析"选项,弹出"数据分析"对话框。

(2)在"数据分析"对话框中选择"方差分析:单因素方差分析"选项,单击"确定"按钮,弹出"方差分析:单因素方差分析"对话框,如图 9-1 所示。

(3)在弹出的对话框中,在"输入区域"中输入数据所在单元格区域,如"B1:D7";在"分

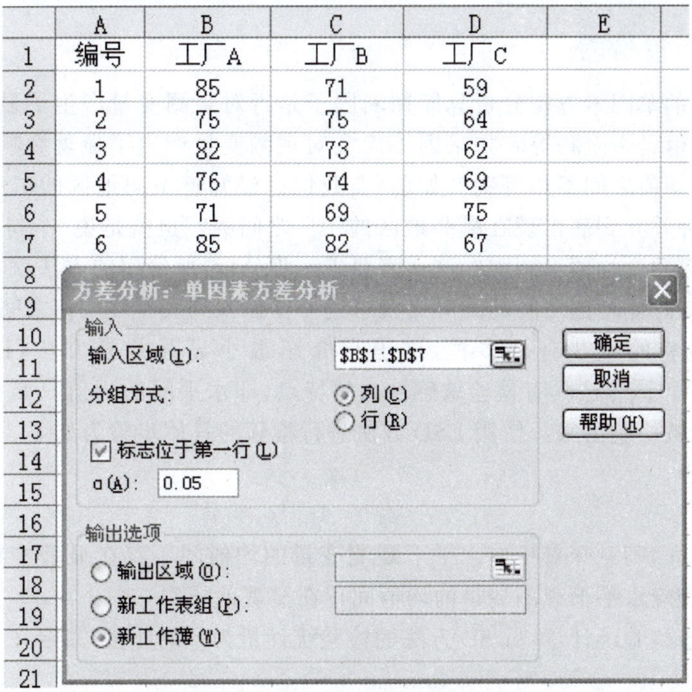

	A	B	C	D	E
1	编号	工厂A	工厂B	工厂C	
2	1	85	71	59	
3	2	75	75	64	
4	3	82	73	62	
5	4	76	74	69	
6	5	71	69	75	
7	6	85	82	67	

图 9-1 用 Excel 进行方差分析的步骤

组方式"中选中"列";勾选"标志位于第一行"复选框;在"α"文本框中输入"0.05"(可根据需要确定);在"输出选项"选项组中点选"输出区域"按钮,选择输出区域(这里我们点选"新工作表组"单选按钮),单击"确定"。结果如图 9-2 所示。

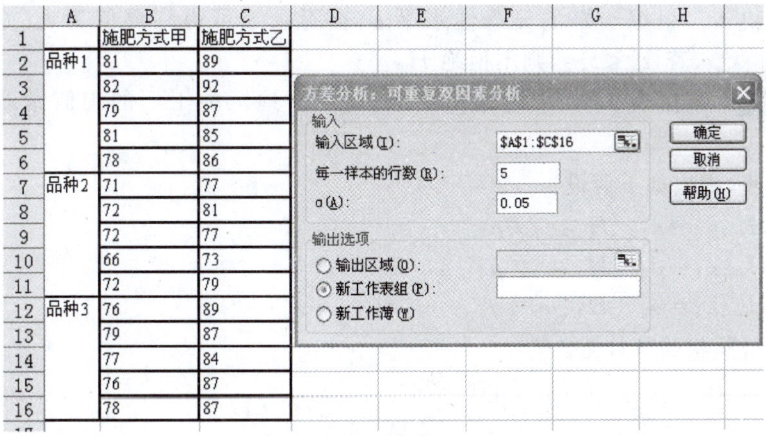

图 9-2 Excel 输出的方差分析结果

可以看到,由于 $F=9>F_{0.05}(2,15)=3.68232$,因此拒绝原假设 H_0,即 $\mu_1=\mu_2=\mu_3$ 不成立,表明不同地区工厂的工人在质量管理意识上存在显著差异。在进行决策时,可以直接利用方差分析表中的 P 值与显著性水平 α 的值进行比较。若 P 值 $<\alpha$,则拒绝 H_0;若 P 值 $>\alpha$,则不拒绝 H_0。在本例中,P 值 $=0.002703<\alpha$,拒绝 H_0。

219

四、多重比较检验

前面所讲述的单因素方差分析只能判断因子是否对观测变量产生了显著影响,即不同水平下的总体均值是否全相等。如果因子确实对观测变量产生了显著影响,进一步还应确定究竟哪些总体均值之间不相等呢? 如前例,我们已经知道不同地区的工厂工人测试得分均值不同,但这种差异到底出现在哪些地区的工厂之间呢? 也就是说 μ_1 与 μ_2、μ_1 与 μ_3、μ_2 与 μ_3 之间究竟哪两个均值不同呢? 这就需要进一步分析,所使用的方法就是多重比较检验方法,它是通过对总体均值之间的配对比较来进一步检验到底哪些均值之间存在差异。

多重比较检验的方法有许多种,这里只介绍最小显著差异方法(Least Significant Difference,LSD)。该方法具有检验敏感性高的特点,即水平间的均值只要存在一定程度的微小差异就可能被检验出来。使用 LSD 方法进行检验的具体步骤为如下。

(1)提出假设。

$$H_0:\mu_1=\mu_j \quad H_1:\mu_i\neq\mu_j \tag{9-12}$$

若原假设成立,则意味着相应水平下观测变量的均值间不存在显著差异。若原假设不成立,则意味着相应水平下观测变量的均值间存在显著差异。

(2)便是构造检验统计量。LSD 方法的检验统计量为 t 统计量,其定义为

$$t=\frac{(\overline{x_i}-\overline{x_j})-(\mu_i-\mu_j)}{\sqrt{MSE\left(\frac{1}{n_i}+\frac{1}{n_j}\right)}} \tag{9-13}$$

式中,MSE——观测变量的组内均方。

这里 t 统计量服从自由度为 n_T-k 的 t 分布。

(3)做出决策。根据给定的显著性水平 α,查附录二可得临界值为 $t_{\alpha/2}(n_T-k)$。若 $|t|>t_{\alpha/2}$,则拒绝 $_0$,若 $|t|<t_{\alpha/2}$,则不拒绝 H_0。

例 9.2 根据表 9-3 中的输出结果,对三个地区的工厂的均值做多重比较检验($\alpha=0.05$)。

解:第一步,提出如下假设。

检验 1:$H_0:\mu_1=\mu_2 \quad H_1:\mu_1\neq\mu_2$

检验 2:$H_0:\mu_1=\mu_3 \quad H_1:\mu_1\neq\mu_3$

检验 3:$H_0:\mu_2=\mu_3 \quad H_1:\mu_2\neq\mu_3$

第二步,计算检验统计量。

$$t_1=\frac{\overline{x_1}-\overline{x_2}}{\sqrt{MSE\left(\frac{1}{n_1}+\frac{1}{n_2}\right)}}=\frac{79-74}{\sqrt{28.666\,7\times\left(\frac{1}{6}+\frac{1}{6}\right)}}=1.617\,5$$

$$t_2=\frac{\overline{x_1}-\overline{x_3}}{\sqrt{MSE\left(\frac{1}{n_1}+\frac{1}{n_3}\right)}}=\frac{79-66}{\sqrt{28.666\,7\times\left(\frac{1}{6}+\frac{1}{6}\right)}}=4.205\,5$$

$$t_3=\frac{\overline{x_2}-\overline{x_3}}{\sqrt{MSE\left(\frac{1}{n_2}+\frac{1}{n_3}\right)}}=\frac{74-66}{\sqrt{28.666\,7\times\left(\frac{1}{6}+\frac{1}{6}\right)}}=2.588\,0$$

第三步,做出决策。

显著性水平 α 为 0.05,自由度 $n_T - k$ 为 15,查附录二可得临界值 $t_{\alpha/2} = 2.131$。

$t_1 = 1.6175 < 2.131$,不拒绝 H_0,不能认为工厂 A 的工人和工厂 B 的工人的质量意识存在显著差异。

$t_2 = 4.2055 > 2.131$,拒绝 H_0,说明工厂 A 的工人和工厂 C 的工人的质量意识存在显著差异。

$t_3 = 2.5880 > 2.131$,拒绝 H_0,说明工厂 B 的工人和工厂 C 的工人的质量意识存在显著差异。

第三节 双因素方差分析

一、双因素方差分析的基本思想

在实际问题中往往需要考察多个因子对观测变量的影响,这时就需要进行多因素方差分析。当方差分析中涉及两个因子时,称为双因素方差分析(two-way analysis of variance)。本节主要介绍双因素方差分析,多因素方差分析的基本原理和双因素方差分析相同。

例9.3 有四种品牌的牙刷摆放在同一货架的五个不同位置,为分析牙刷的品牌(品牌因素)和摆放位置(位置因素)对销售量是否有影响,对每种品牌在各个摆放位置的销售量随机抽取得以下数据(表9-3),试分析品牌和摆放位置对牙刷的销售量是否有显著影响($a = 0.05$)。

表9-3 不同品牌的牙刷在不同摆放位置的销售量资料(支)

		摆放位置因子				
		位置1	位置2	位置3	位置4	位置5
品牌因子	品牌1	365	350	343	340	323
	品牌2	345	368	363	330	333
	品牌3	358	323	353	343	308
	品牌4	288	280	298	260	298

本例中,品牌和摆放位置是两个因子,销售量是观测变量。同时分析品牌和摆放位置对销售量的影响,就是要回答究竟是一个因素在起作用,还是两个因素都起作用,还是两个因素都不起作用,这就是双因素方差分析。

在双因素方差分析中,关键是判断两个因素之间的关系。如果两个因素对观测值的影响是互相独立的,如例9.3中就假定"品牌"和"位置"两个因素对销售量的影响是互相独立的,这时的双因素方差分析称为无交互作用的双因素方差分析;如果除了"品牌"和

"位置"两个因素对销售量的单独影响外,两个因素的搭配还会对销售量产生一种新的影响效应,也就是说两个因素之间的关系不相互独立,这样的双因素方差分析叫有交互作用的双因素方差分析。

在无交互作用的双因素方差分析中,我们令两个因子分别为因子 A 和因子 B,则观测变量观测值的变动会受到以下两个方面的影响。

第一,因子独立作用的影响。

因子独立作用的影响是指单个因子独立作用对观测变量的影响,如品牌因子对销售量的影响、摆放位置因子对销售量的影响。

第二,随机因素的影响。

随机因素的影响主要指抽样误差带来的影响。

因此,无交互作用的双因素方差分析将观测变量的总变差分解为

$$SST = SSA + SSB + SSE \tag{9-14}$$

式中,SST——观测变量的总离差平方和;

SSA——因子 A 独立作用引起的变差;

SSB——因子 B 独立作用引起的变差;

SSE——随机因素引起的变差。

通常称 SSA+SSB 为主效应(Main Effects),SSE 为剩余效应(Residual Effects)。

在有交互作用的双因素方差分析中,观测变量观测值的变动除了受上述两个方面的影响外,还包括第三个影响因素——因子交互作用的影响。

因子交互作用的影响是指两个不同水平的因子相互搭配后对观测变量产生的一种新的影响效应。例如,影响农作物产量的因素包括品种、施肥量,如果品种有甲、乙两个水平,施肥量有 10 千克、20 千克、30 千克三个水平,它们的交互作用包括:(甲品种,10 千克)、(甲品种,20 千克)、(甲品种,30 千克)、(乙品种,10 千克)、(乙品种,20 千克)、(乙品种,30 千克)。这些因素的共同作用是否对观测变量带来影响也是双因素方差分析的重要内容。

因此,有交互作用的双因素方差分析将观测变量的总变差分解为

$$SST = SSA + SSB + SSAB + SSE \tag{9-15}$$

式中,SSAB 为因子 A、B 两两交互作用引起的变差;SST、SSA、SSB 的含义同上,通常称 SSA+SSB 为主效应,SSAB 为交互效应;SSE 为剩余效应。

容易理解,在观测变量的总离差平方和中,如果 SSA 所占的比例较大,则说明因子 A 是引起观测变量变动的主要因素之一,观测变量的变动可以部分地由因子 A 来解释;反之,如果 SSA 所占比例较小,则说明因子 A 不是引起观测变量的主要因素,观测变量的变动无法通过因子 A 来解释。对 SSB 和 SSAB 同理。

二、无交互作用的双因素方差分析

(一)数据结构

无交互作用的双因素方差分析的数据结构如表 9-4 所示。

表 9-4　无交互作用的双因素方差分析的数据结构表

双因素		因子 B_j			
		B_1	B_2	$\cdots$	B_r
因子 A_i	A_1	X_{11}	X_{12}	$\cdots$	X_{1r}
	A_2	X_{21}	X_{22}	$\cdots$	X_{2r}
	$\cdots$	$\cdots$	$\cdots$	$\cdots$	$\cdots$
	A_k	X_{k1}	X_{k2}	$\cdots$	X_{kr}

在双因素方差分析中,由于有两个因子,在获取数据时,要将一个因子安排在"行"的位置,称为行因子,因子 A 即为行因子;另一个因子安排在"列"的位置,称为列因子,因子 B 即为列因子。我们设行因子 A 有 k 个水平:$A_1,A_2,\cdots,A_k$;列因子 B 有 r 个水平:$B_1,B_2,\cdots,B_r$。行因子和列因子的每一个水平都可以搭配成一组,研究它们对观测变量的影响,这样就共抽取了 kr 个观察变量样本数据。例 9.3 中,我们对不同品牌在各个不同摆放位置的销售量进行随机抽取,共抽取到 20 个观测数据。

(二)分析步骤

与单因素方差分析类似,双因素方差分析也包括提出假设、确定检验统计量、统计决策等步骤。

(1)提出假设。为了检验两个因子的影响,需要对两个因子分别提出如下假设。

对行因子提出的假设为

$H_0:\mu_1=\mu_2=\cdots=\mu_i=\cdots=\mu_k$　行因子(自变量)对因变量没有显著影响;

　$H_1:\mu_i(i=1,2,\cdots,k)$　不全相等行因子(自变量)对因变量有显著影响。

式中,μ_i——行因子的第 i 个水平的均值。

对列因子提出的假设为

$H_0:\mu_1=\mu_2=\cdots=\mu_j=\cdots=\mu_r$　列因子(自变量)对因变量没有显著影响;

　$H_1:\mu_j(j=1,2,\cdots,r)$ 不全相等　列因子(自变量)对因变量有显著影响。

式中,μ_j——列因子的第 j 个水平的均值。

在例 9.3 中,我们首先对行因子(品牌)提出假设:

　　　$H_0:\mu_1=\mu_2=\mu_3=\mu_4$　品牌对销售量没有显著影响;

　　　$H_1:\mu_1,\mu_2,\mu_3,\mu_4$ 不全相等　品牌对销售量有显著影响。

然后对列因子(摆放位置)提出假设:

　　　$H_0:\mu_1=\mu_2=\mu_3=\mu_4=\mu_5$　摆放位置对销售量没有显著影响;

　　　$H_1:\mu_1=\mu_2,\mu_3,\mu_4,\mu_5$ 不全相等　摆放位置对销售量有显著影响。

(2)确定检验统计量。为检验行因子对因变量的影响是否显著,采用下面的统计量

$$F_A=\frac{\text{MSA}}{\text{MSE}}\sim F(k-1,(k-1)(r-1))\qquad(9-16)$$

其中,MSA 为行因子的组间均方,计算公式为

$$\text{MSA}=\frac{\text{SSA}}{k-1}\qquad(9-17)$$

MSE 为随机误差项的均方,计算公式为

$$MSE = \frac{SSE}{(k-1)(r-1)} \qquad (9-18)$$

为检验列因子对因变量的影响是否显著,采用下面的统计量

$$F_B = \frac{MSB}{MSE} \sim F(r-1,(k-1)(r-1)) \qquad (9-19)$$

其中,MSB 为列因子的组间均方,计算公式为

$$MSB = \frac{SSB}{r-1} \qquad (9-20)$$

(3)统计决策。计算出检验统计量后,根据给定的显著性水平 α 和两个自由度,查附录三得到相应的临界值 F_α,然后将 F_A 和 F_B 与 F_α 进行比较做出决策,决策方法如下。

若 $F_A > F_\alpha$,则拒绝原假设 H_0,即 $H_0: \mu_1 = \mu_2 = \cdots \mu_i = \cdots = \mu_k$ 不成立,表明行因子对因变量的影响是显著的;反之,若 $F_A < F_\alpha$,则不拒绝 H_0,表明行因子对因变量无显著影响。

若 $F_B > F_\alpha$,则拒绝原假设 H_0,即 $H_0: \mu_1 = \mu_2 = \cdots = \mu_j = \cdots = \mu_r$ 不成立,表明列因子对因变量的影响是显著的;反之,若 $F_A < F_\alpha$,则不拒绝 H_0,表明列因子对因变量无显著影响。

除临界值决策方法外,也可以利用 P 值进行决策。决策原则为若 P 值 $< \alpha$,则拒绝 H_0;若 P 值 $> \alpha$,则不拒绝 H_0。

上面讨论了双因素方差分析的计算步骤和过程。为使计算过程更加清晰,通常将上述过程的内容列成方差分析表,其一般形式如表 9-5 所示。

表 9-5　无交互作用的双因素方差分析表

误差来源	误差平方和 SS	自由度 df	均方 MS	F 值	P 值	F 临界值
行因子	SSA	$k-1$	MSA	F_A		
列因子	SSB	$r-1$	MSB	F_B		
误差	SSE	$(k-1) \times (r-1)$	MSE			
总和	SST	$kr-1$				

(三)用 *Excel* 进行无交互作用的双因素方差分析

运用 Excel 做无交互作用的双因素方差分析的基本步骤(以例 9.3 为例)如下。

(1)选择"工具"→"数据分析"选项,弹出"数据分析"对话框。

(2)在"数据分析"对话框中选择"方差分析:无重复双因素分析",点击"确定"按钮,弹出"方差分析:无重复双因素分析"对话框。

(3)在弹出的对话框中,在"输入区域"中输入数据所在单元格区域,如"C3:G6";在"α"文本框中输入"0.05"(可根据需要确定);在"输出选项"选项组中点选"新工作表组"按钮,单击"确定"按钮,如图 9-3 所示,结果如表 9-6 所示。

	A	B	C	D	E	F	G
1			摆放位置因素				
2			位置1	位置2	位置3	位置4	位置5
3	品	品牌1	365	350	343	340	323
4	牌	品牌2	345	368	363	330	333
5	因	品牌3	358	323	353	343	308
6	素	品牌4	288	280	298	260	298

方差分析：无重复双因素分析

输入

输入区域(I)：　$C$3:$G$6

☐ 标志(L)

α(A)：　0.05

输出选项

○ 输出区域(O)：

● 新工作表组(P)：

○ 新工作簿(W)：

[确定] [取消] [帮助(H)]

图 9－3　用 Excel 进行无重复作用双因素方差分析的步骤

表 9－6　Excel 输出的无重复双因素方差分析的结果

	A	B	C	D	E	F	G
1	方差分析：无重复双因素分析						
2							
3	SUMMARY	观测数	求和	平均	方差		
4	行 1	5	1721	344.2	233.7		
5	行 2	5	1739	347.8	295.7		
6	行 3	5	1685	337	442.5		
7	行 4	5	1424	284.8	249.2		
8							
9	列 1	4	1356	339	1224.667		
10	列 2	4	1321	330.25	1464.25		
11	列 3	4	1357	339.25	822.9167		
12	列 4	4	1273	318.25	1538.917		
13	列 5	4	1262	315.5	241.6667		
14							
15	方差分析						
16	差异源	SS	df	MS	F	P-value	F crit
17	行	13004.55	3	4334.85	18.10777	9.46E-05	3.490295
18	列	2011.7	4	502.925	2.100846	0.143665	3.259167
19	误差	2872.7	12	239.3917			
20							
21	总计	17888.95	19				

根据表 9－6 方差分析结果得出以下结论：

由于 $F_A = 18.107\,77 > F_\alpha = 3.490\,295$，因此拒绝原假设 H_0，表明 $\mu_1, \mu_2, \mu_3, \mu_4$ 之间的差异是显著的，这说明品牌对销售量有显著影响。

由于 $F_B = 2.100\,846 < F_\alpha = 3.259\,167$，所以不拒绝原假设 H_0，表明 $\mu_1, \mu_2, \mu_3, \mu_4$ 之间

的差异不显著,不能认为摆放位置对销售量有显著影响。

当然,也可以直接利用 P 值做决策。用于检验行因子的 P 值$=9.46E-05<\alpha=0.05$,所以拒绝 H_0;用于检验列因子的 P 值$=0.143\ 665>\alpha=0.05$,所以不拒绝 H_0。

三、有交互作用的双因素方差分析

(一)数据结构

在上面的分析中假定两个因子对因变量的影响是相互独立的。但如果两个因子搭配在一起会对因变量产生一种新的效应,这就需要考虑交互作用对因变量的影响,这就是有交互作用的双因素方差分析。为了研究两个因素是否独立、有无交互作用,我们需要在各个因素水平组合下,进行重复试验。因此,有交互作用时,方差分析的数据结构不同于无交互作用。设因素 A 与因素 B 每一对水平搭配下重复试验的次数都是 m,得到试验数据结构如下,如表 9-7 所示。

表 9-7　有交互作用的双因素方差分析数据结构表

双因素		因子 B_j			
		B_1	B_2	$\cdots$	B_r
因子 A_i	A_1	X_{111} X_{112} $\cdots$ X_{11m}	X_{121} X_{122} $\cdots$ X_{12m}	$\cdots$ $\cdots$ $\cdots$ $\cdots$	X_{1r1} X_{1r2} $\cdots$ X_{1nm}
	A_2	X_{211} X_{212} $\cdots$ X_{21m}	X_{221} X_{222} $\cdots$ X_{22m}	$\cdots$ $\cdots$ $\cdots$ $\cdots$	X_{2r1} X_{2n2} $\cdots$ X_{2nm}
	$\cdots$	$\cdots$	$\cdots$	$\cdots$	$\cdots$
	A_k	X_{k11} X_{k12} $\cdots$ X_{k1m}	X_{k21} X_{k22} $\cdots$ X_{k2m}	$\cdots$ $\cdots$ $\cdots$ $\cdots$	X_{kr1} X_{kr2} $\cdots$ X_{krm}

例 9.4 为检验小麦品种和施肥方式对小麦产量的影响,某农业技术站做了一项试验,考察了三种小麦品种和两种施肥方式,在每个因子水平组合下都进行了五次试验,共获得 30 个产量数据,如表 9-8 所示。试分析小麦品种、施肥方式以及小麦品种与施肥方式的交互作用对产量的影响($\alpha=0.05$)。

表 9 - 8　不同的品种与施肥方式下小麦的产量

		施肥方式	
		甲	乙
小麦品种	品种 1	81	89
		82	92
		79	87
		81	85
		78	86
	品种 2	71	77
		72	81
		72	77
		66	73
		72	79
	品种 3	76	89
		79	87
		77	84
		76	87
		78	87

(二)分析步骤

　　与无交互作用的方差分析方法类似,有交互作用的双因素方差分析也需要提出假设、构造检验的统计量、决策分析等步骤。提出假设时,需要对行变量、列变量和交互作用变量分别提出假设,方法与上述类似,这里不再赘述。有交互作用的双因素方差分析表的一般形式如表 9 - 9 所示。

表 9 - 9　有交互作用的双因素方差分析表

误差来源	误差平方和 SS	自由度 df	均方 MS	F 值	P 值	F 临界值
行因子	SSA	$k-1$	$\text{MSA}=\dfrac{\text{SSA}}{k-1}$	$F_A=\dfrac{\text{MSA}}{\text{MSE}}$		
列因子	SSB	$r-1$	$\text{MSB}=\dfrac{\text{SSB}}{r-1}$	$F_B=\dfrac{\text{MSB}}{\text{MSE}}$		
交互作用	SSAB	$(k-1)(r-1)$	$\text{MSAB}=\dfrac{\text{SSAB}}{(k-1)(r-1)}$	$F_{AB}=\dfrac{\text{MSAB}}{\text{MSE}}$		
误差	SSE	$kr(m-1)$	$\text{MSE}=\dfrac{\text{SSE}}{kr(m-1)}$			
总和	SST	$n-1$				

(三)用 Excel 进行有交互作用的双因素方差分析

　　运用 Excel 做有交互作用的双因素方差分析的基本步骤(以表 9 - 8 数据为例)如下。

　　(1)选择"工具"→"数据分析"选项,弹出"数据分析"对话框。

　　(2)在该对话框中选择"方差分析:可重复双因素分析"单击"确定"按钮,弹出"方差分析:可重复双因素分析"对话框。

(3)在弹出的对话框中,在"输入区域"中输入数据所在单元格区域,如"A1:C16";在"每一样本的行数"文本框内输入"5";在"α"文本框中输入"0.05"(可根据需要确定);在"输出选项"选项组中点选"新工作表组"单选按钮,单击"确定",如图9-4所示,结果如表9-10所示。

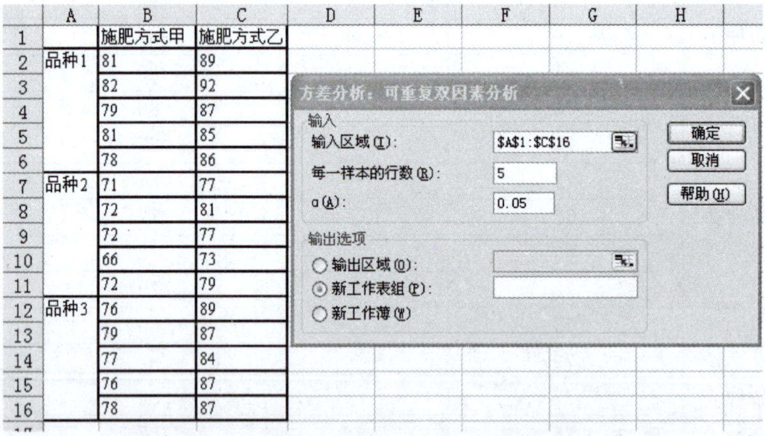

图 9-4　用 Excel 进行可重复作用双因素方差分析的步骤

表 9-10　Excel 输出的可重复双因素方差分析的结果

	A	B	C	D	E	F	G
1	方差分析:可重复双因素分析						
2							
3	SUMMARY	施肥方式甲	施肥方式乙	总计			
4	品种1						
5	观测数	5	5	10			
6	求和	401	439	840			
7	平均	80.2	87.8	84			
8	方差	2.7	7.7	20.666667			
9							
10	品种2						
11	观测数	5	5	10			
12	求和	353	387	740			
13	平均	70.6	77.4	74			
14	方差	6.8	8.8	19.777778			
15							
16	品种3						
17	观测数	5	5	10			
18	求和	386	434	820			
19	平均	77.2	86.8	82			
20	方差	1.7	3.2	27.777778			
21							
22	总计						
23	观测数	15	15				
24	求和	1140	1260				
25	平均	76	84				
26	方差	20.428571	29.142857				
27							
28	方差分析						
29	差异源	SS	df	MS	F	P-value	F crit
30	样本	560	2	280	54.368932	1.221E-09	3.4028261
31	列	480	1	480	93.203883	9.729E-10	4.2596772
32	交互	10.4	2	5.2	1.0097087	0.3792836	3.4028261
33	内部	123.6	24	5.15			
34							
35	总计	1174	29				

由表 9-10 输出的结果可知,用于检验小麦品种(行因素,输出表中为"样本")的 P 值＝

$1.221E-09<a=0.05$，拒绝原假设 H_0，表明不同的小麦品种之间的产量有显著差异，即小麦品种对产量有显著影响。用于检验施肥方式（列因素）的 P 值为 $9.729E-10<\alpha=0.05$，也拒绝原假设，表明不同的施肥方式之间的产量有显著差异，即施肥方式对产量有显著影响。用于检验小麦品种和施肥方式交互作用的影响的 P 值为 $0.379\,283\,6>\alpha=0.05$，不拒绝原假设，没有证据表明小麦品种和施肥方式的交互作用对产量有显著影响。

本章小结

（1）方差分析是检验多个总体均值是否相等的统计方法。它是通过检验各总体的均值是否相等来判断分类型自变量对数值型因变量是否有显著影响。表面上看，方差分析是检验多个总体的均值是否相同，但本质上它所研究的是分类型自变量对数值型因变量的影响。

（2）单因素方差分析用来研究一个因子的不同水平是否对观测变量产生了显著影响，由于仅研究单个因子对观测变量的影响，因此称为单因素方差分析。

（3）在实际问题中往往需要考察多个因子对观测变量的影响，这时就需要进行多因素方差分析。当方差分析中涉及两个因子时，称为双因素方差分析。

复习思考题

一、思考题

1.方差分析的基本原理是什么？

2.说明单因素方差分析中 SST、SSA 和 SSE 的含义及其关系。

3.简述方差分析的步骤。

4.什么是交互作用？

5.方差分析中有哪些基本假定？

二、单项选择题

1.下面关于方差分析说法错误的是（　　）

A. 方差分析是用来判断分类型自变量对数值型因变量是否具有显著影响的分析方法

B. 方差分析是检验多个总体均值是否相等的统计方法

C. 影响观测变量变动的因素包括因子的不同水平以及随机因素

D. SSA 是对随机误差大小的度量，反映除自变量对因变量的影响外，其他因素对因变量的总影响

2.若方差分析中，所提出的原假设是 $H_0:\mu_1=\mu_2=\cdots=\mu_k$，则备择假设是（　　）

A. $H_1:\mu_1\neq\mu_2\neq\cdots\neq\mu_k$　　　　B. $H_1:\mu_1>\mu_2>\cdots>\mu_k$

C. $H_1:\mu_1<\mu_2<\cdots<\mu_k$　　　　D. $H_1:\mu_1,\mu_2,\cdots,\mu_k$ 不全相等

3.在单因素方差分析中，检验统计量 F 是（　　）。

A. 组间平方和除以组内平方和　　　　B. 组间均方除以组内均方

C. 组间平方和除以总平方和　　　　D. 组内均方除以组间均方

4. 为检验分别使用 4 种不同记忆方法记忆单词效果是否存在差别,对每种方法分别随机选择 26 名学生进行实验。对此问题,可采用什么方法进行分析(　　)
   A. 相关分析　　　　　　　　　　B. 方差分析
   C. 匹配样本 t 检验　　　　　　　D. 回归分析

5. 在有 4 个水平的单因素方差分析中,若每一水平下进行 5 次试验,且求得每一水平试验结果的标准差为 1.5、2.0、1.6、1.2,则(　　)
   A. 组内离差平方和为 30.75　　　B. 组内离差平方和为 41
   C. 组内离差平方和为 6.3　　　　D. 无法确定组内离差平方和

6. 在有 3 个水平的单因子方差分析中,若每一水平下进行 5 次试验,且求得每一水平试验结果的平均值为 1.5、2.1、1.2,则(　　)
   A. 组间离差平方和为 1.26　　　B. 组间离差平方和为 2.1
   C. 组间离差平方和为 4.8　　　　D. 无法确定组间离差平方和

7. 方差分析所研究的是(　　)
   A. 分类型自变量对分类型因变量的影响
   B. 分类型自变量对数值型自变量的影响
   C. 分类型因变量对数值型自变量的影响
   D. 分类型自变量对数值型因变量的影响

8. 在方差分析中,进行多重比较的前提是(　　)
   A. 拒绝原假设
   B. 不拒绝原假设
   C. 可以拒绝原假设也可以不拒绝原假设
   D. 无法确定是否拒绝原假设

9. 组内离差平方和是衡量某一水平下样本数据之间的误差,它(　　)
   A. 只包括随机误差
   B. 只包括系统误差
   C. 既包括随机误差又包括系统误差
   D. 有时包括随机误差,有时包括系统误差

三、多项选择题

1. 方差分析的假定有(　　)
   A. 每个总体都服从正态分布
   B. 各总体的方差相等
   C. 观测值是独立的
   D. 各总体的方差等于 0
   E. 每个水平下的样本容量要相等

2. 设用于检验的行因素为 R,列因素为 C,行因素有 k 个水平,列因素有 r 个水平,并假定两个因素有交互作用,m 是试验次数,则下列说法中正确的有(　　)
   A. 列因素组间平方和的自由度是 $r-1$
   B. 行因素组间平方和的自由度是 $k-1$
   C. 交互作用因素平方和的自由度是 $(r-1)(k-1)$
   D. 随机因素平方和的自由度是 $kr(m-1)$

E. 自由度取决于样本容量 n 的大小,与水平数无关

3.对方差分析的基本原理描述正确的是(　　)

A. 通过方差的比较,可检验因子各水平下的均值是否相等

B. 方差比较之前应消除自由度的影响

C. 方差比较的检验统计量是 F 统计量

D. 方差分析将观测数据的变差分解为组间误差与组内误差

E. 方差分析的实质是对各总体均值是否相等的统计检验

4.在单因素方差分析中,下列表述正确的有(　　)

A. 组间均方显著大于组内均方,该因子对观测变量的影响显著

B. 组内均方显著大于组间均方,该因子对观测变量的影响显著

C. 拒绝原假设时,可推断各水平间的均值完全相同

D. 拒绝原假设时,可推断各水平间的均值不完全相同

E. 单因素方差分析还须进一步分析变量间是否存在交互作用

四、计算题

1.从 3 个总体中各抽取样本量不同的样本数据如表 1 所示,检验 3 个总体的均值之间是否有显著差异。

表 1　样本数据

样本 1	样本 2	样本 3
158	153	169
148	142	158
161	156	180
154	149	
169		

2. 一家管理咨询公司为不同的客户进行人力资源管理讲座。每次讲座的内容基本上是一样的,但讲座的听课者有时是高级管理者,有时是中级管理者,有时是低级管理者。该咨询公司认为,不同层次的管理者对讲座的满意度是不同的。对听完讲座后随机抽取的不同层次管理者的满意度评分如表 2 所示(评分标准是从 1~10,10 代表非常满意)。取显著性水平 $\alpha = 0.05$,检验管理者的水平不同是否会导致评分的显著性差异。

表 2　不同层次管理者的满意度评分

高级管理者	中级管理者	低级管理者
7	8	5
7	9	6
8	8	5
7	10	7
9	9	4
	10	8
	8	

3.设有三台机器,用来生产规格相同的铝合金薄板。取样,测量薄板的厚度精确至千分之一厘米。要考察这3台机器生产的薄板厚度有无显著差异。运用 Excel 软件,分析结果如表3所示。

表3 分析结果

差异源	误差平方和 SS	自由度 df	均方 MS	F 值	P 值	F 临界值
组间	0.001 053	2	0.000 527	32.916 67	1.34E−05	3.885 294
组内	0.000 192	12	0.000 016			
总计	0.001 245	14				

要求:

(1)指出该案例中的观测变量、因子及因子水平各是什么;

(2)写出方差分析的原假设和备择假设;

(3)根据表3中的计算结果,说明检验的结论是什么。

4.各样本分别是从3个总体中随机抽取得,所获数据如表4所示:

表4 样本数据

	样本 1	样本 2	样本 3
	93	77	88
	98	87	75
	107	84	73
	102	95	84
		85	75
		85	
$\overline{x}_j$	100	85	79
S_j^2	35.33	35.6	43.5

要求:

(1)在 $\alpha=0.05$ 的显著性水平下,我们能拒绝3个总体的均值相等这一原假设吗?试解释;

(2)建立该问题的方差分析表。

5.从4个总体中分别抽取16个观察值各作为一个随机样本,方差分析表部分内容如表5所示。

表5 方差分析表

差异源	误差平方和 SS	自由度 df	MS	F 值	F 临界值
组间			400		
组内					
总计	1 500				

要求:

(1)给出表5中缺少的部分;

(2)在 $\alpha=0.05$ 的显著性水平下,我们能拒绝4个总体的均值相等这一假设吗?

6.从 3 个总体中分别抽取 25 个观察值各作为一个随机样本。对这些数据,我们可得 SSA＝120 和 SSE＝216。

要求:

(1)建立该问题的方差分析表;

(2)在 $\alpha＝0.05$ 的显著性水平下,我们能拒绝 3 个总体的均值相等这一假设吗?

7.有 5 种不同品种的种子和 4 种不同的施肥方案,在 20 块同样面积的土地上,分别采用 5 种种子和 4 种施肥方案搭配进行试验,取得的收获量数据如下。

表 6　收获量数据

品种	施肥方案			
	1	2	3	4
1	12.0	9.5	10.4	9.7
2	13.7	11.5	12.4	9.6
3	14.3	12.3	11.4	11.1
4	14.2	14.0	12.5	12.0
5	13.0	14.0	13.1	11.4

要求:

(1)检验种子的不同品种对收获量的影响是否有显著差异;

(2)不同的施肥方案对收获量的影响是否有显著差异。

8.一家超市连锁店的老板进行一项研究,确定超市所在的位置和竞争者的数量对销售额是否有显著影响。获得的月销售额数据如表 7 所示($\alpha＝0.01$)。

表 7　月销售额数据

超市位置		竞争者数量			
		0	1	2	3 个以上
	位于市内居民小区	41	38	59	47
		30	31	48	40
		45	39	51	39
	位于写字楼	25	29	44	43
		31	35	48	42
		22	30	50	53
	位于郊区	18	22	29	24
		29	17	28	27
		33	25	26	32

要求:

(1)检验竞争者的数量对销售额是否有显著影响;

(2)检验超市的位置对销售额是否有显著影响;

(3)检验竞争者的数量和超市的位置对销售额是否有交互影响。

部分练习题参考答案

第一章

一、单项选择题

1.D 2.B 3.A 4.B

第二章

一、单项选择题

1.A 2.C 3.D

第四章

一、单项选择题

1.D 2.C 3.B

第五章

一、单项选择题

1.C 2.D 3.A 4.B 5.D 6.A 7.C 8.C 9.B 10.D 11.C 12.C 13.B

14.B 15.A 16.A

二、计算题

1.销售额指数＝117.4％

增加销售额＝27 150(元)

(1)销售量指数＝109.6％

销售量变动影响增加销售额＝15 000(元)

(2)价格指数＝107.1％

价格变动影响增加销售额＝12 150(元)

(3)综合影响：117.4％＝109.6％×107.1％

27 150＝15 000＋12 150

2.总厂平均单位成本＝11.4(元)

可变构成指数＝88.9％

单位成本降低额＝－1.28(元)

(1)产量结构变动影响：

结构影响指数＝93.9％

结构影响单位成本降低额＝－0.7(元)

（2）单位成本变动影响

固定构成指数＝94.6%

单位成本影响总厂单位成本降低额＝－0.58(元)

（3）综合影响

$88.9\% = 93.9\% \times 94.6\% - 1.28 = -0.7 + (-0.58)$

3.工资总额变动＝113.4%

增加总额＝67(万元)

（1）职工人数变动影响

职工人数指数＝105%

职工人数变动影响工资总额＝25(万元)

（2）平均工资变动影响

平均工资指数＝108%

平均工资变动影响工资总额＝42(万元)

（3）综合影响

$113.4\% = 105\% \times 108\%$

$67 = 25 + 42$

第六章

一、单项选择题

1.B　2.A　3.A　4.A　5.C　6.B　7.D　8.D　9.C　10.A

二、计算题

1.$\mu_x = \sqrt{\dfrac{40\,400}{300}\left(1 - \dfrac{300}{3\,000}\right)} = 11.0(元)$

$\mu_p = \sqrt{\dfrac{p(1-p)}{n}\left(1 - \dfrac{n}{N}\right)} = \sqrt{\dfrac{0.2 \times 0.8}{300}\left(1 - \dfrac{300}{3\,000}\right)} = 2.19\%$

2.答案：$\mu = 6.34$（厘米）

$\sigma = 0.234\,5$（厘米）

3.答案：a：总体比例 P 的 95% 的置信限为

$$p \pm 1.96 \times \sqrt{\dfrac{p(1-p)}{n}} = 0.55 \pm 1.96 \times \sqrt{\dfrac{0.55 \times 0.45}{100}} = 0.55 \pm 0.10$$

同理：b 为 0.55 ± 0.13，c 为 0.55 ± 0.15。

4.由表2资料计算得 $\overline{X} = 150.3$ 克，$S^2 = 0.76$，$\mu_x = \sqrt{\dfrac{S^2}{n}} = 0.087$（克），$n = 100 > 50$，$F(t) = 0.997\,3$，$t = 3$。

所以，

$$\Delta_{\overline{x}} = \overline{t\mu x} = 3 \times 0.087 = 0.26(克)$$

这批茶叶的平均重量为 150.3±0.26 克,因此,可以认为这批茶叶达到了规格重量要求。

5.根据样本资料得

$$P = \frac{n_1}{n} = \frac{8}{200} = 4\%$$

$$\mu_p = \sqrt{\frac{P(1-P)}{n}\left(1 - \frac{n}{N}\right)} = 0.013\ 5$$

$$\Delta_p = t\mu p = 2 \times 0.013\ 5 = 0.027$$

所以,这批产品的废品率为(4%±2.7%),即(1.3%,6.7%)。因此,不能认为这批产品的废品率不超过 5%。

6.由于 $n = 16 < 30$,这属于小样本,需要利用 t 分布进行估计,查附录二知:$t = 2.131$

$$\mu_x = \sqrt{\frac{S^2}{n-1}} = 1\ 063.8$$

$$\Delta_x = t \cdot \mu_x = 2.131 \times 1\ 063.8 = 2\ 266.96$$

即在 95% 的置信度下,可推断这批汽车轮胎平均寿命为 $\bar{x} \pm \Delta_x$ 千米之间,即 40 733.04 — 45 266.96 千米。

7.根据题意,为使灯光使用寿命不超过 0.08 小时,则要抽取:

$$n_1 = \frac{t^2\sigma^2}{\Delta_p^2} = \frac{2^2 \times 0.9 \times 0.1}{0.05^2} \geqslant 144(只)$$

若要使其抽样合格率的极限误差不超过 5%,则必要的抽样单位数为

$$n_2 = \frac{t^2 p(1-p)}{\Delta_p^2} = \frac{2^2 \times 0.9 \times 0.1}{0.05^2} \geqslant 144(只)$$

n 与 Δ_x、Δ_p 呈反比,为了使 Δ_x、Δ_p 不超过规定的范围,应选 144 只灯泡加以检验,以满足共同的要求。

8.据题意进行平均抗拉力的双侧检验:

$$H_0 : \mu_0 = 570, H_1 : \mu \neq 570$$

$$|U| = \left|\frac{\bar{x} - \mu}{\frac{\sigma}{\sqrt{n}}}\right| = \left|\frac{575 - 570}{\frac{8}{\sqrt{10}}}\right| = 2.055$$

而 $\mu_{\frac{\sigma}{2}} = 1.96$

由于 $|U| = 2.055 > |\mu_{\frac{\sigma}{2}}| = 1.96$

即计算出的 U 值在 5% 的概率下落入拒绝域,因此拒绝 H_0,不能认为更换材料后的铁丝抗拉力仍为 570 千克。

9.根据题意知:$x \sim N(\mu, \sigma^2)$

$$H_0 : \mu = 920, H_1 : \mu \neq 920$$

$$s = \sqrt{\frac{\sum(x_i - \bar{x})^2}{n-1}} = 1\ 228.03(元)$$

$$|T| = \frac{x - \mu}{\frac{s}{\sqrt{n}}} = \frac{923.8 - 920}{\frac{1\,228.03}{\sqrt{10}}} = 0.009\,79$$

$$t_{\frac{\alpha}{2}}(n-1) = 2.262\,2$$

因为 $|T| < t_{\frac{\alpha}{2}}(n-1)$，故不能否定 H_0，可认为该地区居民的月平均收入为 920 元。

10. 根据题意，这是一个总体分布情况未知，大样本的均值检验，因此可构造如下假设：

$H_0: \mu \leq 5.5 \quad H_1: \mu > 5.5$

$$U = \frac{x - \mu}{\frac{s}{\sqrt{n}}} = \frac{5.46 - 5.5}{\frac{0.401\,1}{\sqrt{400}}} = -1.994\,5$$

因为 $\mu_a = 1.645 > U = -1.994\,5$，故不能拒绝 H_0，这一批电池的平均电流强度不超过 5.5 安。

第七章

二、单项选择题

1.C 2.D 3.C 4.B 5.B 6.A 7.C 8.D 9.C 10.B

三、多项选择题

1.ABCE 2.ADE 3.CD 4.BC 5.BC 6.ABDE

四、计算题

1.(1) 线性关系

(2) $-0.972\,03$

(3) $\hat{y} = 30.331\,2 - 1.876\,6x$

(4) $19.071\,6$

2.(1) $r = 0.909\,1$，高度相关

(2) $\hat{y} = 77.363\,6 - 1.818\,2x$

(3) $1.818\,2$ 元

3.(1) $\hat{y} = -17.920\,1 + 0.095\,5x$

当 $x = 500$ 时，$\hat{y} = 29.829\,9$ 万人

(2) 0.93

4.(1) $\hat{y} = 1\,790.54 + 581.08x$

(2) $SST = 335\,000$；$SSR = 2\,498\,649$；$SSE = 85\,135.14$

(3) $R^2 = 0.745\,9$，表示月薪变差的 74.59% 能由自变量平均绩点来解释。

(4) $r = 0.863\,6$

5.(1) $\hat{y} = 45.059\,4 + 1.943\,6x_1$

当 $x_1 = 45$ 时，$\hat{y} = 132.521\,4$

(2) $\hat{y} = 85.217\,1 + 4.321\,5x_2$

当 $x_2 = 15$ 时，$\hat{y} = 150.039\,6$

(3) $\hat{y}=-18.368\ 3+2.010\ 2x_1+4.737\ 8x_2$

当 $x_1=45,x_2=15$ 时，$\hat{y}=143.157\ 7$

6.(1) $\hat{y}=88.637\ 7+1.603\ 9x_1$

(2) $\hat{y}=83.230\ 1+2.290\ 2x_1+1.301\ 0x_2$

式中，x_1——电视广告支出；

x_2——报纸广告支出。

(3)不同。1.603 9 表示当电视广告支出每增加 1 万元时，每周总收入平均增加 1.603 9 万元；2.290 2 表示在报纸广告支出不变条件下，电视广告支出每增加 1 万元，每周总收入平均增加 2.290 2 万元。

(4)93.587 6 万元。

7.(1) $R^2=0.761\ 0$　　$\overline{R}^2=0.739\ 3$

判定系数：指由样本回归线所能解释的离差平方和占总离差平方和的比例，本题中样本回归线所能解释的离差平方和占总离差平方和的比例为 73.93%。

(2) $\hat{y}=-0.443\ 4+0.050\ 3x_1-0.031\ 9x_2$

式中，x_1——各项贷款余额；

x_2——固定资产投资额。

(3)显著，因为回归方程线性关系检验的 P 值$=1.450\ 28E-07<\alpha=0.05$，拒绝原假设。

(4)由于 $\hat{\beta}_0$ 的 P 值为 $9.14E-07$，小于显著性水平 $\alpha=0.05$，拒绝原假设，即认为各项贷款余额对不良贷款的线性影响是显著的；

由于 $\hat{\beta}_1$ 的 P 值为 0.044 3，小于显著性水平 $\alpha=0.05$，拒绝原假设，即认为固定资产投资额对不良贷款的线性影响也是显著的。

8.(1) $\hat{y}=40.357\ 7+0.786\ 3x$

回归系数 $\hat{\beta}_1=0.786\ 3$，表示销售收入每增加 1 万元，销售成本平均增加 0.7863 万元。

(2) $R^2=0.999\ 8$　　$S_y=3.809\ 4$

(3) $\hat{y}_f=669.397\ 7$

在 95% 的置信水平下的预测区间是 [660.344 2,678.451 2]

第八章

一、单项选择题

1.D　2.C　3.B　4.B　5.B

二、多项选择题

1.BCDE　2.BD　3.AD　4.ABCDE　5.DE

四、计算题

1.16.0(元)

2.1 460 人

3.5.4%

4.1 084.3(元)

5.

年份	1996	1997	1998	1999	2000
化肥产量(万吨)	400	$\frac{4205}{105}$	$\underline{445.2}$	484	$\underline{544.5}$
环比增长速度(%)	—		6	8.7	12.5
定基发展速度(%)	—		111.3	$\underline{121.0}$	$\underline{136.1}$

6.(1)接近于直线型

(2)$\hat{Y}_t = a + bt = 256.7 + 3.17t$

(3)$\hat{Y}_{2001} = 291.57$(万吨)

7.(1)结果见下表。

季节指数(%)	第一季度	第二季度	第三季度	第四季度
按季平均法	89.5	102.1	120.3	88.1
趋势剔除法	98.4	98.8	121.5	81.3

(2)消除季节变动后各季销售额

第一季度:76/98.4%=77.2(万元)

第二季度:77/98.8%=77.9(万元)

第三季度:89/121.5%=77.3(万元)

第四季度:73/81.3%=89.8(万元)

第九章

二、单项选择题

1.D 2.D 3.B 4.B 5.B 6.A 7.D 8.A 9.C

三、多项选择

1.ABC 2.ABCD 3.ABCDE 4.AD

四、计算题

1. $F = 4.657\ 4$,P 值$=0.040\ 9$,有显著性差异

2. $F = 11.755\ 7$,P 值$=0.000\ 89$,有显著性差异

3.(1)观测变量:薄板厚度;因子:机器;水平:三台机器

(2)H_0:$\mu_A = \mu_B = \mu_C$

H_1:μ_A, μ_B, μ_C不全相等

(3)由于 P 值$=1.34E-0.5 < \alpha=0.05$,因此拒绝 H_0,即不同机器生产的薄板厚度有存在显著性差异。

4.(1)拒绝该假设。由于 $F = 13.527\ 2$,P 值$=0.000\ 842$

(2)

差异源	误差平方和 SS	自由度 df	均方 MS	F 值	P 值	F 临界值
组间	1 008.9	2	504.45	13.527 15	0.000 842	3.885 294
组内	447.5	12	37.291 67			
总计	1 456.4	14				

5.(1)

差异源	误差平方和 SS	自由度 df	均方 MS	F 值	P 值	F 临界值
组间	1 008.9	2	504.45	13.527 15	0.000 842	3.885 294
组内	447.5	12	37.291 67			
总计	1 456.4	14				

(2)拒绝该假设。

6.(1)

差异源	误差平方和 SS	自由度 df	均方 MS	F 值	P 值	F 临界值
组间	1 008.9	2	504.45	13.527 15	0.000 842	3.885 294
组内	447.5	12	37.291 67			
总计	1 456.4	14				

(2)拒绝该假设

7.(1)有显著影响;因为 $F=7.992\ 6$,P 值 $=0.006\ 7<\alpha=0.05$

(2)有显著影响;因为 $F=5.4$,P 值 $=0.032\ 8<\alpha=0.05$

8.(1)有显著影响;因为 $F=22.1667$,P 值 $=1.4E-05<\alpha=0.05$

(2)有显著影响;因为 $F=48.666\ 7$,P 值 $=5.49E-0.8<\alpha=0.05$

(3)无交互影响;因为 $F=2.537$,P 值 $=0.075\ 9>\alpha=0.05$

附　　录

$$\Phi(x) = \int_{-\infty}^{x} \frac{1}{\sqrt{2\pi}} e^{-\frac{t^2}{2}} dt = P(X \leqslant x)$$

x	0	1	2	3	4	5	6	7	8	9
0.0	0.5000	0.5040	0.5080	0.5120	0.5160	0.5199	0.5239	0.5279	0.5319	0.5359
0.1	0.5398	0.5438	0.5478	0.5517	0.5557	0.5596	0.5636	0.5675	0.5714	0.5753
0.2	0.5793	0.5832	0.5871	0.5910	0.5848	0.5987	0.6026	0.6064	0.6103	0.6141
0.3	0.6179	0.6217	0.6255	0.6293	0.6331	0.6368	0.6406	0.6443	0.6480	0.6517
0.4	0.6554	0.6591	0.6628	0.6664	0.6700	0.6736	0.6772	0.6808	0.6844	0.6879
0.5	0.6915	0.6950	0.6985	0.7019	0.7054	0.7088	0.7123	0.7157	0.7190	0.7224
0.6	0.7257	0.7219	0.7324	0.7357	0.7389	0.7422	0.7454	0.7486	0.7571	0.7549
0.7	0.7580	0.7611	0.7642	0.7673	0.7703	0.7734	0.7764	0.7794	0.7823	0.7852
0.8	0.7881	0.7910	0.7939	0.7967	0.7995	0.8023	0.8051	0.8087	0.8106	0.8133
0.9	0.8159	0.8186	0.8212	0.8283	0.8264	0.8289	0.8315	0.8340	0.8365	0.8389
1.0	0.8413	0.8438	0.8461	0.8485	0.8508	0.8531	0.8554	0.8577	0.8599	0.8621
1.1	0.8643	0.8665	0.8686	0.8708	0.8729	0.8749	0.8770	0.8790	0.8810	0.8830
1.2	0.8849	0.8869	0.8888	0.8907	0.8925	0.8944	0.8962	0.8980	0.8997	0.9015
1.3	0.9023	0.9049	0.9066	0.9082	0.9099	0.9115	0.9131	0.9147	0.9162	0.9177
1.4	0.9192	0.9207	0.9222	0.9236	0.9251	0.9265	0.9278	0.9292	0.9306	0.9319
1.5	0.9332	0.9345	0.9357	0.9370	0.9382	0.9394	0.9406	0.9418	0.9430	0.9441
1.6	0.9452	0.9463	0.9474	0.9484	0.9495	0.9505	0.9515	0.9525	0.9535	0.9545
1.7	0.9554	0.9564	0.9573	0.9582	0.9591	0.9599	0.9608	0.9616	0.9625	0.9633
1.8	0.9641	0.9648	0.9656	0.9664	0.9671	0.9678	0.9686	0.9693	0.9700	0.9706
1.9	0.9713	0.9719	0.9726	0.9732	0.9738	0.9744	0.9750	0.9756	0.9762	0.9767
2.0	0.9772	0.9778	0.9783	0.9788	0.9793	0.9798	0.9803	0.9808	0.9812	0.9817
2.1	0.9821	0.9826	0.9830	0.9834	0.9838	0.9842	0.9846	0.9850	0.9854	0.9857
2.2	0.9861	0.9864	0.9868	0.9871	0.9874	0.9878	0.9881	0.9884	0.9887	0.9890
2.3	0.9893	0.9896	0.9898	0.9901	0.9904	0.9906	0.9909	0.9911	0.9913	0.9916
2.4	0.9918	0.9920	0.9922	0.9925	0.9927	0.9929	0.9931	0.9932	0.9934	0.9936
2.5	0.9938	0.9940	0.9941	0.9943	0.9945	0.9946	0.9948	0.9949	0.9951	0.9952
2.6	0.9953	0.9955	0.9956	0.9957	0.9959	0.9960	0.9961	0.9962	0.9963	0.9964
2.7	0.9965	0.9966	0.9967	0.9968	0.9969	0.9970	0.9971	0.9972	0.9973	0.9974
2.8	0.9974	0.9975	0.9976	0.9977	0.9977	0.9978	0.9979	0.9979	0.9980	0.9981
2.9	0.9981	0.9982	0.9982	0.9983	0.9984	0.9984	0.9985	0.9985	0.9986	0.9986
3.0	0.9987	0.9990	0.9993	0.9995	0.9997	0.9998	0.9998	0.9999	0.9999	1.0000

附录二　t 分布表

$$P\{t(n) > t_\alpha(n)\} = \alpha$$

n	$\alpha = 0.25$	0.10	0.05	0.025	0.01	0.005
1	1.0000	3.0777	6.3138	12.7062	31.8207	63.6574
2	0.8165	1.8856	2.9200	4.3037	6.9646	9.9248
3	0.7649	1.6377	2.3534	3.1824	2.5407	5.8409
4	0.7407	1.5332	2.1318	2.7764	3.7469	4.6014
5	0.7267	1.4759	2.0150	2.5706	3.3649	4.0322
6	0.7176	1.4398	1.9432	2.4469	3.1427	3.7074
7	0.7111	1.4149	1.8946	2.3634	2.9980	3.4995
8	0.7064	1.3968	1.8595	2.3060	2.8965	3.3554
9	0.7027	1.3830	1.8331	2.2622	2.8214	3.2498
10	0.6998	1.3722	1.8125	2.2281	2.7638	3.1693
11	0.6974	1.3634	1.7959	2.2010	2.7181	3.1058
12	0.6955	1.3562	1.7823	2.1788	2.6810	3.0545
13	0.6938	1.3502	1.7709	2.1604	2.6503	3.0123
14	0.6924	1.3450	1.7613	2.1448	2.6245	2.9768
15	0.6912	1.3406	1.7531	2.1315	2.6205	2.9467
16	0.6901	1.3368	1.7459	2.1199	2.5835	2.9208
17	0.6892	1.3334	1.7396	2.1098	2.5669	2.8982
18	0.6884	1.3304	1.7341	2.1009	2.5524	2.8784
19	0.6876	1.3277	1.7291	2.0930	2.5395	2.8609
20	0.9870	1.3253	1.7247	2.0860	2.5280	2.8453
21	0.6864	1.3232	1.7207	2.0796	2.5177	2.8314
22	0.6858	1.3212	1.7171	2.0739	2.5083	2.8188
23	0.6853	1.3195	1.7139	2.0687	2.4999	2.8073
24	0.6848	1.3178	1.7109	2.0639	2.4922	2.7969
25	0.6844	1.3163	1.7108	2.0595	2.4851	2.7874
26	0.6840	1.3150	1.7056	2.0555	2.4786	2.7787
27	0.6837	1.3137	1.7033	2.0518	2.4727	2.7707
28	0.6834	1.3125	1.7011	2.0484	2.4671	2.7664
29	0.6830	1.3114	1.6991	2.0452	2.4620	2.7564
30	0.6828	1.304	1.6973	2.0423	2.4573	2.7500
31	0.6825	1.3095	1.6599	2.0395	2.4528	2.7440
32	0.6822	1.3086	1.6939	2.0369	2.4487	2.7385
33	0.6820	1.3077	1.6924	2.0345	2.4448	2.7333
34	0.6818	1.3070	1.6909	2.0322	2.4411	2.7384
35	0.6816	1.3062	1.6896	2.0301	2.4377	2.7238
36	0.6814	1.3055	1.6883	2.0281	2.4345	2.7195
37	0.6812	1.3049	1.6871	2.0262	2.4314	2.7154
38	0.6810	1.3042	1.6860	2.0244	2.4286	2.7116
39	0.6808	1.3036	1.6849	2.0227	2.4258	2.7079
40	0.6807	1.3031	1.6839	2.0211	2.4223	2.7045
41	0.6805	1.3025	1.6829	2.0195	2.4208	2.7012
42	1.6804	1.3020	1.6820	2.0181	2.4185	2.6981
43	1.6802	1.3016	1.6811	2.0167	2.4163	2.6951
44	1.6801	1.3011	1.6802	2.0154	2.4141	2.6923
45	0.6800	1.3006	1.6794	2.0141	2.4121	2.6896

附录三　F 分布表(1)

$$P\{F(n_1,n_2)>F_\alpha(n_1,n_2)\}=\alpha$$

$$\alpha=0.10$$

n_2 \ n_1	1	2	3	4	5	6	7	8	9
1	39.86	49.50	53.59	55.33	57.24	58.20	58.91	59.44	59.86
2	8.53	9.00	9.16	9.24	6.29	9.33	9.35	9.37	9.38
3	5.54	5.46	5.39	5.34	5.31	5.28	5.27	5.25	5.24
4	4.54	4.32	4.19	4.11	4.05	4.01	3.98	3.95	3.94
5	4.06	3.78	3.62	3.52	3.45	3.40	3.37	3.34	3.32
6	3.78	3.46	3.29	3.18	3.11	3.05	3.01	2.98	2.96
7	3.59	3.26	3.07	2.96	2.88	2.83	2.78	2.75	2.72
8	3.46	3.11	2.92	2.81	2.73	2.67	2.62	2.59	2.56
9	3.36	3.01	2.81	2.69	2.61	2.55	2.51	2.47	2.44
10	3.20	2.92	2.73	2.61	2.52	2.46	2.41	2.38	2.35
11	3.22	2.86	2.66	2.54	2.45	2.39	2.34	2.30	2.27
12	3.18	2.81	2.61	2.48	2.39	2.33	2.28	2.24	2.21
13	3.14	2.76	2.56	2.43	2.35	2.28	2.23	2.20	2.16
14	3.10	2.73	2.52	2.39	2.31	2.24	2.19	2.15	2.12
15	3.07	2.70	2.49	2.36	2.27	2.21	2.16	2.12	2.09
16	3.05	2.67	2.46	2.33	2.24	2.18	2.13	2.09	2.06
17	3.03	2.64	2.44	2.31	2.22	2.15	2.10	2.06	2.03
18	3.01	2.62	2.42	2.29	2.20	2.13	2.08	2.04	2.00
19	2.99	2.61	2.40	2.27	2.18	2.11	2.06	2.02	1.98
20	2.97	2.50	2.38	2.25	2.16	2.09	2.04	2.00	1.96
21	2.96	2.57	2.36	2.23	2.14	2.08	2.02	1.98	1.95
22	2.95	2.56	2.35	2.22	2.13	2.06	2.01	1.97	1.93
23	2.94	2.55	2.34	2.21	2.11	2.05	1.99	1.95	1.92
24	2.93	2.54	2.33	2.19	2.10	2.04	1.98	1.94	1.91
25	2.92	2.53	2.32	2.18	2.09	2.02	1.97	1.93	1.89
26	2.91	2.52	2.31	2.17	2.08	2.01	1.96	1.92	1.88
27	2.90	2.51	2.30	2.17	2.07	2.00	1.95	1.91	1.87
28	2.89	2.50	2.98	2.16	2.06	2.00	1.93	1.90	1.87
29	2.89	2.50	2.88	2.15	2.06	1.99	1.93	1.89	1.86
30	2.88	2.49	2.22	2.14	2.05	1.98	1.93	1.88	1.85
40	2.84	2.41	2.23	2.00	2.00	1.93	1.87	1.83	1.79
60	2.79	2.39	2.18	2.04	1.95	1.87	1.82	1.77	1.74
120	2.75	2.35	2.13	1.99	1.90	1.82	1.77	1.72	1.68
∞	2.71	2.30	2.08	1.94	1.85	1.77	1.72	1.67	1.63

$$P\{F(n_1,n_2) > F_\alpha(n_1,n_2)\} = \alpha$$

$$\alpha = 0.05$$

n_2 \ n_1	1	2	3	4	5	6	7	8	9
1	161.4	199.5	215.7	224.6	230.2	234.0	236.8	238.9	240.5
2	18.51	19.00	19.25	19.25	19.30	19.33	19.35	19.37	19.38
3	10.13	9.55	9.12	9.12	9.90	8.94	8.89	8.85	8.81
4	7.71	6.94	6.39	6.39	6.26	6.16	6.09	6.04	6.00
5	6.61	5.79	5.41	5.19	5.05	4.95	4.88	4.82	4.77
6	5.99	5.14	4.76	4.53	4.39	4.28	4.21	1.15	4.10
7	5.59	4.74	4.35	4.12	3.97	3.87	3.79	3.73	3.68
8	5.32	4.46	4.07	3.84	3.69	3.58	3.50	3.44	3.69
9	5.12	4.26	3.86	3.63	3.48	3.37	3.29	3.23	3.18
10	4.96	4.10	3.71	3.48	3.33	3.22	3.14	3.07	3.02
11	4.84	3.98	3.59	3.36	3.20	3.09	3.01	2.95	2.90
12	4.75	3.89	3.49	3.26	3.11	3.00	2.91	2.85	2.80
13	4.67	3.81	3.41	3.18	3.03	2.92	2.83	2.77	2.71
14	4.60	3.74	3.34	3.11	2.96	2.85	2.76	2.70	2.65
15	4.54	3.68	3.29	3.06	2.90	2.79	2.71	2.64	2.59
16	4.49	3.63	3.24	3.01	2.85	2.74	2.66	2.59	2.54
17	4.45	3.59	3.20	2.96	2.81	2.70	2.61	2.55	2.49
18	4.41	3.55	3.16	2.93	2.77	2.66	2.58	2.51	2.46
19	4.38	3.52	3.13	2.90	2.74	2.63	2.54	2.48	2.42
20	4.35	3.49	3.10	2.87	2.71	2.60	2.51	2.45	2.39
21	4.32	3.47	3.07	2.84	2.68	2.57	2.49	2.42	2.37
22	4.30	3.44	3.05	2.82	2.66	2.55	2.46	2.40	2.34
23	4.28	3.42	3.03	2.80	2.64	2.53	2.44	2.37	2.32
24	4.26	3.40	3.01	2.78	2.62	2.51	2.42	2.36	2.30
25	4.24	3.39	2.99	2.76	2.60	2.49	2.40	2.34	2.28
26	4.23	3.37	2.98	2.74	2.59	2.47	2.39	2.32	2.27
27	4.21	3.35	2.96	2.73	2.57	2.46	2.37	2.31	2.25
28	4.20	3.34	2.95	2.71	2.56	2.45	2.36	2.29	2.24
29	4.18	3.33	2.93	2.70	2.55	2.43	2.35	2.28	2.22
30	4.17	3.32	2.92	2.69	2.53	2.42	2.33	2.27	2.21
40	4.08	3.23	2.84	2.61	2.45	2.34	2.25	2.18	2.12
60	4.00	3.15	2.76	2.53	2.37	2.25	2.17	2.10	2.04
120	3.92	3.07	2.68	2.45	2.29	2.17	2.09	2.02	2.96
∞	3.84	3.00	2.60	2.37	2.21	2.10	2.01	1.94	1.88

$$P\{F(n_1,n_2) > F_\alpha(n_1,n_2)\} = \alpha$$
$$\alpha = 0.05$$

n_2 \ n_1	1	2	3	4	5	6	7	8	9
1	4052	4999.5	5403	5626	5764	5859	5928	5982	6062
2	98.50	99.00	99.17	99.25	99.30	99.33	99.36	99.37	99.39
3	34.12	30.82	29.46	28.71	28.24	27.91	27.67	27.49	27.35
4	21.20	18.00	16.69	15.98	15.52	15.21	14.98	14.80	14.66
5	16.26	13.27	12.06	11.39	10.97	10.67	10.46	10.29	10.16
6	13.75	10.92	9.78	9.15	8.75	8.47	8.46	8.10	7.98
7	12.25	9.55	8.45	7.85	7.46	7.19	6.99	6.84	6.72
8	11.26	8.65	7.59	7.01	6.63	6.37	6.18	6.03	5.91
9	10.56	8.02	6.99	6.42	6.06	5.80	5.61	5.47	5.35
10	10.04	7.56	6.55	5.99	5.64	5.39	5.20	5.06	4.94
11	9.65	7.21	6.22	5.67	5.32	5.07	4.49	4.74	4.63
12	9.33	6.93	5.95	5.41	5.06	4.82	4.64	4.50	4.39
13	9.07	6.70	5.74	5.21	4.86	4.62	4.44	4.30	4.19
14	8.86	6.51	5.56	5.04	4.69	4.46	4.28	4.14	4.03
15	8.68	6.36	5.42	4.89	4.56	4.32	4.14	4.00	3.89
16	8.53	6.23	5.29	4.77	4.44	4.20	4.03	3.39	3.78
17	8.40	6.11	5.18	4.67	4.34	4.10	3.93	3.79	3.68
18	8.29	6.01	5.09	4.58	4.25	4.01	3.84	3.71	3.60
19	8.18	5.93	5.01	4.50	4.17	3.94	3.77	3.63	3.52
20	8.10	5.85	4.94	4.43	4.10	3.87	3.70	3.56	3.46
21	8.02	5.78	4.87	4.37	4.04	3.81	3.64	3.51	3.40
22	7.95	5.72	4.82	4.31	3.99	3.76	3.59	3.45	3.35
23	7.88	5.66	4.76	4.26	3.94	3.71	3.54	3.41	3.30
24	7.82	5.61	4.72	4.22	3.90	3.67	3.50	3.36	3.26
25	7.77	5.57	4.68	4.18	3.85	3.63	3.46	3.32	3.22
26	7.72	5.53	4.64	4.14	3.82	3.59	3.42	3.29	3.18
27	7.68	5.49	4.60	4.11	3.78	3.56	3.39	3.26	3.15
28	7.64	5.45	4.57	4.07	3.75	3.53	3.36	3.23	3.12
29	7.60	5.42	4.54	4.04	3.73	3.50	3.33	3.20	3.09
30	7.56	5.39	4.51	4.02	3.70	3.47	3.31	3.17	3.07
40	7.31	5.18	4.31	3.83	3.51	3.29	3.12	2.99	2.89
60	7.08	4.98	4.13	3.65	3.34	3.12	3.95	2.82	2.72
120	6.85	4.79	3.95	3.48	3.17	2.96	2.79	2.96	2.56
∞	6.63	4.61	3.78	3.32	3.02	2.80	2.64	2.51	2.41

参 考 文 献

[1] 袁卫,何晓群,等.新编统计学教程[M].北京:经济科学出版社,1999.

[2] 徐国祥,刘汉良,等.统计学[M].上海:上海财经大学出版社,2001.

[3] 李洁明,祁新娥.统计学原理[M].上海:复旦大学出版社,2007.

[4] 袁卫,庞皓,曾五一.统计学[M].北京:高等教育出版社,2000.

[5] 黄良文,曾五一.统计学原理[M].北京:中国统计出版社,2000.

[6] 贾俊平,何晓群,等.统计学[M].北京:中国人民大学出版社,2000.

[7] 卫海英.应用统计学[M].广州:暨南大学出版社,2000.

[8] 曲昭仲.统计学习题集[M].北京:经济科学出版社,2001.

[9] 孙文生,靳光华.统计学学习与考试指南[M].北京:中国统计出版社,1996.

[10] 栗方忠.统计学原理:标准化题型习题集[M].大连:东北财经大学出版社,2001.

[11] 贾俊平.统计学[M].北京:清华大学出版社,2006.

[12] 胥学跃,张樊.统计学基础[M].北京:北京邮电大学出版社,2009.